新HSK 급소공략 4급

본책 + 해설서

독해

박은정 저

2013년 汉办한빤
新HSK 필수어휘
수정리스트 제공!

다락원

저자 **박은정**
중국 상해 복단대학 대외한어과 졸업

現 강남JRC중국어학원 新HSK 전문 강사
現 박은정의 '배고파' 인터넷 중국어 방송 진행자
前 상해 교통대학 부속 외국어학원 한국부 대표 및 HSK 대표강사
前 상해 양포고등학교 한국 유학생 HSK 전임강사

한국외대, 한양대, 강남대, 경기대 중국어 특강
우리은행 출강, 코트라 기계 박람회 통역
한중 문화교류 박람회 통역 등 진행

저서
『전공략 HSK 4급 어법』
『전공략 新HSK 4급 실전 모의고사』

동영상 강의
『전공략 HSK 4급 어법』
『전공략 新HSK 4급 실전 모의고사』

新HSK 급소공략 4급 독해

박은정 저

다락원

저자의 말

지난 2010년 HSK가 새롭게 바뀌면서 학생들에게 자세하고 정확하게 새로운 시험 문제들을 소개하고 설명하기 위하여 『전공략 新 HSK 4급 모의고사』를 출판했었습니다. 그 후로 현장 강의, 온라인 강의, 특강 등을 통하여 新 HSK 4급을 공부하는 많은 학생들을 만나며 실제적으로 학생들이 '어떻게 하면 新 HSK에서 좋은 성적을 얻을 수 있을까?'에 대해서 항상 연구해 왔습니다.

독해 영역은 듣기 영역이나 쓰기 영역에 비해서 단어만 정확히 숙지하고 있어도 단기간에 성적을 향상시킬 수 있는 영역입니다. 따라서 新 HSK 4급을 처음 준비하거나 독해 영역에서 낮은 성적을 받는 학생들이 있다면 우선 新 HSK 4급 1200 필수 단어와 함께 다양한 문제 유형을 익히는 것이 가장 좋은 공부 방법입니다. 또한 다양한 문제 유형을 익히는 것에서 멈추지 말고, 각각의 문제 유형에서 특히 중요한 어법적인 요소나 자신이 반복해서 틀리는 문제를 파악하고 그 이유를 정확히 숙지하는 것이 무엇보다 중요합니다.

본 교재는 학생들의 독해 성적을 효과적이고 빠르게 향상시키기 위하여 그동안의 기출문제를 철저히 분석하여 학생들이 반드시 풀어보아야 할 문제 유형들을 명료하게 정리하여 구성하였습니다. 또한 본 교재는 '이론정리 → 문제풀이'의 방식이 아니라 '공략 → 예제풀이 → 이론정리 → 실전문제풀이'의 방식을 통해서 학생들이 독해 영역에 대한 공략을 먼저 익히고 그에 따라 자연스럽고 체계적으로 문제를 풀어나갈 수 있도록 구성하였습니다. 또한 최대한 친절하고 정확한 해설과 함께 사전을 따로 찾지 않아도 공부할 수 있도록 기본적인 단어들까지도 그 뜻과 품사를 정리해 놓으려고 최선을 다했습니다.

지난 6년의 시간 동안 다양한 통로를 통하여 학생들과 함께 호흡하고, 학생들의 성적 향상에 조금이나마 도움을 줄 수 있다는 것이 얼마나 감사하고 행복한 일인지 모릅니다. 이 책 또한 많은 학생들에게 의미 있는 책이 되기를 바라는 마음으로 최선을 다해 집필하였습니다. 본 교재가 출판되기까지 함께 노력해주신 다락원 중국어출판부 관계자, 저를 강사로 존재할 수 있도록 만드는 제 사랑하는 학생들, 존재만으로도 힘이 되는 우리 가족들, 함께 기도해주는 나의 동역자들, 기꺼이 도와주셨던 沈韵 선생님께 깊은 감사를 드립니다.

2012년 11월
박은정

이 책의 구성

이 책은 新 HSK 4급 독해 영역 시험에 기준하여, '제1부분' '제2부분' '제3부분' '모의고사'의 4장으로 구성되어 있다.

본서

'독해 급소공략 → 예제로 감 익히기 → 독해 내공 Tip → 실력 다지기' 순서로 4급 독해 영역을 집중 분석한다.

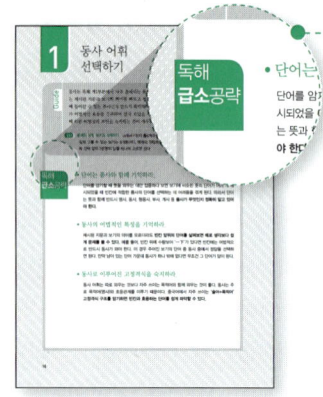

독해 급소공략
풀이 유형별로 꼭 알아야 할 공략법을 전수한다.

예제로 감 익히기
Mission을 풀어보며 어떤 유형의 문제가 어떻게 출제되는지 감을 익히고, 그 풀이 방법과 요령을 익힌다.

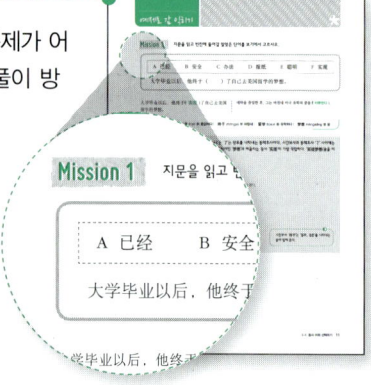

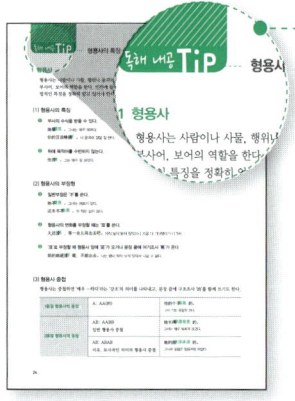

독해 내공 Tip
독해 실력 향상에 꼭 필요한 핵심 어휘, 표현 및 문형을 익힌다.

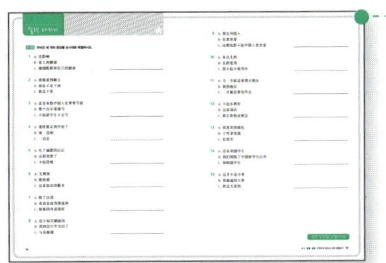

실력 다지기

풍부한 실전 문제로 실력을 다지고, 실제 시험에
대한 적응 훈련을 한다.

모의고사

최신 경향의 모의고사 3세트로 실전 감각을 익히고,
학습한 내용을 총복습한다.

해설서

각 장의 '실력 다지기'와 '모의고사'의 모든 문제에 대한 해설을
분권된 해설서에 담았다.

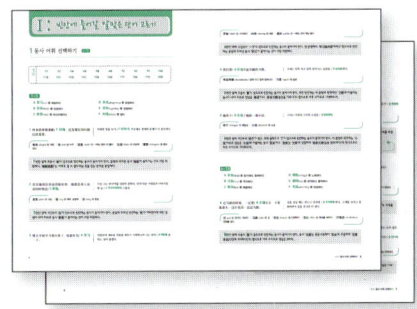

이 책의 표기법

① 이 책에 나오는 인명, 지명은 중국어 발음을 한국어로 표기하는 것을 원칙으로 하였다.

   예) 章子怡 → 장쯔이, 北京 → 베이징

② 품사는 다음과 같은 약어로 표기하였다.

품사	약자	품사	약자	품사	약자
명사/고유명사	명/고유	부사	부	접속사	접
대사	대	수사	수	감탄사	감
동사	동	양사	양	조사	조
조동사	조동	수량사	수량	의성사	의성
형용사	형	개사	개	성어	성

이 책의 순서

저자의 말   3
이 책의 구성   4
이 책의 순서   6
新 HSK 4급에 대하여   7
新 HSK 4급 독해 영역에 대하여   8

Ⅰ 제1부분 : 빈칸에 들어갈 알맞은 단어 고르기
1. 동사 어휘 선택하기   10
2. 형용사 어휘 선택하기   21
3. 명사 어휘 선택하기   29
4. 부사 어휘 선택하기   39

Ⅱ 제2부분 : 주어진 3개 문장의 순서 배열하기
1. 병렬, 점층, 선택관계 접속사 복문 배열하기   50
2. 전환, 가정, 조건관계 접속사 복문 배열하기   58
3. 인과, 목적, 연속관계 접속사 복문 배열하기   74
4. 중국어 문장의 흐름   84

Ⅲ 제3부분 : 단문 읽고 질문에 알맞은 답 고르기
1. 글의 주제 파악하기   94
2. 내용 일치(직접 제시형)   106
3. 내용 일치(간접 제시형)   116

Ⅳ 모의고사
1. 모의고사 1   128
2. 모의고사 2   136
3. 모의고사 3   144

新 HSK 4급에 대하여

응시 대상
매주 2~4시간씩 4학기[190~400시간] 정도의 중국어를 학습하고, 1,200개의 상용 어휘와 관련 어법 지식을 마스터한 학습자를 그 대상으로 한다.

시험 구성 및 시간 배분
HSK 필기 시험 방식은 두 종류이다.
- 지필 시험(Paper-Based Test) : 기존 방식의 시험지와 OMR답안지로 진행하는 시험이다.
- IBT 시험(Internet-Based Test) : 컴퓨터로 진행하는 시험이다. *지필 시험과 IBT 시험은 시험 효력 등이 동일하다.

듣기, 독해, 쓰기 3개 영역 합계 100문항을 풀게 되며, 총 소요시간은 100분 가량이다.
듣기 영역에 대한 답안은 듣기 시험 시간 종료 후 주어지는 시간(5분) 안에 답안지에 마킹하고, 독해와 쓰기 영역에 대한 답안은 해당 영역 시간에 직접 답안지에 작성한다.

시험 과목	문제 형식	문항 수		시험 시간
듣기(听力)	제1부분(단문 듣고 제시되는 문장의 옳고 그름 판단하기)	10	45	약 30분
	제2부분(두 사람의 대화 듣고 질문에 답하기)	15		
	제3부분(4~5개 문장의 대화 혹은 단문 듣고 질문에 답하기)	20		
듣기 영역에 대한 답안지 작성				5분
독해(阅读)	제1부분(빈칸에 들어갈 알맞은 단어나 문장 고르기)	10	40	40분
	제2부분(주어진 3개 문장의 순서 배열하기)	10		
	제3부분(단문 독해하고 1~2개 질문에 답하기)	20		
쓰기(书写)	제1부분(제시어 조합하여 문장 완성하기)	10	15	25분
	제2부분(주어진 사진과 어휘 보고 문장 만들기)	5		
합계		100		약 100분

시험 등급 및 성적 결과
① 시험 등급 : 新 HSK 4급에 합격한 응시자는 여러 영역에 관련된 화제에 대해 중국어로 토론을 할 수 있다. 또한 비교적 유창하게 원어민과 대화하고 교류할 수 있다.

② 성적 결과 : 성적표에는 듣기, 독해, 쓰기 세 영역의 점수와 총점이 기재된다. 각 영역별 만점은 100점이며, 총점은 300점으로 180점 이상이면 합격이다. 성적 결과는 시험일로부터 1개월 후, 중국고시센터 홈페이지에서 응시자 개별 조회가 가능하며, 성적표는 시험일로부터 40일 경에 발송한다. HSK 성적은 시험일로부터 2년간 유효하다.

원서접수
① 인터넷 접수 : HSK 홈페이지(www.hsk.or.kr) 또는 HSK시험센터(www.hsk-korea.co.kr)에서 접수
② 방문접수 : HSK한국사무국 또는 서울공자아카데미(HSK한국사무국 2층)에서 접수
- 접수시간 : 오전 10~12시, 오후 1시~5시(평일) / 오전 10~12시(토요일)
- 준비물 : 응시원서, 사진 3장(최근 6개월 이내에 촬영한 3×4㎝ 반명함판 사진)
③ 우편접수 : 구비서류를 동봉하여 HSK한국사무국으로 발송(등기우편)
- 구비서류 : 응시원서(3×4㎝의 반명함판 사진 1장 부착) 및 별도 사진 1장, 응시비 입금 영수증

시험 당일 준비물
① 유효한 신분증
- 주민등록증 기발급자 : 주민등록증, 운전면허증, 기간 만료 전의 여권, 주민등록증발급신청확인서, 군장교 신분증, 현역 사병 휴가증
- 주민등록증 미발급자 : 기간 만료 전의 여권, 청소년증, HSK신분확인서(한국 내 소재 초·중·고등학생만 가능)
    *학생증, 사원증, 의료보험증, 주민등록등본, 공무원증 등은 인정되지 않음.
② 수험표
③ 2B 연필, 지우개

新 HSK 4급 독해 영역에 대하여

시험 방식

新 HSK 4급 독해 영역은 총 40문제이며, 소요 시간은 약 40분이다. 제1부분, 제2부분, 제3부분으로 구성되며, 각각의 문제 형식은 다음과 같다.

	제1부분	제2부분	제3부분
미리보기	第一部分 第1-5题: 选词填空.	第二部分 第11-20题: 排列顺序.	第三部分 第21-40题: 请选出正确答案.
문제 형식	빈칸에 들어갈 알맞은 단어 고르기	주어진 3개 문장의 순서 배열하기	단문 읽고 질문에 알맞은 답 고르기
시험 목적	주어진 단어의 의미를 정확히 이해하고 빈칸에 알맞은 품사의 단어를 넣을 수 있는지 테스트	중국어의 어순을 이해하여 문장 간의 선후를 파악하는지 테스트	글의 주제 및 내용 전개, 세부 정보를 정확하게 파악하는지 테스트
문항 수	10문항	10문항	20문항
시험 시간	약 40분		

▶ **제1부분**

제1부분은 빈칸에 들어갈 알맞은 단어를 고르는 유형으로, 신속함과 정확함을 갖춰야 정답률을 높일 수 있다. 5문항에 6개의 보기가 함께 주어지며, 같은 단어를 중복 선택할 수 없다. 제시된 문장과 보기에 주어진 단어의 의미를 정확히 이해하고, 빈칸 앞뒤에 위치한 단어의 품사를 잘 파악하도록 한다.

▶ **제2부분**

제2부분은 주어진 3개의 문장을 올바른 순서로 배열하는 유형으로, 중국어의 어순을 이해하여 문장 간의 선후관계를 파악하고 인과, 가정, 전환, 역접 등의 관계를 응용하는 능력을 키워야 한다. 따라서 중국어에서 자주 사용하는 접속사의 복문 구조를 유형별로 정확히 숙지하고 있어야 한다.

▶ **제3부분**

제3부분은 짧은 글을 읽고 주어진 질문에 알맞은 답을 고르는 유형으로, 하나의 단문에 1개 또는 2개의 문제가 출제된다. 글의 주제 및 내용 전개, 세부 정보를 정확하게 파악할 수 있어야 한다. 따라서 빠른 시간 안에 단문과 보기를 대조하며 세부 내용을 정확히 인지하는 연습을 많이 해야 한다.

제1부분

독해 제1부분은 총 10문항으로, 빈칸에 들어갈 알맞은 단어를 고르는 유형이다. 5문항에 6개의 보기가 함께 주어지며, 같은 단어를 중복 선택할 수 없다. 제시된 문장과 보기에 주어진 단어의 의미를 정확히 이해하고, 빈칸 앞뒤에 위치한 단어를 통해서 빈칸에 알맞은 단어의 품사를 파악하는 능력을 테스트한다.

빈칸에 들어갈 알맞은 단어 고르기

I.

- 동사 어휘 선택하기
- 형용사 어휘 선택하기
- 명사 어휘 선택하기
- 부사 어휘 선택하기

1 동사 어휘 선택하기

Guide

동사는 독해 제1부분에서 자주 출제되는 품사 중 하나이다. 빈칸에 알맞은 단어를 선택할 때는 제시된 지문과 보기의 의미를 빠르고 정확하게 이해하고 보기의 단어가 어법적으로 빈칸에 들어갈 수 있는 품사인지 반드시 확인해야 한다. 의미적으로만 접근하여 단어를 선택하다가 어법적인 오류를 간과하여 결국 오답을 선택하게 되는 경우가 있다. 따라서 단어의 품사에 따른 어법상의 쓰임을 숙지하는 것이 매우 중요하다.

 문제도 5개, 보기도 5개이다. A에서 F까지 총6개의 보기가 주어지지만 그 중 하나는 예제의 정답이므로, 실제 고를 수 있는 보기는 5개뿐이다. 예제의 정답으로 제시된 단어를 제외하고 5개의 보기 중에서 중복 선택 없이 5문항의 답을 하나씩 고르면 된다.

독해 급소공략

- ### 단어는 품사와 함께 기억하라.

  단어를 암기할 때 뜻을 외우는 데만 집중하다 보면 보기에 비슷한 뜻의 단어가 여러 개 제시되었을 때 빈칸에 적합한 품사의 단어를 선택하는 데 어려움을 겪게 된다. 따라서 단어는 뜻과 함께 반드시 명사, 동사, 형용사, 부사, 개사 등 **품사가 무엇인지 정확히 알고 있어야 한다.**

- ### 동사의 어법적인 특징을 기억하라.

  제시된 지문과 보기의 의미를 모르더라도 **빈칸 앞뒤의 단어를 살펴보면 때로 생각보다 쉽게 문제를 풀 수 있다.** 예를 들어, 빈칸 뒤에 수량보어 '一下'가 있다면 빈칸에는 어법적으로 반드시 동사가 와야 한다. 이 경우 주어진 보기의 단어 중 동사 중에서 정답을 선택하면 된다. 만약 남아 있는 단어 가운데 동사가 하나 밖에 없다면 무조건 그 단어가 답이 된다.

- ### 동사로 이루어진 고정격식을 숙지하라.

  동사 어휘는 따로 외우는 것보다 자주 쓰이는 목적어와 함께 외우는 것이 좋다. 동사는 주로 목적어(명사)와 호응관계를 이루기 때문이다. 중국어에서 자주 쓰이는 **'술어+목적어' 고정격식 구조를 암기하면 빈칸과 호응하는 단어를 쉽게 파악할 수 있다.**

예제로 감 익히기

Mission 1 지문을 읽고 빈칸에 들어갈 알맞은 단어를 보기에서 고르시오.

> A 已经　　B 安全　　C 办法　　D 报纸　　E 聪明　　F 实现
>
> 大学毕业以后，他终于（　　）了自己去美国留学的梦想。

大学毕业以后，他终于(**F 实现**)了自己去美国留学的梦想。	대학을 졸업한 후, 그는 마침내 미국 유학의 꿈을 (**F 이루었다**).

大学 dàxué 명 대학 ｜ 毕业 bìyè 동 졸업하다 ｜ 终于 zhōngyú 부 마침내 ｜ 留学 liúxué 동 유학하다 ｜ 梦想 mèngxiǎng 명 꿈

F 빈칸 앞의 '终于'는 시간부사이고, 뒤에 나오는 '了'는 완료를 나타내는 동태조사이다. 시간부사와 동태조사 '了' 사이에는 동사가 와야 한다. 따라서 빈칸에는 이 문장의 목적어인 '梦想'과 어울리는 동사 '实现'이 가장 적합하다. '实现梦想(꿈을 이루다)'의 형식으로 자주 사용되므로 외워두자.

- A 已经 yǐjing 부 이미
  这件事已经解决了。 이 일은 이미 해결되었다.
- B 安全 ānquán 명/형 안전(하다)
  你们一定要注意交通安全。 너희는 반드시 교통안전에 주의해야 한다.
- C 办法 bànfǎ 명 방법
  你有没有别的办法？ 너는 다른 방법이 있니?
- D 报纸 bàozhǐ 명 신문
  爸爸喜欢看报纸。 아빠는 신문 보는 것을 좋아한다.
- E 聪明 cōngming 형 똑똑하다
  他是个很聪明的人。 그는 매우 똑똑한 사람이다.
- F 实现 shíxiàn 동 실현하다
  他实现了自己的梦想。 그는 자신의 꿈을 실현했다.

> 시간부사 '终于'는 '결과, 결론'을 나타내는 술어 앞에 온다.

Mission 2 대화문을 읽고 빈칸에 들어갈 알맞은 단어를 보기에서 고르시오.

> A 检查   B 健康   C 结果   D 收   E 可怜   F 镜子
>
> A: 我要给他钱，表示我的感谢，他却怎么也不（　　）。
> B: 是吗？那么，你就别给他了！

A: 我要给他钱，表示我的感谢，他却怎么也不(**D 收**)。
B: 是吗？那么，你就别给他了！

A: 나는 그에게 돈을 주어서 고마움을 표시하고 싶은데, 그는 어떻게 해도 (**D 받지를**) 않아.
B: 그래? 그럼 주지마!

表示 biǎoshì 동 표시하다 | 感谢 gǎnxiè 동 고맙다 | 却 què 부 오히려

D 빈칸에는 의미상 '钱'과 호응하는 동사가 와야 한다. 빈칸 앞에 부정부사 '不'가 있으므로 빈칸에는 '받다'라는 뜻인 동사 '收'가 와서 '받지 않는다'의 의미를 나타내는 것이 적합하다. 동사 '收'는 일반적으로 '구체적인 사물'을 목적어로 갖는다.

A 检查 jiǎnchá 동 검사하다
他今天去医院检查身体。그는 오늘 건강 검진을 하러 병원에 간다.

B 健康 jiànkāng 명형 건강(하다)
奶奶身体很健康。할머니는 몸이 건강하시다.

C 结果 jiéguǒ 명 결과
昨天比赛的结果怎么样？어제 시합의 결과는 어땠나요?

D 收 shōu 동 받다
我发的电子邮件你收到了吗？내가 보낸 이메일을 받았니?

E 可怜 kělián 형 불쌍하다
她哭的时候很可怜。그녀가 울 때 매우 가엾다.

F 镜子 jìngzi 명 거울
这个镜子很漂亮。이 거울은 매우 예쁘다.

> 문장에 전환관계를 나타내는 접속사 '但是', '可是', '不过'나 부사 '却'가 나오면 일반적으로 앞뒤 술어가 서로 상반되는 의미를 나타낸다.

독해 내공 TIP — 동사의 특징

1 동사

동사는 동작, 행위, 존재, 변화, 소실 등을 나타내는 품사로, 문장 속에서 주로 술어의 역할을 한다. 빈칸에 들어가야 할 단어가 동사라는 것을 알기 위해서는 먼저 동사의 어법적인 특징을 정확히 알고 있어야 한다.

(1) 동사의 특징

❶ 동사는 목적어를 가질 수 있다.
- 동사는 문장에서 일반적으로 술어 역할을 하며, 그 뒤에 명사나 대사를 목적어로 취한다.
  爸爸吃饭。아빠는 밥을 드신다. → 명사   我喜欢你。나는 너를 좋아한다. → 대사

❷ 동사는 수식 성분의 수식을 받을 수 있다.
- 동사는 그 앞에 부정, 정도, 상태, 어기, 시간, 범위, 빈도 등 부사의 수식을 받을 수 있다.
  我不是中国人。나는 중국인이 아니다. → 부정
  我常常去他家。나는 자주 그의 집에 간다. → 빈도

❸ 동사 뒤에 동태조사 '了, 着, 过'를 넣어 미래·현재·과거의 시제를 표현할 수 있다.

了 le	'~을 했다'라는 뜻으로 동작의 완료를 나타냄
	我昨天买了一条红色裙子。나는 어제 빨간색 치마를 하나 샀다.
着 zhe	'~하고 있는 중이다'라는 뜻으로 동작의 진행(지속)을 나타냄
	我们幸福地生活着。우리는 행복하게 살고 있다.
过 guo	'~한 적이 있다'라는 뜻으로 동작의 경험을 나타냄
	我曾经去过北京。나는 베이징에 가본 적이 있다.

❹ '没'나 '不'로 부정할 수 있다.

没 méi	과거의 동작 부정
	他们没去过网吧。그들은 pc방에 가본 적이 없다.
不 bù	현재, 미래의 동작 부정
	我今天不去图书馆。나는 오늘 도서관에 가지 않는다. → 현재 我们明天不去学校。우리는 내일 학교에 가지 않는다. → 미래

(2) 동사 중첩

❶ 동사를 중첩하면 동작의 가벼운 시도나 동작 시간이 짧음을 나타낸다.

1음절 동사의 중첩	A: AA, A一A, A一下, A了A, A了一A	看: 看看, 看一看, 看一下, 看了看, 看了一看
2음절 동사의 중첩	AB: ABAB, AB一下	研究: 研究研究, 研究一下

❷ 중첩해서는 안 되는 동사는 다음과 같다.

중첩이 불가능한 동사	심리, 존재, 소실, 방향, 판단을 나타내는 동사 (有, 在, 是, 喜欢, 爱, 怕, 羡慕, 想念 등)	我很**喜欢**喜欢她。(×, 심리) → 我很**喜欢**她。 나는 그녀가 좋다. 我**是**是学生。(×, 판단) → 我**是**学生。 나는 학생이다.
	조동사	我**要**要买衣服。(×) → 我**要**买衣服。 나는 옷을 사려고 한다.
	현재 진행 중인 동작 正在(在, 正) + 동사중첩 (×)	我在**等**等你。(×) → 我在**等**你。 나는 너를 기다리는 중이다.

(3) 동사의 위치

❶ 동사 앞에는 부사가 올 수 있다.

他昨天来看我了，今天**又**来了。 그는 어제 나를 보러 왔었는데, 오늘 또 왔다.

最近天气很不好，**一连**下了三天雨。 요즘 날씨가 너무 안 좋더니 삼일 동안 잇달아 비가 내렸다.

❷ 동사 뒤에는 동태조사 '了, 着, 过'가 올 수 있다.

我们星期天去**过**王老师的家。 우리는 일요일날 왕 선생님 집에 갔다.

❸ 동사 앞에는 조동사가 올 수 있다.

我们明天**不能**参加。 우리는 내일 참석할 수 없다.

❹ 동사 앞에는 구조조사 '地'가 올 수 있다.

他高高兴兴**地**回来了。 그는 기쁘게 돌아왔다.

❺ 동사 뒤에는 수량사 '一下'가 올 수 있다.

看起来你太累，你先**休息**一下。 너 너무 피곤해 보여. 우선 좀 쉬어.

❻ 동사 뒤에는 수량사 '一点儿'이 올 수 있다.

最近天气太冷，你多穿一点儿！ 요즘 날씨가 너무 추우니까 (옷을) 좀 더 입어!

[4] 조동사

조동사는 동사 앞에서 '능력'과 '바람'을 나타내는 동사로, '会, 能, 可以, 想, 要, 愿意, 得' 등이 있다.

我们可以帮助你们。 우리는 당신들을 도울 수 있다.

我想去图书馆看书。 나는 책을 보러 도서관에 가고 싶다.

2 자주 쓰이는 동사-목적어 어휘 조합

독해에서 고득점을 얻기 위해서는 각각의 단어를 따로 외우는 것보다 자주 쓰이는 동사-목적어 어휘 조합을 숙지하는 것이 중요하다.

买东西 mǎi dōngxi	물건을 사다	提高效率 tígāo xiàolǜ	효율을 높이다	接受采访 jiēshòu cǎifǎng	취재를 수락하다
送礼物 sòng lǐwù	선물을 주다	承担责任 chéngdān zérèn	책임을 지다	注意身体 zhùyì shēntǐ	건강에 주의하다
起作用 qǐ zuòyòng	작용을 하다	表达感情 biǎodá gǎnqíng	감정을 표현하다	小心感冒 xiǎoxīn gǎnmào	감기를 조심하다
打招呼 dǎ zhāohu	인사하다	付出代价 fùchū dàijià	대가를 치르다	影响健康 yǐngxiǎng jiànkāng	건강에 영향을 주다
打交道 dǎ jiāodao	왕래하다	节约能源 jiéyuē néngyuán	에너지를 절약하다	表示感谢 biǎoshì gǎnxiè	감사의 뜻을 표하다
打基础 dǎ jīchǔ	기초를 쌓다	失去勇气 shīqù yǒngqì	용기를 잃다	表达意思 biǎodá yìsi	의견을 표현하다
受欢迎 shòu huānyíng	환영을 받다	获得冠军 huòdé guànjūn	우승을 차지하다	表达心情 biǎodá xīnqíng	기분을 표현하다
打篮球 dǎ lánqiú	농구를 하다	采取措施 cǎiqǔ cuòshī	조치를 취하다	满足需求 mǎnzú xūqiú	수요를 만족시키다
踢足球 tī zúqiú	축구를 하다	达到目标 dádào mùbiāo	목표에 도달하다	产生误会 chǎnshēng wùhuì	오해가 생기다
下决心 xià juéxīn	결심하다	到达目的地 dàodá mùdìdì	목적지에 도착하다	做出决定 zuòchū juédìng	결정을 내리다
下功夫 xià gōngfu	노력하다	商量事情 shāngliang shìqing	일을 상의하다	保持健康 bǎochí jiànkāng	건강을 유지하다
保持联系 bǎochí liánxì	연락을 유지하다	鼓励学生 gǔlì xuésheng	학생을 격려하다	充满信心 chōngmǎn xìnxīn	자신감이 넘치다

实现愿望 shíxiàn yuànwàng	바람이 실현되다	发出声音 fāchū shēngyīn	소리를 내다	参加会议 cānjiā huìyì	회의에 참여하다
实现梦想 shíxiàn mèngxiǎng	꿈이 실현되다	热爱生活 rè'ài shēnghuó	삶을 사랑하다	进行会议 jìnxíng huìyì	회의를 진행하다
取得成功 qǔdé chénggōng	성공을 얻다	交流思想 jiāoliú sīxiǎng	생각을 교류하다	提出要求 tíchū yāoqiú	요구를 제시하다
取得成绩 qǔdé chéngjì	성적을 얻다	交流文化 jiāoliú wénhuà	문화를 교류하다	解决问题 jiějué wèntí	문제를 해결하다
办理手续 bànlǐ shǒuxù	수속을 밟다	提供服务 tígōng fúwù	서비스를 제공하다	完成任务 wánchéng rènwu	임무를 완성하다
养成习惯 yǎngchéng xíguàn	습관을 기르다	受到批评 shòudào pīpíng	비평을 받다	离开学校 líkāi xuéxiào	학교를 떠나다
引人注目 yǐnrén zhùmù	주목을 끌다	负责事情 fùzé shìqing	일을 책임지다	把握机会 bǎwò jīhuì	기회를 잡다
具备能力 jùbèi nénglì	능력을 갖추다	发生事情 fāshēng shìqing	일이 발생하다	发现问题 fāxiàn wèntí	문제를 발견하다
损害健康 sǔnhài jiànkāng	건강을 해치다	参加活动 cānjiā huódòng	활동에 참여하다	开演唱会 kāi yǎnchànghuì	콘서트를 열다

중국어의 품사

모든 단어는 문장 속에서 각각 자기의 역할을 수행하고 있다. 무슨 역할을 맡고 있느냐에 따라 분류한 것을 품사라고 한다. 중국어는 크게 12품사로 분류된다.

품사 분류		예
① 명사 사람, 사물, 장소, 방위를 나타냄		爸爸 bàba 아빠　牛奶 niúnǎi 우유　苹果 píngguǒ 사과
	고유명사	汉语 Hànyǔ 중국어　中国 Zhōngguó 중국　首尔 Shǒuěr 서울
	시간명사	今天 jīntiān 오늘　明年 míngnián 내년　下午 xiàwǔ 오후
	방위사	上边 shàngbian 위쪽　下边 xiànbian 아래쪽　旁边 pángbiān 옆쪽
② 대사 명사를 대신함	인칭대사	我 wǒ 나　你 nǐ 너　我们 wǒmen 우리
	지시대사	这个 zhège 이것　那个 nàge 저것　这些 zhèxiē 이것들
	의문대사	谁 shéi 누구　什么 shénme 무엇　哪儿 nǎr 어디
③ 동사 사람 또는 사물의 동작, 행위, 존재, 소실, 심리상태, 발전변화 등을 나타냄		看 kàn 보다　去 qù 가다　喝 hē 마시다　讨论 tǎolùn 토론하다
	조동사	想 xiǎng ~하고 싶다　能 néng ~할 수 있다　会 huì (배워서) ~할 수 있다
	판단동사	是 shì ~이다
④ 형용사 사람 또는 사물의 성질이나 형상, 행위나 동작의 상태를 나타냄		好 hǎo 좋다　漂亮 piàoliang 예쁘다　高 gāo 높다
⑤ 수사 수량이나 순서를 나타냄		一 yī 하나　两 liǎng 둘　十 shí 열
⑥ 양사 사물이나 사람의 동작을 셈		斤 jīn 근　本 běn 권　杯 bēi 잔
⑦ 부사 동사나 형용사 앞에 놓여 범위, 시간, 정도, 긍정, 부정, 어기 등을 나타냄		很 hěn 매우　非常 fēicháng 대단히　已经 yǐjing 이미
⑧ 개사 단독으로 사용하지 않고 뒤에 시간, 사람, 사물 등 명사, 대사와 함께 쓰여 동사나 형용사를 수식함		在 zài ~에서　对 duì ~에게　关于 guānyú ~에 관해서
⑨ 접속사 단어와 단어, 구와 구, 절과 절, 문장과 문장을 연결함		和 hé ~와/과　可是 kěshì 그러나　因为 yīnwèi 왜냐하면
⑩ 조사 단어 혹은 구 뒤에 쓰여 어법적 관계를 돕거나 어기를 나타냄	구조조사	的 de　地 de　得 de
	동태조사	了 le　着 zhe　过 guo
	어기조사	吗 ma　呢 ne　了 le　吧 ba
⑪ 감탄사 말하는 사람의 느낌, 놀람, 응답 등을 나타냄		啊 à 아!　哇 wā 와!　哼 hēng 흥!
⑫ 의성사 사람이나 사물, 동물, 자연 등의 소리를 흉내내어 표현함		哗哗 huáhua 콸콸, 뚝뚝, 좍좍(비 오는 소리) 扑通 pūtōng 쿵, 퍼당, 풍덩(땅이나 물에 무거운 물건이 떨어지는 소리)

빈칸에 들어갈 알맞은 단어를 고르세요.

1 你稍微（ 　 ）一下。
　A 漂亮　　　B 等

2 你最近太瘦了，多（ 　 ）一点儿！
　A 吃　　　　B 饭

3 这家饭店（ 　 ）干净。
　A 最　　　　B 的

4 我今天一共（ 　 ）了三百块钱。
　A 多　　　　B 花

> **단어&해석**

稍微 shāowēi 튀 조금 | 瘦 shòu 톙 마르다 | 饭店 fàndiàn 톙 호텔 | 干净 gānjìng 톙 깨끗하다 | 一共 yígòng 튀 모두, 전부 | 花 huā 동 쓰다, 소비하다

1 조금 (기다리세요).
2 당신 요즘 너무 말랐어요. 많이 좀 (먹어요)!
3 이 호텔이 (가장) 깨끗하다.
4 나는 오늘 전부 합쳐서 300위안을 (썼다).

> **정답&풀이**

1 **B** 수량보어 '一下' 앞에는 일반적으로 동사가 위치하므로 답은 '等'이다.
2 **A** 수량사 '一点儿' 앞에는 일반적으로 동사가 위치하므로 답은 '吃'이다.
3 **A** 형용사 '干净' 앞에는 부사가 올 수 있으므로 답은 '最'이다. '的'는 명사구를 만드는 구조조사로, 뒤에 명사와 함께 쓰이므로 답이 될 수 없다.
4 **B** 동태조사 '了' 앞에는 동사가 위치하므로 답은 '花'이다.

실력 다지기

1~20 지문을 읽고 빈칸에 들어갈 알맞은 단어를 보기에서 고르세요.

★ 1~5

| A 预习 | B 发表 | C 害羞 | D 养成 | E 竞争 | F 知道 |

1 将来的事情谁能（　　），还是现在的问题比较重要。

2 其实他的汉语说得挺好的，他就是和人说话的时候总（　　）。

3 明天开始学习新内容了，你最好先（　　）一下。

4 我们要（　　）早起早睡的好习惯。

5 她终于（　　）了她的一部小说。

★ 6~10

| A 参加 | B 注意 | C 解决 | D 唱歌 | E 翻译 | F 完成 |

6 过马路的时候，一定要（　　）安全，不要低着头一边打电话一边过马路。

7 麻烦你一下，可以帮我（　　）这句话吗？

8 大家都在努力（　　）这个问题。

9 他们顺利地（　　）了任务。

10 我今天代表公司（　　）了会议。

* 11~15

| A 准备 B 解决 C 迟到 D 推迟 E 发现 F 开 |

11 A：你的同屋怎么样？
　　B：我有什么问题他都主动帮我（　　），就像我哥哥一样。

12 A：我已经来不及了，您能不能（　　）得快一点啊？
　　B：现在堵车，我也没办法啊。

13 A：会议不是8点开始吗？怎么一个人也没有啊？
　　B：因为客人乘坐的火车晚点了两个小时，所以会议（　　）了三个小时。

14 A：今天的会议7点就开始，对吧！
　　B：没错，我们再晚10分钟就要（　　）了。

15 A：已经6点半了，你快点儿（　　）一下。
　　B：好的！你别担心了！

* 16~20

| A 及格 B 出差 C 成功 D 适应 E 游泳 F 加班 |

16 A：现在感觉怎么样？是不是越来越好了？
　　B：好多了，我想我已经（　　）这个学校了。

17 A：快十点了，小王怎么还没来上班？
　　B：他昨晚（　　）了，晚上10点才回去，现在可能还在家睡觉呢。

18 A：真没想到会考得这么差。这次考试肯定不（　　）。
　　B：你别太难过，下次还有机会呢！

19 A：我看这件事你就算了吧，不会（　　）的。
　　B：不行，别人能做成的事，为什么我就不能？

20 A：希望王老板能参加明天的会议。
　　B：他（　　）了，明天不能回来。

2 형용사 어휘 선택하기

Guide

형용사는 문장에서 주로 술어나 보어, 명사나 대사 앞에서 수식하는 관형어의 역할을 한다. 동사와 형용사는 모두 '~하다'로 해석될 수 있기 때문에, 의미로만 단어를 선택하다 보면 어법적으로 잘못된 단어를 선택하는 실수를 범하기 쉽다. 빈칸의 위치나 호응하는 단어를 통해 답을 정확히 선택할 수 있도록 형용사의 어법적 특징과 자주 쓰이는 형용사 단어 조합을 평소에 꼼꼼히 익혀두자.

> **주의** 빈칸이 왜 형용사가 들어가야 할 자리인지를 파악하라. 각각의 품사는 어법적으로 쓰임이 다르다. 단어의 뜻과 품사를 정확히 알고 있어야만 의미만으로 단어를 선택하다가 오답을 고르는 실수를 피할 수 있다.

독해 급소공략

• 형용사의 어법적 특징을 기억하라.

빈칸에 위치해야 할 단어가 형용사라는 것을 알아차리려면 형용사가 어떠한 특징을 갖고 있는지 알아야 한다. 특히 형용사는 동사와 헷갈리기 쉬우므로 **형용사와 동사를 비교하여** 어법적으로 어떠한 다른 특징을 갖는지 숙지해야 한다.

• 형용사와 호응하는 단어는 함께 암기하라.

형용사는 형용사만 따로 외우는 것보다 함께 어울려서 자주 쓰이는 명사와 같이 외우는 것이 좋다. 따라서 중국어에서 자주 사용하는 **'명사+형용사' 고정격식 구조는 반드시 암기하도록 해야 한다.**

• 해석이 되지 않는 문장을 만나도 포기하지 마라.

문제를 풀다가 해석이 되지 않는 문장을 만나면 학생들은 당황하게 되고, 몇 번씩 그 의미를 생각하다가 해석이 되지 않으면 문제를 풀지 않고 바로 포기하는 경우가 있다. 하지만 때로는 문장의 의미를 모르더라도 빈칸에 들어가야 하는 **단어의 품사를 생각해보면 쉽게 문제가 해결되기도 하니 쉽게 포기하지 말자.**

예제로 감 익히기

Mission 1 지문을 읽고 빈칸에 들어갈 알맞은 단어를 보기에서 고르시오.

A 公园   B 估计   C 故事   D 厚   E 高   F 欢迎

下午两三点是工作效率最（　　）的时候。

下午两三点是工作效率最(**E** 高)的时候。 | 오후 2~3시는 작업능률이 가장 (**E** 높은) 때이다.

下午 xiàwǔ 몡 오후 | 工作效率 gōngzuòxiàolǜ 몡 작업능률 | 时候 shíhou 몡 때, 시간

E 빈칸 앞의 '最'는 정도부사이다. 정도부사 뒤에는 상태를 나타내는 형용사나 감정을 나타내는 동사가 들어갈 수 있다. 따라서 빈칸에는 '工作效率'와 어울리는 형용사 '高'가 가장 적합하다. '效率高(능률이 높다)'의 형식으로 자주 사용되므로 외워두자. 형용사 '厚'는 '두께'를 나타낼 때 사용하므로 이 문장에는 어울리지 않는다.

A 公园 gōngyuán 몡 공원
　我要去公园散步。 나는 공원으로 산책을 가고 싶다.

B 估计 gūjì 동 예측하다
　我估计她今天不能来。 나는 그녀가 오늘 오지 못할 것이라고 예측한다.

C 故事 gùshi 몡 이야기
　我今天听了一个很感动的故事。 나는 오늘 매우 감동적인 이야기 하나를 들었다.

D 厚 hòu 형 두껍다
　这本书太厚了。 이 책은 너무 두껍다.

E 高 gāo 형 높다
　这座山很高。 이 산은 매우 높다.

F 欢迎 huānyíng 동 환영하다
　欢迎你来参加会议。 네가 회의에 참여하는 것을 환영한다.

Mission 2 대화문을 읽고 빈칸에 들어갈 알맞은 단어를 보기에서 고르시오.

> A 护照　　B 回来　　C 辛苦　　D 照片　　E 简单　　F 节约
>
> A: 这种白天工作，晚上上学的生活，特别（　　）。
> B: 怪不得，最近你瘦了很多。

A: 这种白天工作，晚上上学的生活，特别 (**C 辛苦**)。
B: 怪不得，最近你瘦了很多。

A: 이렇게 낮에 일하고 저녁에 등교를 하는 생활은 굉장히 (**C 힘들다**).
B: 어쩐지, 요즘 네가 많이 말랐더라.

白天 báitiān 몡 낮 | 上学 shàngxué 통 등교하다 | 特别 tèbié 튀 특히 | 辛苦 xīnkǔ 혱 힘들다 | 怪不得 guàibude 튀 어쩐지 | 瘦 shòu 혱 마르다

C 빈칸 앞의 '特别'는 정도부사이다. 정도부사 뒤에는 형용사가 올 수 있다. 주어 '生活'는 형용사 '辛苦'와 호응하여 '生活辛苦(생활이 힘들다)'의 형식으로 자주 사용되므로 정답은 C이다.

A 护照 hùzhào 몡 여권
我昨天丢了他的护照。 나는 어제 그의 여권을 잃어버렸다.

B 回来 huílái 통 돌아오다
他什么时候回来呢? 그는 언제 돌아오나요?

C 辛苦 xīnkǔ 혱 힘들다
做这种工作很辛苦。 이러한 일을 하는 것은 매우 힘들다.

D 照片 zhàopiàn 몡 사진
我想看你的照片。 나는 너의 사진을 보고 싶다.

E 简单 jiǎndān 혱 간단하다
这本书的内容简单吗? 이 책의 내용은 간단한가요?

F 节约 jiéyuē 통 절약하다
我们要节约时间。 우리는 시간을 절약해야 한다.

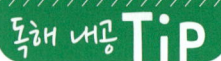 **형용사의 특징**

1 형용사

형용사는 사람이나 사물, 행위나 동작의 성질이나 상태를 나타내는 품사로, 문장 속에서 주로 술어, 관형어, 부사어, 보어의 역할을 한다. 빈칸에 들어가야 할 단어가 형용사라는 것을 알기 위해서는 먼저 형용사의 어법적인 특징을 정확히 알고 있어야 한다.

(1) 형용사의 특징

❶ 부사의 수식을 받을 수 있다.
   她**很**漂亮。 그녀는 매우 예쁘다.
   你的汉语**特别**好。 너 중국어 정말 잘 한다.

❷ 뒤에 목적어를 수반하지 않는다.
   他**很**帅。 그는 매우 잘 생겼다.

(2) 형용사의 부정형

❶ 일반부정은 '不'를 쓴다.
   她**不**漂亮。 그녀는 예쁘지 않다.
   这本书**不**容易。 이 책은 쉽지 않다.

❷ 형용사의 변화를 부정할 때는 '没'를 쓴다.
   天还**没**亮，等一会儿再出去吧。 아직 날이 밝지 않았으니 조금 더 기다렸다가 나가자.

❸ '没'로 부정할 때 형용사 앞에 '还'가 오거나 문장 끝에 어기조사 '呢'가 온다
   我的病**还没**好**呢**，不能出去。 나는 병이 아직 낫지 않아서 나갈 수 없다.

(3) 형용사 중첩

형용사는 중첩하면 '매우 ~하다'라는 '강조'의 의미를 나타내고, 문장 끝에 구조조사 '的'를 함께 쓰기도 한다.

1음절 형용사의 중첩	A: AA(的)	他的个子**高高**的。 그의 키는 굉장히 크다.
2음절 형용사의 중첩	AB: AABB 일반 형용사 중첩	她长得**漂漂亮亮**的。 그녀는 매우 예쁘게 생겼다.
	AB: ABAB 비유, 묘사적인 의미의 형용사 중첩	她的脸**冰凉冰凉**的。 그녀의 얼굴은 얼음처럼 차갑다.

	AB: ABAB 동사로 쓰이는 형용사 중첩	我让他把房间干净干净。 나는 그에게 방을 깨끗이 하라고 시켰다. → 좀 ~하다(동사 의미 중첩)
		我的房间干干净净的。 나의 방은 매우 깨끗하다. → 매우 ~하다(형용사 의미 중첩)

(4) 형용사의 위치

❶ 형용사 앞에는 부사가 위치한다.

他是非常优秀的学生。 그는 매우 우수한 학생이다.
爸爸的性格特别好。 아빠의 성격은 매우 좋다.

❷ 형용사 뒤에는 수량사 '一点儿'이 위치한다.

我觉得这条裤子稍微大了一点儿。 내가 생각할 때 이 바지는 조금 큰 것 같다.
今天天气比昨天热了一点儿。 오늘 날씨는 어제보다 조금 덥다.

2 자주 쓰이는 형용사 어휘 조합

일부 형용사는 특정한 주어와 어울려 마치 하나의 세트처럼 사용되는 경우가 있다. 독해 제1부분에서는 이러한 형용사 어휘 조합을 묻는 문제가 자주 출제되므로 형용사만 따로 외우지 말고 호응하여 쓰이는 명사와 함께 정리하여 외워두는 것이 좋다.

能力强 nénglì qiáng	능력이 좋다	交通方便 jiāotōng fāngbiàn	교통이 편리하다	感到满意 gǎndào mǎnyì	만족을 느끼다
态度差 tàidu chà	태도가 안 좋다	事情复杂 shìqing fùzá	일이 복잡하다	表示满意 biǎoshì mǎnyì	만족을 표현하다
收入低 shōurù dī	수입이 적다	目标明确 mùbiāo míngquè	목표가 명확하다	态度明确 tàidu míngquè	태도가 명확하다
生活困难 shēnghuó kùnnan	생활이 어렵다	理由充分 lǐyóu chōngfèn	이유가 충분하다	发音准确 fāyīn zhǔnquè	발음이 정확하다
问题严重 wèntí yánzhòng	문제가 심각하다	竞争激烈 jìngzhēng jīliè	경쟁이 치열하다	教育发达 jiàoyù fādá	교육이 발달하다
病情严重 bìngqíng yánzhòng	병세가 심각하다	分布广泛 fēnbù guǎngfàn	분포가 넓다	污染厉害 wūrǎn lìhai	오염이 심하다
损失严重 sǔnshī yánzhòng	손해가 심각하다	内容广泛 nèiróng guǎngfàn	내용이 광범위하다	关系密切 guānxi mìqiè	관계가 친밀하다

要求严格 yāoqiú yángé	요구가 엄격하다	身体舒服 shēntǐ shūfu	몸이 편안하다	意志坚强 yìzhì jiānqiáng	의지가 강하다
管理严格 guǎnlǐ yángé	관리가 엄격하다	态度坚决 tàidu jiānjué	태도가 단호하다	感情丰富 gǎnqíng fēngfù	감성이 풍부하다

 빈칸에 들어갈 알맞은 단어를 고르세요.

1 他们的生活很（　　）。
　A 困难　　　B 发达

2 日本的交通非常（　　）。
　A 方便　　　B 满意

3 我觉得他的态度很（　　）。
　A 复杂　　　B 明确

4 他的发音比你（　　）。
　A 严格　　　B 准确

단어&해석

生活 shēnghuó 명 생활 | 困难 kùnnan 형 어렵다, 빈곤하다 | 发达 fādá 형 발달하다 | 交通 jiāotōng 명 교통 | 方便 fāngbiàn 형 편리하다 | 满意 mǎnyì 형 만족하다, 만족스럽다 | 态度 tàidu 명 태도 | 复杂 fùzá 형 복잡하다 | 明确 míngquè 형 명확하다 | 发音 fāyīn 명 발음 | 严格 yángé 형 엄격하다, 엄하다 | 准确 zhǔnquè 형 정확하다, 확실하다

1 그들의 생활은 매우 (어렵다).
2 일본의 교통은 매우 (편리하다).
3 내가 보기에 그의 태도는 매우 (명확하다).
4 그의 발음은 너보다 (정확하다).

정답&풀이

1 **A** '生活(생활)'와 호응하는 단어는 형용사 '困难(어렵다)'이다. '发达(발달하다)'는 의미상 적합하지 않다.
2 **A** '交通(교통)'과 호응하는 단어는 형용사 '方便(편리하다)'이다. '满意(만족하다)'는 의미상 적합하지 않다.
3 **B** '态度(태도)'와 호응하는 단어는 형용사 '明确(명확하다)'이다. '复杂(복잡하다)'는 의미상 적합하지 않다.
4 **B** '发音(발음)'과 호응하는 단어는 형용사 '准确(정확하다)'이다. '严格(엄격하다)'는 의미상 적합하지 않다.

실력 다지기

1~20 지문을 읽고 빈칸에 들어갈 알맞은 단어를 보기에서 고르시오.

★ 1~5

| A 复杂 | B 可怜 | C 严重 | D 精彩 | E 干净 | F 困难 |

1 这只生病的小猫，又被雨淋湿了，看起来真（ ）。

2 昨天的比赛太（ ）了!

3 他们的生活很（ ）。

4 这是一件很（ ）的事情。

5 环境污染问题越来越（ ）。

★ 6~10

| A 饿 | B 简单 | C 便宜 | D 漂亮 | E 低 | F 可惜 |

6 这台冰箱外形挺漂亮，价格也很（ ），你过生日时我送你一台。

7 昨天刚买的裤子被妈妈洗坏了，真是太（ ）了。

8 你不吃饭，一会儿就会（ ）的。

9 我丈夫的收入很（ ）。

10 这部电影的内容很（ ）。

* 11~15

| A 新鲜　B 安静　C 湿润　D 流利　E 清楚　F 精彩 |

11　A：北京的空气比较干燥。
　　　B：上海就和北京不同，空气（　　）极了。

12　A：这本书虽然是第一次看，可是我觉得内容并不（　　）。
　　　B：很多人都写过这个话题的书。

13　A：昨天的比赛怎么样？你看了吗？
　　　B：当然看了！昨天的足球比赛非常（　　）。

14　A：你哥哥会说汉语吗？
　　　B：他汉语说得很（　　）。

15　A：咱们还是去图书馆看书吧！
　　　B：这里也不是挺（　　）的吗？

* 16~20

| A 一样　B 干净　C 舒服　D 奇怪　E 合适　F 清楚 |

16　A：中国北方的气候跟南方很不（　　）。
　　　B：对，北方干燥，南方潮湿。

17　A：食堂里饭菜怎么样？
　　　B：又（　　）又好吃，就是价钱让人吃不消。

18　A：你去过青岛没有？
　　　B：小时候去过一次，没什么印象。去年出差去过，可是身体不（　　）没法玩儿。

19　A：我今天嗓子疼，头也有点疼。可能是感冒了。
　　　B：冬天穿得这么少，不感冒才（　　）呢。

20　A：我看，这双白色的鞋对你很（　　）。
　　　B：是吗？这双鞋哪怕再贵我也要买！

3 명사 어휘 선택하기

Guide

중국어의 모든 품사 중 그 개수가 가장 많은 것은 단연 명사이다. 하지만 독해 제1부분에 출제되는 명사는 비교적 제한적이다. 특히 빈칸에 들어갈 알맞은 명사를 선택하기 위해서는 보기에 주어진 명사의 뜻을 아는 것도 중요하지만 문장 안의 동사나 형용사와 호응하는 적절한 명사를 찾는 것이 더욱 중요하다.

> **주의** 명사와 호응하는 동사, 형용사를 찾아라. 명사의 자리가 빈칸으로 주어지면 그 해답은 바로 문장의 동사, 형용사에 있다. 동사, 형용사와 호응하는 명사를 찾으면 문제는 쉽게 해결된다.

독해 급소공략

• 명사의 어법적인 특징을 기억하라.

빈칸에 위치해야 할 단어가 명사라는 것을 알려면 명사가 어법적으로 어떠한 특징을 갖는지를 알아야 한다. 명사의 뜻을 외우는 것도 중요하지만 **명사가 중국어 문장에서 어떠한 특징을 갖고 있는지** 아는 것이 더욱 중요하다.

• 명사는 동사, 형용사와 호응한다.

빈칸이 명사 자리로 주어지면 이 문제의 키워드는 반드시 동사 혹은 형용사에 있다. 명사는 동사, 형용사와 함께 '동사술어+명사(목적어)', '명사(주어)+형용사술어', '동사, 형용사+的+명사'의 구조를 이루어 사용되므로, 독해 영역에 자주 출제되는 명사는 같이 어울려서 쓰이는 동사, 형용사와 묶어서 기억해야 한다.

• 명사는 양사와 함께 사용한다.

중국인들은 양사를 중요하게 생각한다. **빈칸 앞에 양사가 있으면 빈칸은 명사 자리이다.** 이런 경우에는 문장의 의미를 이해하지 못했더라도 양사만 보고도 정답을 찾아낼 수 있다. 그러므로 시험에 자주 출제되는 주요 양사는 함께 쓰이는 명사와 정리하여 외워두도록 한다.

예제로 감 익히기

Mission 1 지문을 읽고 빈칸에 들어갈 알맞은 단어를 보기에서 고르시오.

> A 别人   B 决定   C 商量   D 内容   E 互相   F 突然
>
> (　　) 说什么都无所谓，重要的是对自己有没有信心。

(**A** 别人)说什么都无所谓，重要的是对自己有没有信心。

(**A** 다른 사람)이 무슨 말을 하는지는 중요하지 않다. 중요한 것은 자신에게 자신이 있느냐 없느냐이다.

无所谓 wúsuǒwèi 상관 없다 | 重要 zhòngyào 형 중요하다 | 信心 xìnxīn 명 자신

A 빈칸은 동사 '说'의 앞에 있으므로 동사 '说'와 호응하는 주체가 들어가야 한다. 말을 할 수 있는 주체는 '사람'이어야 하므로, 빈칸에는 대사 '别人'이 가장 적합하다.

A 别人 biérén 대 다른 사람
别人都喜欢他。 다른 사람들은 모두 그를 좋아한다.

B 决定 juédìng 명동 결정(하다)
我决定明天去你家。 나는 내일 너희 집에 가기로 결정했다.

C 商量 shāngliang 동 상의하다
我要跟你商量一件事情。 나는 너와 한 가지 일을 상의하고 싶다.

D 内容 nèiróng 명 내용
他说的内容我都不明白。 그가 말하는 내용을 나는 다 이해하지 못했다.

E 互相 hùxiāng 부 서로
他们喜欢互相帮助。 그들은 서로 돕는 것을 좋아한다.

F 突然 tūrán 부 갑자기
他突然笑起来了。 그는 갑자기 웃기 시작했다.

Mission 2 대화문을 읽고 빈칸에 들어갈 알맞은 단어를 보기에서 고르시오.

A 音乐　　B 重要　　C 保护　　D 书包　　E 勇气　　F 基础

A: 现在的努力，是为了以后打（　　），所以我们不要懒。
B: 我也这么想。我们加油吧！

A: 现在的努力，是为了以后打(**F 基础**)，所以我们不要懒。
B: 我也这么想。我们加油吧!

A: 지금의 노력은 나중을 위해 (**F 기초**)를 다지는 것이기 때문에, 우리는 게을리해서는 안 돼.
B: 나도 역시 그렇게 생각해. 우리 힘내자!

努力 nǔlì 동 노력하다 | 打基础 dǎ jīchǔ 동 기초를 다지다 | 懒 lǎn 형 게으르다 | 加油 jiāyóu 동 힘내다

F 빈칸은 동사 '打' 뒤에 있으므로 이와 어울리는 명사가 와야 한다. 명사 '基础'는 동사 '打'와 호응하여 '打基础(기초를 닦다)'라는 고정격식으로 사용되므로 빈칸에는 명사 '基础'가 들어가는 것이 가장 적합하다.

A 音乐 yīnyuè 명 음악
我喜欢听安静的音乐。 나는 조용한 음악을 듣는 것을 좋아한다.

B 重要 zhòngyào 형 중요하다
这件事情非常重要。 이 일은 매우 중요하다.

C 保护 bǎohù 동 보호하다
我们要保护环境。 우리는 환경을 보호해야 한다.

D 书包 shūbāo 명 책가방
他的书包太重。 그의 책가방은 매우 무겁다.

E 勇气 yǒngqì 명 용기
我没有勇气向他告白。 나는 그에게 고백할 용기가 없다.

F 基础 jīchǔ 명 기초
我最近学习基础科学。 나는 요즘 기초과학을 공부한다.

 명사의 특징

1 명사

명사는 사람이나 사물의 이름을 나타내는 품사로, 문장 속에서 주로 주어와 목적어 역할을 한다. 빈칸에 들어가야 할 단어가 명사라는 것을 알기 위해서는 먼저 명사의 어법적인 특징을 정확히 알고 있어야 한다.

(1) 명사의 특징

❶ 명사는 주로 주어와 목적어 역할을 한다.

天气很热。 날씨가 매우 덥다. → 주어

我想吃面包。 나는 빵을 먹고 싶다. → 목적어

❷ 시간명사는 부사어로 쓰일 수 있다.

他今天就回来了。 그는 오늘 돌아온다.

明天我会接你去。 내일 너를 마중하러 갈게.

❸ 대부분의 경우 명사는 중첩할 수 없다.

我今天去医院医院。(×) → 我今天去医院。(○) 나는 오늘 병원에 간다.

❹ 명사는 수사와 바로 결합할 수 없고 양사와 결합하여 쓰인다. [수사+양사+명사]

今天来了一人。(×) → 今天来了一个人。(○) 오늘은 한 명이 왔다.

我要买一衣服。(×) → 我要买一件衣服。(○) 나는 옷을 한 벌 사려고 한다.

❺ 명사술어문은 단독 술어로 쓰일 수 있다.

시간	现在几点? 지금 몇 시입니까?
날짜	今天几月几号? 오늘은 며칠입니까?
가격	这个多少钱? 이것은 얼마입니까?
나이	你今年多大年纪? 당신 올해 나이가 몇이세요?
무게	这个一共5公斤。 이것은 모두 5kg이다.
국적	他中国人。 그는 중국인이다.
전화번호, 방번호	我的手机13354067839。 내 휴대전화 번호는 133540678390이다.

(2) 명사의 위치

❶ 명사(대사)는 주어가 될 수 있다.

天气非常冷。 날씨가 매우 춥다. → 명사

他长得非常好看。 그는 정말 멋있게 생겼다. → 대사

❷ 명사(대사)는 목적어가 될 수 있다.

我们去打篮球吧! 우리 농구하러 가자! → 명사

我一直喜欢他。 나는 줄곧 그를 좋아했다. → 대사

❸ 명사는 구조조사 '的' 뒤에 위치한다.

我的电脑坏了。 내 컴퓨터가 고장 났다.

这家饭店的服务非常好。 이 호텔의 서비스는 매우 좋다.

2 대사, 양사

명사와 함께 주어와 목적어가 될 수 있는 대사, 빈칸 앞에 나와 빈칸이 명사 자리임을 암시해 주는 양사는 명사와 매우 밀접한 관계를 갖는 품사이므로 대사와 양사에 대해서도 알아보자.

(1) 대사

대사는 구체적인 사람, 사물 등 다른 것을 가리키거나 대신 지칭하는 품사로 인칭대사, 지시대사, 의문대사 등으로 나눌 수 있다.

인칭대사	1인칭	我 wǒ 나 我们 wǒmen 우리 咱们 zánmen 우리
	2인칭	你 nǐ 너 您 nín 당신 你们 nǐmen 너희들
	3인칭	他 tā 그 她 tā 그녀 它 tā 그것 他们 tāmen 그들 她们 tāmen 그녀들 它们 tāmen 그것들
	기타	自己 zìjǐ 자기 大家 dàjiā 모두 人家 rénjiā 다른 사람 别人 biérén 다른 사람
지시대사	사람, 사물	这 zhè 이 这些 zhèxiē 이것들 那 nà 그 那些 nàxiē 그것들
	장소	这儿 zhèr 이곳 这里 zhèli 이곳 那儿 nàr 그곳 那里 nàli 그곳
	정도, 방식	这样 zhèyàng 이렇게 这么 zhème 이렇게 那样 nàyàng 그렇게 那么 nàme 그렇게
의문대사	누가	谁 shéi 누구
	언제	什么时候 shénmeshíhou 언제
	어디서	哪儿 nǎr 어디 哪里 nǎli 어디 什么地方 shénmedìfang 어느 곳
	무엇을	什么 shénme 무엇

어떻게	怎么 zěnme 어떻게 怎样 zěnyàng 어떻게
왜	为什么 wèishénme 왜
얼마나	几 jǐ 몇 多少 duōshao 얼마

(2) 양사

양사는 사람이나 사물의 수량이나 동작의 횟수를 나타내는 품사이다. 시험에 자주 출제되는 주요 양사를 잘 기억해두자.

把 bǎ	손잡이가 있는 물건에 씀 한 손에 움켜쥔 분량을 나타냄	米 mǐ 쌀 汗 hàn 땀 雨伞 yǔsǎn 우산 刀子 dāozi 칼 剪刀 jiǎndāo 가위 椅子 yǐzi 의자 钥匙 yàoshi 열쇠
笔 bǐ	비교적 많은 금액, 금전과 관련이 있는 명사에 씀	生意 shēngyi 사업 钱 qián 돈 账 zhàng 부채
部 bù	기계, 영화, 책을 셀 때 씀	词典 cídiǎn 사전 电影 diànyǐng 영화 小说 xiǎoshuō 소설 机器 jīqì 기계 电话 diànhuà 전화
场 chǎng	영화, 시합, 경기를 셀 때 씀	电影 diànyǐng 영화 音乐会 yīnyuèhuì 음악회 雨 yǔ 비 雪 xuě 눈 比赛 bǐsài 경기
道 dào	문제, 요리를 셀 때 씀	问题 wèntí 문제 菜 cài 요리 彩虹 cǎihóng 무지개
顶 dǐng	모자를 셀 때 씀	帽子 màozi 모자
段 duàn	일정한 거리나 구간을 나타냄	话 huà 말 路 lù 길 时间 shíjiān 시간 文章 wénzhāng 문장
对 duì	짝을 이루는 사람, 동물 같은 것이 두 개로 이루어진 사물을 나타낼 때 씀	鸟 niǎo 새 夫妻 fūqī 부부 夫妇 fūfù 부부 恋人 liànrén 연인
朵 duǒ	꽃, 구름을 나타낼 때 씀	花 huā 꽃 云 yún 구름
封 fēng	편지, 전보를 나타낼 때 씀	信 xìn 편지 电报 diànbào 전보
副 fù	얼굴 표정, 한 벌이나 한 쌍인 물건을 나타낼 때 씀	笑脸 xiàoliǎn 웃는 얼굴 眼镜 yǎnjìng 안경 手套 shǒutào 장갑
家 jiā	영리활동을 하는 가게, 기업을 나타낼 때 씀	工厂 gōngchǎng 공장 饭店 fàndiàn 호텔 商店 shāngdiàn 상점 银行 yínháng 은행 公司 gōngsī 회사
架 jià	비행기를 나타낼 때 씀	飞机 fēijī 비행기
间 jiān	방처럼 생긴 공간을 셀 때 씀	房子 fángzi 집 卧室 wòshì 침실 厨房 chúfáng 주방 客厅 kètīng 거실 屋子 wūzi 방 病房 bìngfáng 병실 教室 jiàoshì 교실 办公室 bàngōngshì 사무실
件 jiàn	옷, 일을 셀 때 씀	衣服 yīfu 옷 毛衣 máoyī 스웨터 事情 shìqing 일

棵 kē	나무, 식물을 셀 때 씀	草 cǎo 풀　树 shù 나무　白菜 báicài 배추　葱 cōng 파
颗 kē	조그맣고 동글동글한 사물을 셀 때 씀	药 yào 약　泪水 lèishuǐ 눈물　心 xīn 마음　星星 xīngxing 별
块 kuài	돈, 넓적한 사물을 셀 때 씀	钱 qián 돈　地毯 dìtǎn 카펫　手表 shǒubiǎo 손목시계 肥皂 féizào 빨래비누　蛋糕 dàngāo 케이크　面包 miànbāo 빵
辆 liàng	차량을 셀 때 씀	汽车 qìchē 자동차　自行车 zìxíngchē 자전거
列 liè	기차를 나타낼 때 씀	火车 huǒchē 기차
门 mén	학문, 기술의 항목을 나타낼 때 씀	课 kè 수업　学问 xuéwèn 학문　学科 xuékē 학과
名 míng	사람을 셀 때 씀	学生 xuésheng 학생　记者 jìzhe 기자　老师 lǎoshī 선생님
排 pái	열, 줄을 이룬 것을 셀 때 씀	人 rén 사람　座位 zuòwèi 자리　树 shù 나무
批 pī	대량의 사람이나 물건을 나타낼 때 씀	人 rén 사람　货 huò 물품　产品 chǎnpǐn 상품
匹 pǐ	말을 셀 때 씀	马 mǎ 말
篇 piān	일정한 형식을 갖춘 문장을 나타냄	论文 lùnwén 논문　文章 wénzhāng 문장
片 piàn	얇고 작은 사물, 풍경, 분위기, 마음을 나타냄	药 yào 약　笑声 xiàoshēng 웃음소리　歌声 gēshēng 노랫소리 面包 miànbāo 빵　树叶 shùyè 나뭇잎　心 xīn 마음
群 qún	무리, 떼를 이룬 것에 씀	人 rén 사람　羊 yáng 양　鸭 yā 오리
首 shǒu	시, 노래를 셀 때 씀	诗 shī 시　歌 gē 노래
双 shuāng	쌍을 이루는 물건에 씀	手 shǒu 손　眼睛 yǎnjing 눈　鞋 xié 신발　袜子 wàzi 양말 筷子 kuàizi 젓가락　手套 shǒutào 장갑
所 suǒ	집이나 학교, 병원의 건축물에 씀	学校 xuéxiào 학교　医院 yīyuàn 병원
台 tái	가전제품, 무대연출, 공연에 씀	电视 diànshì 텔레비전　电脑 diànnǎo 컴퓨터　机器 jīqì 기계 照相机 zhàoxiàngjī 카메라　洗衣机 xǐyījī 세탁기 复印机 fùyìnjī 복사기　话剧 huàjù 연극　歌舞 gēwǔ 노래와 춤
套 tào	세트를 이루는 물건, 일정한 체계를 이루는 언어, 동작에 씀	房子 fángzi 집　家具 jiājù 가구　茶具 chájù 다기　话 huà 말
条 tiáo	긴 물건, 추상적인 사물에 씀	江 jiāng 강　河 hé 하천　路 lù 길　裤子 kùzi 바지 线 xiàn 선　消息 xiāoxi 소식　建议 jiànyì 건의안
项 xiàng	항목을 셀 때 씀	任务 rènwu 임무　建议 jiànyì 건의안　研究 yánjiū 연구 服务 fúwù 서비스　调查 diàochá 조사

盏 zhǎn	등을 셀 때 씀	灯 dēng 등 台灯 táidēng 스탠드 电灯 diàndēng 전등
张 zhāng	평평한 면이 있는 사물을 셀 때 씀	桌子 zhuōzi 책상 纸 zhǐ 종이 照片 zhàopiàn 사진 票 piào 표 脸 liǎn 얼굴 地图 dìtú 지도 床 chuáng 침대
支 zhī	막대, 줄, 노래에 씀	笔 bǐ 펜 军队 jūnduì 군대 队伍 duìwu 대열 歌 gē 노래
只 zhī	동물, 배, 쌍을 이루는 물건 중의 하나를 나타냄	狗 gǒu 개 猫 māo 고양이 眼睛 yǎnjing 눈 手 shǒu 손
种 zhǒng	종, 종류를 나타냄	人 rén 사람 事情 shìqing 일 东西 dōngxi 물건 意见 yìjiàn 의견 水果 shuǐguǒ 과일 蔬菜 shūcài 야채
座 zuò	크고 고정된 건축물에 씀	桥 qiáo 다리 学校 xuéxiào 학교 医院 yīyuàn 병원 山 shān 산 城市 chéngshì 도시

 빈칸에 들어갈 알맞은 단어를 고르세요.

1 我昨天买了一（　　）裤子。
  A 条　　　B 匹

2 那是一（　　）有一千多年历史的城市。
  A 列　　　B 座

3 桌子上放着一（　　）报纸。
  A 张　　　B 架

4 他的那（　　）鞋有点大。
  A 间　　　B 双

단어&해석

裤子 kùzi 명 바지 | 历史 lìshǐ 명 역사 | 城市 chéngshì 명 도시 | 桌子 zhuōzi 명 책상 | 放 fàng 동 두다, 놓다 | 报纸 bàozhǐ 명 신문 | 鞋 xié 명 신발

1 나는 어제 바지 (하나)를 샀다.
2 그곳은 1000년이 넘는 역사를 가진 도시이다.
3 책상 위에 한 (장)의 신문이 놓여져 있다.
4 그의 그 신발은 조금 크다.

정답&풀이

1 A '裤子'를 세는 양사는 '条'이다. '匹'는 '말'을 세는 양사이므로 답이 될 수 없다.
2 B '城市'를 세는 양사는 '座'이다. '列'은 '열차'를 세는 양사이므로 답이 될 수 없다.
3 A '报纸'를 세는 양사는 '张'이다. '架'는 '비행기'를 세는 양사이므로 답이 될 수 없다.
4 B '鞋'를 세는 양사는 '双'이다. '间'은 '방'을 세는 양사이므로 답이 될 수 없다.

실력 다지기

1~20 지문을 읽고 빈칸에 들어갈 알맞은 단어를 보기에서 고르시오.

※ 1~5

| A 价格 　 B 信用卡 　 C 理想 　 D 图书馆 　 E 意见 　 F 目标 |

1　我喜欢吃蛋糕，我的（　）是以后自己开一家蛋糕店。

2　今天的会就开到这里，大家还有什么（　）和建议吗?

3　看到桌子上那张（　）了吧?

4　这件衣服的（　）有点儿贵。

5　他每天去（　）看书、查资料。

※ 6~10

| A 速度 　 B 文章 　 C 运动鞋 　 D 环境 　 E 活动 　 F 工作 |

6　我敢说，我写的（　）绝不比别人写的差。

7　他负责这里的全面（　）。

8　在学校的时候，要多参加各种（　）。

9　你觉得这两双（　）哪个更好看?

10　他打字的（　）比我快。

* 11~15

| A 家具 　　B 现金 　　C 肚子 　　D 警察 　　E 身体 　　F 超市 |

11 A：今天吃得太多了，（　　）有点儿不舒服。
　　B：喝点儿热水一定会好一些！

12 A：每天按时吃早饭对（　　）特别好。
　　B：妈妈，我知道，你别担心了！

13 A：请问，这儿能刷卡吗？
　　B：不能。整个商场只收（　　）。

14 A：师傅，我得在7点前赶到和平饭店，你能不能开快一点儿？
　　B：再快？要是碰见（　　），我可就麻烦了。

15 A：晚上吃什么呀？我去（　　）买点蔬菜吧。
　　B：蔬菜不用买了，你去买点肉就行了。

* 16~20

| A 颜色 　　B 原因 　　C 手机 　　D 内容 　　E 时间 　　F 办公室 |

16 A：还有一个月我就30岁了。
　　B：（　　）过得真快啊！你打算怎么过30岁的生日？

17 A：你有张老师的电话号码吗？
　　B：我有他的（　　）号码。

18 A：你说我们失败的（　　）是什么？我一直没想明白。
　　B：我觉得就是你们经验太少。

19 A：你怎么这么早出门？
　　B：没办法，为了能早点到（　　），不得不早点出发。

20 A：有大一号的吗？
　　B：大一号的没有这个（　　），只有蓝色的了，您要试试看吗？

4 부사 어휘 선택하기

> **Guide**
> 부사는 일반적으로 동사, 형용사 앞에 위치하여 동작의 시간, 정도, 범위, 상태, 긍정, 부정을 나타내는 품사이다. 따라서 부사는 쓰임과 의미에 따라서 따로 정리하여 외우는 것이 좋다. 특히 중국어에서 자주 쓰이는 부사는 짧은 문장을 만들어 외워두면 부사의 정확한 쓰임과 의미를 파악하는 데 큰 도움이 된다.
>
> **주의** 부사의 정확한 쓰임을 기억하라. 부사는 일반적으로 동사나 형용사를 수식하는 역할을 한다. 따라서 정확한 부사의 쓰임을 알기 위해서는 동사, 형용사와 어떻게 호응하는지를 알고 있어야 한다.

독해 급소공략

• 부사의 어법적인 특징을 기억하라.

만약 빈칸이 **주어와 동사, 형용사, 조동사 사이에 있다면 빈칸에는 부사가 올 수 있다.** 빈칸에 들어갈 단어를 찾는 독해 제1부분 문제에서는 우선 빈칸에 들어갈 단어의 품사가 무엇인지를 파악하는 것이 가장 중요하다. 이를 위해서는 각 품사의 어법적 특징을 정확히 숙지하고 있어야 한다.

• 부사는 쓰임과 의미를 구분하여 암기하라.

부사는 어법적인 특성상 서로 호응해서 쓰이는 '동사+명사', '명사+형용사', '동사/형용사+的+명사'와는 다르게 **고정적으로 호응하는 동사, 형용사가 정해져 있지 않다.** 따라서 부사를 외울 때는 쓰임과 의미에 따라서 정리하여 각 단어의 특징을 비교하여 외우는 것이 좋다.

• 부사는 간단한 문장으로 암기하라.

부사는 뜻을 아는 것도 중요하지만 그 쓰임을 아는 것이 더 중요하다. 부사는 일반적으로 동사, 형용사 앞에 위치하여 술어 또는 문장 전체를 수식하는 역할을 한다. 따라서 시험에 자주 출제되는 부사는 간단한 문장을 통째로 암기해두면 부사의 쓰임과 의미를 정확히 기억할 수 있다.

예제로 감 익히기

Mission 1 지문을 읽고 빈칸에 들어갈 알맞은 단어를 보기에서 고르시오.

> A 收入   B 开始   C 帽子   D 也许   E 知道   F 稍微
>
> 这件衣服好看是好看，我就是觉得（　　）大了一点儿。

这件衣服好看是好看，我就是觉得(**F 稍微**)大了一点儿。 | 이 옷은 예쁘기는 한데 다만 (**F 약간**) 큰 것 같다.

衣服 yīfu 명 옷 | 好看 hǎokàn 형 예쁘다 | 觉得 juéde 동 ~라고 생각하다 | 稍微 shāowēi 부 조금

F 빈칸은 형용사 '大'와 수량사 '一点儿'로 이루어진 문장 '大了一点儿' 앞에 있으므로 빈칸에는 부사가 와야 한다. 수량사 '一点儿'은 정도부사 '稍微'와 함께 호응하여 '稍微+형용사+一点儿'의 형식으로 '조금 ~하다'의 의미를 나타내므로 빈칸에는 '稍微'가 들어가는 것이 가장 적합하다.

A 收入 shōurù 명 수입
  这个月的**收入**很低。 이번 달 수입은 매우 적다.

B 开始 kāishǐ 동 시작하다
  今天几点**开始**上课? 오늘은 몇 시에 수업을 시작하나요?

C 帽子 màozi 명 모자
  他的**帽子**特别好看。 그의 모자는 매우 예쁘다.

D 也许 yěxǔ 부 아마도
  他今天**也许**不能来。 그는 오늘 아마 오지 못할 것이다.

E 知道 zhīdào 동 알다, 이해하다
  我**知道**你的名字。 나는 너의 이름을 알고 있다.

F 稍微 shāowēi 부 조금
  今天**稍微**热一点。 오늘은 조금 덥다.

> 정도부사 '稍微'는 동사, 형용사와 함께 아래와 같은 형식으로 자주 사용되므로 반드시 기억해야 한다.
> ① 稍微+동사+(了)一下/一些/一点(儿)/一会儿
> ② 稍微+형용사+(了)一些/一点(儿)/一会儿

Mission 2 대화문을 읽고 빈칸에 들어갈 알맞은 단어를 보기에서 고르시오.

A 词典　　B 准备　　C 大概　　D 发生　　E 风景　　F 一起

A: 我（　　）明白你昨天对我说的意思了。我们分手吧！
B: 你误会了我的意思吧！

A: 我(**C 大概**)明白你昨天对我说的意思了。我们分手吧！
B: 你误会了我的意思吧！

A: 나는 네가 어제 나에게 말한 의미를 (**C 대충**) 이해했어. 우리 헤어지자!
B: 너 내 뜻을 오해했구나!

明白 míngbai 통 이해하다 | 意思 yìsi 명 뜻 | 分手 fēnshǒu 통 헤어지다 | 误会 wùhuì 통 오해하다

C 빈칸은 주어 뒤, 술어 앞에 있으므로 빈칸에 들어갈 수 있는 단어는 부사이다. 또한 이 부사는 뒤에 있는 동사 '明白'와 호응해야 한다. 어기부사 '大概'는 동사 앞에 쓰여서 '대략, 대충'의 의미를 나타내므로 빈칸에는 의미상 '大概'가 들어가는 것이 가장 적합하다.

A 词典 cídiǎn 명 사전
这是你的词典吧? 이것은 너의 사전이지?

B 准备 zhǔnbèi 통 준비하다
我在准备考试。 나는 시험을 준비 중이다.

C 大概 dàgài 부 대충
我大概知道这部电影的内容。 나는 대충 이 영화의 내용을 알고 있다.

D 发生 fāshēng 통 발생하다
今天发生了很多事情。 오늘은 많은 일이 발생했다.

E 风景 fēngjǐng 명 풍경, 경치
这里的风景很好看。 이곳의 풍경은 매우 예쁘다.

F 一起 yìqǐ 부 함께
我们一起去图书馆看书。 우리는 함께 책을 보러 도서관에 간다.

> 어기부사 '大概'는 '아마도'와 '대충, 대략'의 의미로 사용될 수 있으므로 두 가지 의미를 비교하여 정확히 알고 있어야 한다.
> 他下个月大概可以到。
> 그는 아마 다음 달에 도착할 수 있을 것이다.
> 他大概知道这本书的内容。
> 그는 이 책의 내용을 대충 안다.

 부사의 특징

1 부사

부사는 정도, 시간, 빈도, 범위, 어기, 긍정, 부정 등을 나타내는 품사로, 문장 속에서 주로 부사어로 쓰여 동사와 형용사를 수식한다. 빈칸에 들어가야 할 단어가 부사라는 것을 알기 위해서는 먼저 부사의 어법적인 특징을 정확히 알고 있어야 한다.

(1) 부사의 위치

❶ 부사는 일반적으로 동사, 형용사 앞에 위치한다.

我也去学校。 나도 역시 학교에 간다. → 동사
这个很漂亮。 이것은 매우 예쁘다. → 형용사

❷ 부사는 일반적으로 조동사 앞에 위치한다.

我一直想去公园。 나는 줄곧 공원에 가고 싶다.

❸ 부사는 일반적으로 개사구 앞에 위치한다.

我也跟他吃饭。 나도 그와 밥을 먹는다.

❹ 일부 부사는 주어 앞에 올 수 있다.

其实他已经知道。 사실 그는 이미 알고 있다.

(2) 시험에 자주 출제되는 부사와 용법

❶ 정도부사: 술어 앞에 위치하여 형용사와 심리활동동사의 정도를 나타내는 부사

很 hěn 十分 shífēn 非常 fēicháng	매우	这条裙子很漂亮。 이 치마는 매우 예쁘다.
格外 géwài	특히	他的病格外严重。 그의 병은 특히 심각하다.
太……了 tài……le	너무 [부정적인 의미를 나타내기도 함]	今天太累了。 오늘은 너무 피곤하다.
挺……的 tǐng……de 怪……的 guài……de	매우 ~하다	今天挺高兴的。 오늘 너무 기쁘다.
有点儿 yǒudiǎnr	조금 ~하다	今天有点儿热。 오늘은 조금 덥다.

更 gèng	훨씬	我比他更高。 내가 그보다 훨씬 크다.
多(么)……啊 duō(me)……a	얼마나 ~한지 [감탄문]	这个小孩子多可爱啊! 이 아이가 얼마나 귀여운지!
越来越 yuèláiyuè	점점 더 ~해지다 [변화, 발전]	天气越来越冷。 날씨가 점점 추워진다.

❷ 시간부사: 일반적으로 술어 앞에 위치하여 시간을 나타내는 부사

就 jiù	곧, 벌써 [시간의 이름]	9点上课, 他们8点就来了。 9시에 수업인데 그들은 8시에 벌써 왔다.
才 cái	비로소 [시간의 늦음]	9点上课, 他们10点才来了。 9시에 수업인데 그들은 10시가 되어서야 왔다.
先 xiān	먼저	你先吃饭, 再学习吧。 먼저 밥을 먹고 그리고 나서 공부를 해라.
已经 yǐjing	이미	他已经回来了。 그는 이미 돌아왔다.
曾经 céngjīng	일찍이 ~한 적이 있다 [경험]	我3年前跟男朋友曾经去过北京。 나는 3년 전에 남자친구와 베이징에 가본 적이 있다.
刚刚(刚/刚才) gānggāng(gāng/gāngcái)	막, 바로	他刚刚来了。 그는 방금 막 왔다.
马上(立即/立刻) mǎshàng(lìjí/lìkè)	곧, 바로	我马上过去。 나는 곧 갈 것이다.
正在 zhèngzài	마침 ~하는 중이다	我正在看电视。 나는 지금 TV를 보고 있는 중이다.
总是 zǒngshì	늘, 항상	他总是迟到。 그는 늘 지각을 한다.
老是 lǎoshì	늘, 항상	爸爸性格不好, 老是生气。 아빠는 성격이 안 좋아서 항상 화를 낸다.
从来 cónglái	여태껏	他从来不喜欢穿红色的衣服。 그는 여태껏 빨간색 옷 입는 것을 좋아하지 않는다.
始终 shǐzhōng	지금까지, 시종일관	我们两个人的关系始终很好。 우리 둘의 관계는 지금까지 줄곧 좋다.
随时 suíshí	언제든	你随时来我家玩儿吧。 언제든지 우리 집에 놀러 와라.

终于 zhōngyú	결국은	他想了很久，**终于**决定了。 그는 오랫동안 생각한 후에 결국 결정을 내렸다.
早晚 zǎowǎn	조만간	他**早晚**得去一趟。 그는 조만간 한번 갔다 와야 한다.
偶尔 ǒu'ěr	간혹	我们**偶尔**去那家饭馆。 우리는 간혹 그 음식점에 간다.
永远 yǒngyuǎn	영원히	我们**永远**不会忘记你们。 우리는 영원히 너희를 잊을 수 없을 것이다.
一向(向来) yíxiàng(xiànglái)	줄곧	每天吃饭以后，**一向**都是我洗碗。 매일 식사 후에 줄곧 내가 설거지를 한다.
一直 yìzhí	줄곧	我**一直**想当演员。 나는 줄곧 배우가 되고 싶다.
正好 zhènghǎo	바로, 마침	我**正好**要出发呢! 마침 출발하려고 했는데!
不一会儿 bùyíhuìr	곧, 머지않아	**不一会儿**教室的人都出来了。 얼마 지나지 않아 교실 안의 사람들이 모두 다 나왔다.

❸ 빈도부사: 술어 앞에 위치하여 어떤 일, 동작, 상황이 얼마나 반복되는지를 나타내는 부사

还 hái	또 [미래 상황의 지속]	我们明天**还**要去一趟。 우리는 내일 한번 더 다녀와야 한다.
又 yòu	또 [이미 발생한 사실의 반복]	他昨天已经来过，可今天**又**来了。 그는 어제 이미 왔었는데 오늘 또 왔다.
往往 wǎngwǎng	종종, 늘	他星期天**往往**去那家饭馆吃饭。 그는 일요일이면 종종 그 음식점에 가서 밥을 먹는다.
一连 yìlián	연이어, 잇달아	最近天气很不好，**一连**下了三天雨。 요즘 날씨가 너무 안 좋더니, 삼일 동안 잇달아 비가 내렸다.
一再(再三) yízài(zàisān)	거듭, 재차	他向老板**一再**提出了他的意见。 그는 사장님께 재차 자신의 의견을 제시했다.

❹ 범위부사: 술어 앞에서 동작의 범위를 제한하는 부사

只(光/仅/单) zhǐ(guāng/jǐn/dān)	단지	我**只**有这个，没有别的。 나는 단지 이것만 있고 다른 것은 없다.

都(全/全部) dōu(quán/quánbù)	모두	我们班的学生今天都来了。 우리 반 학생들은 오늘 모두 왔다.
一共(总共) yígòng(zǒnggòng)	모두, 합계, 전부	我今天一共花了五百块钱。 오늘 나는 총 500위앤을 썼다.
一块儿(一同/一起) yíkuàir(yìtóng/yìqǐ)	함께	今天我们一块儿出去吃饭吧。 오늘 우리 함께 밥 먹으러 가자.
到处 dàochù	도처, 어느 곳이든지	我昨天到处都找不到你了。 나는 어제 어디에서도 너를 찾을 수 없었다.

❺ 어기부사: 화자의 긍정, 부정, 강조, 추측, 안도, 의문 등의 어기를 나타내는 부사

到底(究竟) dàodǐ(jiūjìng)	도대체	你到底来不来? 너는 도대체 오니 안 오니?
果然 guǒrán	과연 ~이다 [생각했던 것과 결과가 일치함]	他做得很好，果然是我的孩子。 그는 일을 참 잘했다. 과연 나의 자식이다.
难道……吗 nándào……ma	설마 ~하겠는가? [반어문]	难道你不知道这件事吗? 설마 네가 이 일을 모르겠는가? (너는 이 일을 알고 있을 것이다.)
幸亏(多亏/幸好) xìngkuī(duōkuī/xìnghǎo)	다행히	幸亏他刚到了，不然他今天不能参加。 다행히 그가 방금 왔다. 그렇지 않았더라면 오늘 참가하지 못했을 것이다.
也许 yěxǔ	어쩌면, 아마도	他今天也许不能来。 그는 오늘 어쩌면 못 올 것이다.
似乎 sìhū	~인 것 같다	他似乎非常生气。 그가 굉장히 화가 난 것 같다.
并 bìng	결코, 절대	这并不是我的错误。 이것은 절대 나의 잘못이 아니다.
毫 háo	조금도, 절대	他说的话，毫无道理。 그가 하는 말은 조금도 논리가 없다.
决 jué	결코, 절대	我决不能放弃。 나는 절대 포기할 수 없다.
其实 qíshí	사실	其实我也不太喜欢他。 사실 나도 그를 별로 좋아하지 않는다.
原来 yuánlái	알고 보니	原来他不是中国人。 알고 보니 그는 중국인이 아니었다.

❻ 부정부사: 동작, 행위, 상태를 나타내는 술어 앞에 위치하여 부정을 나타내는 부사

别 bié 不要 búyào	~하지 마라	你别跟姐姐一起去。 너는 언니와 함께 가지 말아라.
未必 wèibì	반드시 ~인 것은 아니다 [부분부정]	我也是听别人说的未必准确。 나도 다른 사람이 하는 얘기를 들은 것이라서 반드시 정확한 것은 아니다.

 빈칸에 들어갈 알맞은 단어를 고르세요.

1 我好像（ ）在哪儿见过他。
  A 一直   B 曾经

2 同学之间要（ ）帮助。
  A 也许   B 互相

3 我每天（ ）要学习6个小时。
  A 一定   B 一起

4 我（ ）成功了。
  A 终于   B 往往

단어&해석

好像 hǎoxiàng 閉 마치 ~같다 | 曾经 céngjīng 閉 일찍이 | 同学 tóngxué 명 학우 | 帮助 bāngzhù 돕다 | 也许 yěxǔ 아마 | 互相 hùxiāng 閉 서로 | 一定 yídìng 閉 반드시 | 成功 chénggōng 동 성공하다 | 终于 zhōngyú 閉 결국, 마침내 | 往往 wǎngwǎng 閉 종종

1 나는 (일찍이) 어디선가 그를 본 적이 있는 것 같다.
2 친구들 사이에서는 (서로) 도와야 한다.
3 나는 매일 (반드시) 6시간은 공부를 해야 한다.
4 나는 (마침내) 성공했다.

정답&풀이

1 **B** 문장에 동태조사 '过'가 있으므로 빈칸에는 시간부사 '曾经'이 들어가는 것이 적합하다. 시간부사 '一直'는 의미상 적합하지 않다.
2 **B** 문장의 의미상 상태부사 '互相'이 들어가는 것이 적합하다. 어기부사 '也许'는 의미상 적합하지 않다.
3 **A** 문장의 의미상 긍정부사 '一定'이 들어가는 것이 적합하다. 범위부사 '一起'는 의미상 적합하지 않다.
4 **A** 문장의 의미상 시간부사 '终于'가 들어가는 것이 적합하다. 빈도부사 '往往'은 의미상 적합하지 않다.

실력 다지기

1~20 지문을 읽고 빈칸에 들어갈 알맞은 단어를 보기에서 고르시오.

✱ 1~5

| A 简直 | B 一再 | C 一共 | D 特别 | E 完全 | F 终于 |

1 听到这个消息，孩子们（　）高兴极了。

2 我觉得北京的天气（　）干燥，所以每天喝很多水。

3 他想了很久，（　）选择了。

4 今天我（　）花了三百块钱。

5 我向老师（　）提出了我的意见。

✱ 6~10

| A 终于 | B 实在 | C 甚至 | D 从来 | E 忽然 | F 格外 |

6 经过几年的努力，他们（　）成功了。

7 我们正要出去，（　）下起雪来了。

8 今天爸爸（　）高兴，因为我考试考得非常好。

9 他每天不学习，（　）不去上课。

10 这个服务员的态度（　）是太差了。

* 11~15

| A 突然 | B 已经 | C 越来越 | D 仍然 | E 经常 | F 大概 |

11 A：我要去上海出差，（　　）要一个月。
　　B：我和你一起去吧，到了上海，你工作的时候，我出去玩儿！

12 A：快要放假了，你怎么回老家啊？
　　B：我（　　）买了机票，你呢？

13 A：你妈妈还在工作吗？
　　B：她尽管身体不好，但（　　）坚持工作。

14 A：中国人喜欢吃韩国菜吗？
　　B：当然喜欢！现在很多中国人（　　）喜欢吃韩国菜。

15 A：你为什么喜欢去上海旅游？
　　B：因为上海的交通非常方便，所以我（　　）去玩儿。

* 16~20

| A 一起 | B 一直 | C 已经 | D 恐怕 | E 从来 | F 一定 |

16 A：小王到底什么时候来？
　　B：别等了，他（　　）来不了了。

17 A：我想租一个房子，可是最近房子的房租都太贵了。
　　B：我有一个朋友也要租房子，你们（　　）租怎么样？

18 A：你的爸爸回国了吗？
　　B：他（　　）回来了。

19 A：你去年在中国留学的时候去过北京吗？
　　B：我（　　）没去过北京。

20 A：你为什么不满意你们公司？
　　B：因为工资太低，所以我（　　）想换个公司。

제2부분

독해 제2부분은 총 10문항으로, 주어진 3개의 문장을 올바른 순서로 배열하는 문제이다. 중국어의 어순을 이해하여 문장 간의 선후관계를 파악하고, 인과·가정·전환·역접 등의 관계를 응용하는 능력을 테스트한다. 제2부분에서 고득점을 얻기 위해서는 특히 중국어에서 자주 사용하는 접속사의 복문 구조를 유형별로 정확히 숙지하고 있어야 한다.

주어진 3개 문장의 순서 배열하기

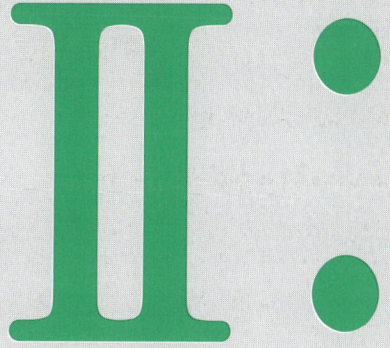

- 병렬, 점층, 선택관계 접속사 복문 배열하기
- 전환, 가정, 조건관계 접속사 복문 배열하기
- 인과, 목적, 연속관계 접속사 복문 배열하기
- 중국어 문장의 흐름

1 병렬, 점층, 선택관계 접속사 복문 배열하기

Guide 독해 제2부분은 중국어의 어순 파악 능력을 테스트하는 것이 목적이다. 두 개 또는 두 개 이상의 단문으로 이루어진 복문에서 각각의 문장을 이어주는 역할을 하는 접속사는 독해 제2부분 문제 유형에서 가장 큰 비중을 차지한다. 먼저 문장 속의 접속사를 찾아내어 그것을 토대로 어순을 배열하고 의미적으로 최종 확인하는 방식으로 문제를 풀면 시간을 훨씬 단축할 수 있다. 따라서 병렬·점층·선택·전환·가정·조건·인과·목적·연속의 관계를 나타내는 접속사와 복문 구조를 완벽하게 이해하는 것이 고득점을 얻는 관건이다. 제2부분에서는 접속사 유형을 3개의 챕터로 나누어 집중적으로 살펴보도록 한다.

주의 접속사가 나오면 반드시 접속사 및 복문 구조에 집중하라! 정답의 키워드가 바로 그곳에 있다. 접속사 복문 구조 형식을 평소에 잘 익혀둔다면 지문 내용을 완벽히 해석하지 못했더라도 정답을 맞힐 수 있다.

독해 급소공략

- **병렬관계 접속사 복문 구조를 숙지하라.**

  병렬관계를 나타내는 접속사 복문은 **앞절과 뒷절의 관계가 평등하므로**, 의미적으로 접근하여 순서를 배열하려고 하면 쉽게 해결할 수 없는 문제가 많다. 따라서 병렬관계 접속사 복문 구조를 반드시 정리하여 알아두어야 한다. '一方面……，(另)一方面(也)……', '既……，又(也)……'는 특히 출제 빈도가 높으므로 반드시 기억해두자.

- **점층관계 접속사 복문 구조를 숙지하라.**

  점층관계를 나타내는 접속사 복문은 **뒷절이 앞절보다 발전된 동작이나 상황을 나타낸다**. 따라서 문장의 의미를 비교하여 앞절보다 발전된 동작이나 상황을 뒷절에 배치할 수 있다. 점층관계 접속사 '甚至'와 복문 구조 '不但(仅)……，而且(也)……', '除了……，也……'와 '不但不……，反而……'은 특히 출제 빈도가 높으므로 반드시 기억해두자.

- **선택관계 접속사 복문 구조를 숙지하라.**

  선택관계를 나타내는 접속사 복문은 **그 형식이 비교적 고정적**이기 때문에 반드시 복문 구조 형태로 외워두는 것이 좋다. 선택관계 접속사 복문 구조 중 '与其……，不如……', '宁可……，也(不)……'는 특히 출제 빈도가 높으므로 반드시 기억해두자.

예제로 감 익히기

Mission 1 주어진 세 개의 문장을 순서대로 배열하시오.

```
A  吸引了很多游客
B  那个公园既有山
C  又有水                        _____
```

A 吸引了很多游客　　　　　　　　　　A 많은 여행객들을 끌어들인다
B 那个公园既有山　　　　　　　　　　B 그 공원은 산도 있고
C 又有水　　　　　　　　　　　　　　C 물도 있다

→ 那个公园既有山，又有水，吸引了很多游客。　　→ 그 공원은 산도 있고 물도 있어서 많은 여행객들을 끌어들인다.

吸引 xīyǐn 图 끌어당기다 ｜ 游客 yóukè 圐 여행객 ｜ 公园 gōngyuán 圐 공원 ｜ 既……，又…… jì……, yòu…… ~이기도 하고 ~이기도 하다

BCA 那个公园既有山，又有水，吸引了很多游客。

① 눈으로 재빨리 훑어 접속사 복문 구조가 있는지 찾아야 한다. 문장 가운데 병렬관계 접속사 '既'와 '又'가 있는데 B의 '既'는 C의 '又'와 함께 '既……，又……'의 형식을 이루어 '(앞 문장)이기도 하고 (뒤 문장)이기도 하다'라는 의미를 나타내므로 B → C의 순서가 된다. (B → C)

② 의미상 A는 앞 문장의 결과를 나타내므로 문장 맨 마지막에 위치해야 하고, A의 앞에는 원인을 나타내는 B와 C가 와야 한다. (B → C → A)

Mission 2 주어진 세 개의 문장을 순서대로 배열하시오.

```
A  这次考试
B  不仅他考得好
C  我也考得很不错                   _____
```

A 这次考试　　　　　　　　　　　　A 이번 시험
B 不仅他考得好　　　　　　　　　　B 그가 시험을 잘 봤을 뿐만 아니라
C 我也考得很不错　　　　　　　　　C 나도 시험을 잘 봤다

→ 这次考试不仅他考得好，我也考得很不错。　　→ 이번 시험은 그가 잘 봤을 뿐만 아니라 나도 잘 봤다.

考试 kǎoshì 명 시험 | 不仅……, 也…… bùjǐn……, yě…… ~뿐만 아니라 게다가 ~하다 | 不错 búcuò 형 괜찮다

ABC 这次考试<u>不仅</u>他考得好, 我<u>也</u>考得很不错。

① 문장 가운데 점층관계 접속사 '不仅'과 '也'가 보인다. B의 '不仅'은 C의 '也'와 함께 '不仅……, 也……'의 형식을 이루어 '(앞 문장) 뿐만 아니라 게다가 (뒤 문장)도 하다'라는 의미를 나타내므로 B → C의 순서가 된다. (B → C)

② 의미상 A는 문장 전체의 주어가 되므로 문장 맨 앞에 위치해야 한다. (A → B → C)

점층관계 접속사 복문 구조 문제의 키워드는 뒷절에 있다. 뒷절은 앞절보다 발전된 동작이나 상황을 나타낸다. 점층관계 접속사를 찾아내고, 그 접속사를 기준으로 앞뒤 문장의 의미를 비교하여 문장을 배열하면 문제는 쉽게 해결된다.

Mission 3 주어진 세 개의 문장을 순서대로 배열하시오.

A 这台录音机
B 与其扔掉
C 不如送给需要的人

A 这台录音机
B 与其扔掉
C 不如送给需要的人

→ 这台录音机与其扔掉, 不如送给需要的人。

A 이 녹음기
B 버리느니
C 필요한 사람에게 주는 편이 낫다

→ 이 녹음기는 버리는 것보다 필요한 사람에게 주는 것이 낫겠다.

录音机 lùyīnjī 명 녹음기 | 与其……, 不如…… yǔqí……, bùrú…… ~하느니 ~하는 편이 낫다 | 扔掉 rēngdiào 동 버리다 | 送 sòng 동 주다 | 需要 xūyào 동 필요하다

ABC 这台录音机<u>与其</u>扔掉, <u>不如</u>送给需要的人。

① 문장 가운데 선택관계 접속사 '与其'와 '不如'가 보인다. B의 '与其'와 C의 '不如'는 '与其……, 不如……'의 형식을 이루어 '(앞 문장)하느니 (뒤 문장)하는 편이 낫다'라는 의미를 나타내므로 B → C의 순서가 된다. (B → C)

② 의미상 A는 문장 전체의 주어가 되므로 문장 맨 앞에 위치해야 한다. (A → B → C)

선택관계를 나타내는 접속사 복문 구조는 그 형식이 비교적 고정적이다. 자주 쓰이는 선택관계 접속사 복문 구조를 정리하여 외워두면 설사 문장 속에 뜻을 알 수 없는 단어가 있더라도 당황하지 않고 문제를 해결할 수 있다.

독해 내공 TIP — 병렬, 점층, 선택관계 접속사 복문과 문장성분

1 병렬, 점층, 선택관계를 나타내는 접속사 복문

(1) 병렬관계

앞절과 뒷절의 관계가 평등하다.

一边(一面)A, 一边(一面)B yìbiān(yímiàn) A, yìbiān(yímiàn) B	A하면서 B하다 [동시에 ~하다]	他一边听讲，一边记笔记。 그는 강의를 들으며 필기한다.
既(又/也)A, 又(也)B jì(yòu/yě) A, yòu(yě) B	A이기도 하고 B이기도 하다	我既要学汉语，又要学日语。 나는 중국어 공부하고 싶고, 일본어도 공부하고 싶다.
有时A, 有时B yǒushí A, yǒushí B	때로는 A하고 때로는 B하다	周末我有时去朋友家玩儿，有时在家看书。 주말에 나는 때로는 친구네 집에 가서 놀고, 때로는 집에서 책을 본다.
一会儿A, 一会儿B yíhuìr A, yíhuìr B	A하다가 B하다가 하다	他一会儿要这个，一会儿要那个。 그는 이것을 원한다고 했다가, 또 저것을 원한다고 한다.
一来A, 二来B yīlái A, èrlái B	첫째는 A이고 둘째는 B이다	我去中国一来是为了学习汉语，二来是为了看望朋友的。 내가 중국에 가는 것은 첫째로 중국어를 공부하기 위해서이고, 둘째로 친구를 만나기 위해서이다.
一方面A, (另)一方面B yīfāngmiàn A, (lìng)yīfāngmiàn B	한편으로는 A하고, 다른 한편으로는 B하다	去中国一方面提高汉语口语，另一方面可以吃到很多中国菜。 중국에 가면 중국어 회화 실력도 향상시킬 수 있고, 많은 중국 음식도 먹을 수 있다.

(2) 점층관계

뒷절에는 앞절보다 발전된 동작이나 상황이 온다.

不但(不仅)A, 而且(还/也)B búdàn(bùjǐn) A, érqiě(hái/yě) B	A뿐만 아니라 게다가 B하다	她不但长得好看，而且很善良。 그녀는 예쁠 뿐만 아니라 매우 착하다.
不但不(不但没)A, 反而B búdànbù(búdànméi) A, fǎn'ér B	A하지 않을 뿐만 아니라 오히려 B하다	他不但不认真学习，反而常常不来上课。 그는 공부를 열심히 하지 않을 뿐만 아니라 자주 수업에 빠진다.
除了A以外，B也(都/还) chúle A yǐwài, B yě(dōu/hái)	A를 제외하고 B도 ~하다	我除了汉语以外，日语也会说。 나는 중국어를 제외하고 일본어도 할 줄 안다.

(3) 선택관계

둘 이상의 절에서 하나 이상을 선택한다.

不是A，就是B búshì A, jiùshì B	A가 아니면 B이다 [A이거나 B이다]	看来他不是日本人，就是中国人。 보아하니 그는 일본인이거나 중국인이다.
不是A，而是B búshì A, érshì B	A가 아니라 B이다	看来他不是日本人，而是中国人。 보아하니 그는 일본인이 아니라 중국인이다.
或者A，或者B huòzhě A, huòzhě B	A이든지 B이든지	或者你来，或者我去，我都没关系。 네가 오든지 내가 가든지 나는 다 괜찮다.
宁可(宁愿)A，也B nìngkě(nìngyuàn) A, yě B	차라리 A할지언정 B하다 [B를 선택]	宁可放弃这件事，我也要跟你去旅游。 차라리 이 일을 포기할지언정 나는 너와 함께 여행을 가겠다.
宁可(宁愿)A，也不B nìngkě(nìngyuàn) A, yěbù B	차라리 A할지언정 B하지는 않다 [A를 선택]	宁可迟到，也不要坐车去。 차라리 지각을 할지언정 차를 타고 가지는 않겠다.
与其A，不如B yǔqí A, bùrú B	A하느니 B하는 편이 낫다 [B를 선택]	与其跟他一起住，不如我一个人住。 그와 함께 사느니 혼자 사는 편이 낫다.

2 문장성분

문장성분이란 독립적으로 이루어진 하나의 단어가 문장 가운데서 어떠한 역할을 하는지를 나타내는 것을 말한다. 중국어에는 6개의 문장성분이 있다.

❶ 주어: 어떤 행위나 상태의 주체가 되는 문장성분

我去学校。 나는 학교에 간다.

❷ 술어: 주어의 행위나 상태·성질 등을 서술하는 문장성분

我去学校。 나는 학교에 간다.

❸ 목적어: 동작이나 행동의 대상을 나타내는 문장성분

我去学校。 나는 학교에 간다.

❹ 보어: 술어 뒤에 쓰여 결과·정도·가능·상황·수량 등 술어를 보충 설명하는 문장성분

我刚刚吃完了。 나는 방금 밥을 다 먹었다.

说得很快　빨리 말한다

听得懂　알아들을 수 있다

坐不下　앉을 수가 없다

❺ 부사어: 술어 혹은 문장 맨 앞에서 동작이나 전체 문장의 상황을 설명하는 문장성분

我今天在家吃饭。 나는 오늘 집에서 밥을 먹는다.

他坐着吃饭。 그는 앉아서 밥을 먹는다.

❻ 관형어: 주어와 목적어 앞에서 명사나 대사를 수식·제한하는 문장성분

小王的朋友今天去张老师的家。 샤오왕의 친구는 오늘 장 선생님 댁에 간다.

> 중국어의 어순
> 我　　在北京　　学　　了　　两年　　汉语　　了。
> 주어　부사어　술어　동태조사　보어　목적어　어기조사
> 나는 베이징에서 2년 동안 중국어를 공부했다.

Mini Test 다음 문장의 문장성분을 적어보세요.

1 我非常喜欢爸爸。

2 北京是一个美丽的城市。

3 他刚刚喝完了一杯牛奶。

4 我有一个可爱的钱包。

단어&해석

美丽 měilì 혱 아름답다 | 城市 chéngshì 몡 도시 | 可爱 kě'ài 혱 귀엽다 | 钱包 qiánbāo 몡 지갑

1 나는 아빠를 매우 좋아한다.
2 베이징은 아름다운 도시이다.
3 그는 막 우유 한 잔을 다 마셨다.
4 나는 귀여운 지갑이 한 개 있다.

정답&풀이

1 我　非常　喜欢　爸爸。
　주어　부사어　술어　목적어

2 北京　是　一个美丽　的　城市。
　주어　술어　관형어　的　목적어

3 他　刚刚　喝　完　了　一杯　牛奶。
　주어　부사어　술어　보어　了　관형어　목적어

4 我　有　一个可爱　的　钱包。
　주어　술어　관형어　的　목적어

실력 다지기

1~15 주어진 세 개의 문장을 순서대로 배열하시오.

1. A: 也影响
   B: 家人的健康
   C: 抽烟既损害自己的健康

2. A: 很难看到晴天
   B: 最近不是下雨
   C: 就是下雪

3. A: 甚至有些中国人也常常写错
   B: 那个汉字很难写
   C: 不但留学生不会写

4. A: 很快就走到学校了
   B: 他一边想
   C: 一边走

5. A: 吃了减肥药以后
   B: 反而更胖了
   C: 不但没瘦

6. A: 又周到
   B: 既热情
   C: 这家饭店的服务

7. A: 除了汉语
   B: 英语也说得很流利
   C: 妹妹的外语很好

8. A: 还不如买辆新的
   B: 我的自行车太旧了
   C: 与其修理

9 A: 而且外国人
　　B: 也喜欢看
　　C: 这部电影不但中国人喜欢看　　_____

10 A: 有点儿热
　　B: 反而觉得
　　C: 我不但不觉得冷　　_____

11 A: 另一方面是看望女朋友
　　B: 我到南京
　　C: 一方面是参加开会　　_____

12 A: 不但东西好
　　B: 这家商店
　　C: 而且价钱也便宜　　_____

13 A: 我喜欢的颜色
　　B: 宁可多花钱
　　C: 也要买　　_____

14 A: 还有美国学生
　　B: 我们班除了中国留学生以外
　　C: 和韩国学生　　_____

15 A: 这并不是小事
　　B: 我前途的大事
　　C: 而是关系到　　_____

2 전환, 가정, 조건관계 접속사 복문 배열하기

> **Guide**
>
> 독해 제2부분 문장배열 문제에서는 접속사를 포함하고 있는 문장이 많이 출제된다. 문장 가운데 접속사가 있으면 우선 접속사를 중심으로 문장을 배열해야 한다. 이렇게 문장을 배열하고도 만약 하나의 문장이 더 남아 있다면, 그 문장이 전체 문장의 주어를 포함하고 있는지를 확인한다. 전체 문장의 주어를 포함하고 있는 문장은 맨 앞에 위치해야 한다.
>
> **주의** 문장의 의미를 모르더라도 전환, 가정, 조건관계 접속사의 복문 구조를 숙지하면 문제는 해결할 수 있다. 또한 **문장 전체의 주어를 포함하고 있는 문장은 일반적으로 문장 맨 앞에 온다**는 것을 기억하자.

독해 급소공략

● 전환관계 접속사 복문 구조를 숙지하라.

전환관계를 나타내는 접속사 복문 구조는 앞 문장과 뒤 문장의 내용이 서로 상반된다. 따라서 **전환관계 접속사를 포함한 문장은 반드시 그 앞에 또 다른 문장이 위치**한다. 전환관계 접속사 중 '但是', '可是', '然而'과 부사 '却'는 복문 구조 '虽然……, 但是……'와 함께 출제 빈도가 특히 높으므로 반드시 기억해야 한다.

● 가정관계 접속사 복문 구조를 숙지하라.

가정관계를 나타내는 접속사 복문 구조는 **'가정 → 결과(추론)' 순으로 문장을 배열**하면 된다. 가정관계 접속사 복문 구조 중 '如果……, 就……', '即使……, 也……', '要(不)是……, 也……'는 특히 출제 빈도가 높으므로 반드시 기억해야 한다.

● 조건관계 접속사 복문 구조를 숙지하라.

조건관계를 나타내는 접속사 복문 구조는 **'조건 → 결과' 순으로 문장을 배열**하면 된다. 조건관계 접속사 복문 구조 중 '只要……, 就……', '只有……, 才……', '除非……, 才……', '无论……, 都……', '不论……, 都……', '不管……, 也……'는 특히 출제 빈도가 높으므로 반드시 기억해야 한다.

예제로 감 익히기

Mission 1 주어진 세 개의 문장을 순서대로 배열하시오.

> A 但是穿在身上很舒服
> B 这件衣服
> C 虽然旧了点儿

A 但是穿在身上很舒服
B 这件衣服
C 虽然旧了点儿

→ 这件衣服虽然旧了点儿，但是穿在身上很舒服。

A 하지만 입으면 아주 편하다
B 이 옷은
C 비록 조금 낡았지만

→ 이 옷은 비록 조금 낡았지만 입으면 아주 편하다.

舒服 shūfu 형 편안하다 | 虽然……, 但是…… suīrán……, dànshì…… 비록 ~하지만 그러나 ~하다 | 旧 jiù 형 낡다

BCA 这件衣服虽然旧了点儿，但是穿在身上很舒服。

① 문장 가운데 전환관계 접속사 '但是'가 보인다. A의 '但是'는 C의 '虽然'과 '虽然……, 但是……'의 형식을 이루어 '비록 (앞 문장)하지만 그러나 (뒤 문장)하다'라는 의미를 나타내므로 C → A의 순서가 된다. (C → A)

② A와 C는 주어가 없으므로 첫 번째 문장이 될 수 없다. 의미상 '这件衣服'가 문장의 주어가 되므로 B는 문장 맨 앞에 위치해야 한다. (B → C → A)

전환관계 접속사 복문 구조 문제의 키워드는 뒷절에 있다. 뒷절은 앞절과 상반되는 동작이나 상황을 설명한다. 전환관계 접속사를 기준으로 앞뒤 문장의 의미를 비교하여 문장을 배열하면 문제는 쉽게 해결된다.

Mission 2 주어진 세 개의 문장을 순서대로 배열하시오.

> A 如果看见什么没吃过的
> B 我一直喜欢尝各种好吃的菜
> C 就一定要尝一尝

A 如果看见什么没吃过的
B 我一直喜欢尝各种好吃的菜
C 就一定要尝一尝

→ 我一直喜欢尝各种好吃的菜，如果看见什么没吃过的，就一定要尝一尝。

A 만약 뭔가 먹어보지 못한 것을 보면
B 나는 각종 맛있는 음식을 맛보길 좋아한다
C 반드시 맛을 봐야 한다

→ 나는 각종 맛있는 음식을 맛보길 좋아하는데, 만약 뭔가 먹어보지 못한 것을 보면 반드시 맛을 봐야 한다.

如果……, 就…… rúguǒ……, jiù…… 만약 ~이라면 곧 ~하다 | 尝 cháng 동 맛보다

BAC 我一直喜欢尝各种好吃的菜，如果看见什么没吃过的，就一定要尝一尝。

① 문장 가운데 가정관계 접속사 '如果'가 보인다. A의 '如果'는 C의 '就'와 '如果……, 就……'의 형식을 이루어 '만약 (앞 문장)이라면 곧 (뒤 문장)하다'라는 의미를 나타내므로 A → C의 순서가 된다. (A → C)

② B는 전체 문장의 전제 조건이 되므로 문장 맨 앞에 위치해야 한다. 따라서 B 뒤에는 전제 조건에 따른 결과를 나타내는 A와 C가 와야 한다. (B → A → C)

Mission 3 주어진 세 개의 문장을 순서대로 배열하시오.

A 我觉得
B 才能取得好成绩
C 只有努力学习

A 我觉得
B 才能取得好成绩
C 只有努力学习

→ 我觉得只有努力学习，才能取得好成绩。

A 나는 생각한다
B 좋은 성적을 거둘 수 있다
C 노력해서 공부해야

→ 나는 노력해서 공부해야만 좋은 성적을 거둘 수 있다고 생각한다.

取得 qǔdé 동 얻다 | 成绩 chéngjì 명 성적 | 只有……, 才…… zhǐyǒu……, cái…… ~해야만 ~한다 | 努力 nǔlì 동 노력하다

ACB 我觉得只有努力学习，才能取得好成绩。

① 문장 가운데 조건관계 접속사 '只有'가 보인다. C의 '只有'는 B의 '才'와 '只有……, 才……'의 형식을 이루어 '(앞 문장)해야만 (뒤 문장)한다'라는 의미를 나타내므로 C → B의 순서가 된다. (C → B)

② B와 C는 주어가 없으므로 첫 번째 문장이 될 수 없다. 따라서 주어 '我'가 있는 A가 첫 번째 문장이 된다.
(A → C → B)

독해 내공 TIP ---- 전환, 가정, 조건관계 접속사 복문과 조사, 보어 ----

1 전환, 가정, 조건관계를 나타내는 접속사 복문

(1) 전환관계

앞절과 뒷절의 상황이나 내용이 상반된다.

虽然(尽管)A, 但是(可是)B suīrán(jǐnguǎn) A, dànshì(kěshì) B	비록 A이지만 그러나 B하다	虽然我不太喜欢白色，但是我今天买了白色的衣服。 비록 나는 흰색을 별로 좋아하지 않지만 오늘 흰색 옷을 샀다.
尽管A, 然而B jǐnguǎn A, rán'ér B	비록 A이지만 그러나 B하다	尽管他住得很远，然而今天来得最早。 그는 비록 굉장히 멀리 살지만 오늘 가장 빨리 왔다.

(2) 가정관계

앞절에서 어떠한 상황을 가정하고, 뒷절에서 결과를 설명한다.

如果(要是/假如)A, 就B rúguǒ(yàoshi/jiǎrú) A, jiù B	만약 A라면 곧 B하다 [가정에 따른 결과]	如果他不来，我就不去。 만약 그가 오지 않는다면 나도 가지 않겠다.
即使(哪怕)A, 也(都/还)B jíshǐ(nǎpà) A, yě(dōu/hái) B	설령 A라 할지라도 여전히 B이다[앞 문장의 가정과 상관없이 변하지 않는 결과]	即使他今天不能来，我也要去。 설령 그가 오늘 올 수 없을지라도 나는 갈 것이다.

(3) 조건관계

앞절에서 어떠한 조건을 제시하고, 뒷절에서 결과를 설명한다.

只有(除非)A, 才B zhǐyǒu(chúfēi) A, cái B	A(유일한 조건)해야만 B하다	这台电视机只有他来修，才能修好。 이 TV는 그가 와서 고쳐야만 고칠 수 있다.
只要A, 就B zhǐyào A, jiù B	A(여러 조건 중 하나의 조건)하기만 하면 B하다	只要认真学习，你就能拿到好成绩。 열심히 공부하면 너는 좋은 성적을 얻을 수 있다.
无论(不论/不管)A, 都(也/还)B wúlùn(búlùn/bùguǎn) A, dōu(yě/hái) B	A를 막론하고 B하다	无论他来不来，我都要去。 그가 오든지 안 오든지 나는 갈 것이다.
凡是(只要是)A都B fánshì(zhǐyàoshì) A dōu B	무릇 A라면 모두 B하다	凡是认识他的人都希望帮助他。 무릇 그를 아는 사람들은 모두 그를 도와주고 싶어 한다.

2 조사

(1) 동태조사

동사 뒤에서 동작의 상태를 나타내는 조사

了 le	동작의 완료 [과거형]	他已经买了东西。 그는 이미 물건을 샀다.
	동작의 완료 [미래형]	下了课，我就回家。 수업이 끝나면 나는 바로 집으로 간다.
着 zhe	동작의 진행, 상태의 지속 (正, 在, 正在) + 동사 + 着	我正在看着电视。→ 동작의 진행 나는 지금 TV를 보는 중이다. 门开着。→ 상태의 지속 문이 열려 있다.
	동사₁이 동사₂의 '상태, 방식'을 표시 동사₁ + 着 + 동사₂	他听着音乐学汉语。 그는 음악을 들으며 중국어 공부를 한다.
	동사₁하다가 동사₁하다가 곧 동사₂하게 되었다 동사₁ + 着 + 동사₁ + 着 + 就(都) + 동사₂ + 了	昨天电视节目太没意思了，我看着看着就睡着了。 어제 TV프로그램이 너무 재미없어서 나는 보다가 그만 잠들어버렸다.
过 guo	경험 [~해본 적이 있다]	我1988年来过北京。 나는 1988년에 베이징에 와본 적이 있다.
	완료 ['了'나 '完'으로 대치 가능]	我刚吃过早饭。→ 了 나는 막 아침 밥을 먹었다. 他吃过饭就找妹妹去了。→ 完 그는 밥을 먹고 여동생을 찾으러 갔다.

(2) 구조조사

단어나 구 혹은 문장 뒤에 위치하여 어법 관계를 나타내는 조사

的 de	명사나 대사 수식, '的' 앞의 단어나 구는 관형어가 됨 동사/형용사/명사/대사 + 的 + 명사/대사	这是我买的书。→ 동사+的 이것은 내가 산 책이다. 我想买漂亮的衣服。→ 형용사+的 나는 예쁜 옷을 사고 싶다. 他的鞋很大。→ 대사+的 그의 신발은 매우 크다.

得 de	정도보어와 가능보어의 구조조사 역할		他今天来**得**晚。→ 정도보어 그는 오늘 늦게 왔다. 我听**得**懂汉语。→ 가능보어 나는 중국어를 알아들을 수 있다.
	정도보어: 동사/형용사 + 得 + 보어 가능보어: 동사 + 得/不 + 결과보어/방향보어		
地 de	동사나 형용사 수식		你慢慢儿**地**吃。 천천히 먹어라.
	부사어 + 地 + 동사/형용사		

(3) 어기조사

문장 끝에 쓰여 말하는 사람의 기분, 감정을 나타내는 조사

了 le	변화	天气热**了**。 날씨가 따뜻해졌다.
	동작이 곧 발생, 변화하려 함 (快/要/快要/就/就要……了)	我今天**就要**毕业**了**。 나는 오늘 곧 졸업을 한다.
	형용사 강조 (太……了)	她今天**太**漂亮**了**。 그녀는 오늘 너무 예쁘다.
	재촉, 권고, 제지	快点**了**，别再看电视**了**。 서둘러라. TV 그만 보고.
的 de	추측 (会……的)	今天**会**下雨**的**。 오늘은 비가 올 것이다.
	정도 강조 (怪/够……的)	今天**怪**热**的**。 오늘은 진짜 덥다.
	이미 일어난 일의 시간, 장소, 방식, 주체, 원인, 목적을 강조 (是……的)	这**是**爸爸给我**的**。 이것은 아빠가 나에게 준 것이다.
呢 ne	'怎么样?', '在哪儿?'의 의미	我吃拉面，你**呢**? → 怎么样? 나는 라면 먹는데 넌 어때? 我的书包**呢**? → 在哪儿? 내 책 어디 있어?
	동작의 진행, 상태의 지속 (在/正/正在……呢)	我们**在**开会**呢**。 우리는 지금 회의 중이다.
	강조용법 (才/还……呢)	我现在**才**明白**呢**。 나는 이제야 이해했다.

啊 a	감탄을 나타낼 때 사용 (多么……啊)		这个**多么**可爱**啊**! 이거 너무 귀엽다!
吗 ma	단순 의문문		你是中国人**吗**? 너는 중국인이니?
	반어문 (不是……吗)		你**不是**说要买这个**吗**? 너는 이것을 산다고 하지 않았니?
嘛 ma	'마땅히 그러함'을 나타내는 확인의 의미		他还小**嘛**! 当然不懂事了。 그는 아직 어리잖아! 당연히 철이 없지.
吧 ba	추측		你是中国人**吧**? 너는 중국인이지?
	명령, 권유		你快去**吧**! 너 빨리 가라!
	동의		好**吧**! 我也去。 좋아! 나도 가겠다.
	재촉, 요구		你快给我说**吧**。 너 빨리 나한테 말해줘.

3 보어

(1) 정도보어

술어 뒤에 놓여 그 정도를 보충 설명하는 보어

❶ 정도보어의 기본 구조

- 기본

$$\text{주어} + \text{술어(동사/형용사)} + 得 + \text{보어}$$

他说**得很快**。 그는 굉장히 빨리 말한다.

- 목적어가 있을 때

$$\text{주어} + \text{술어(동사/형용사)} + \text{목적어} + \text{술어} + 得 + \text{보어}$$

老师说**话**说**得很快**。 선생님은 굉장히 빨리 말씀하신다.

- 목적어를 전치시킬 때

$$\text{주어} + \text{목적어} + \text{술어(동사/형용사)} + 得 + \text{보어}$$

老师**话**说**得很快**。 선생님의 말씀은 너무 빠르다.

❷ 부정문

> 주어 + 목적어 + 술어(동사/형용사) + 得 + 부정부사(不) + 보어

老师话说得不快。 선생님의 말은 빠르지 않다.

❸ 의문문
- 문장 끝에 '吗'를 쓴다.

> 주어 + 술어(동사/형용사) + 得 + 보어 + 吗?

老师说得快吗? 선생님은 빠르게 말씀하시니?

- 정도보어 부분을 '긍정형+부정형'으로 만든다.[정반의문문]

> 주어 + 술어(동사/형용사) + 得 + 보어 + 不 + 보어?

他吃不吃得多? (×) → 他吃得多不多? (○) 그는 많이 먹니? 많이 먹지 않니?

(2) 결과보어

술어 뒤에 놓여서 그 결과를 보충 설명하는 보어

❶ 결과보어의 기본 구조
- 기본

> 주어 + 술어(동사) + 결과보어 (+了)

我吃完了。 나는 밥을 다 먹었다.

- 목적어가 있을 때

> 주어 + 술어(동사) + 결과보어 + 목적어

我听完了那个音乐。 나는 그 음악을 다 들었다.

- 목적어를 전치시킬 때

> 목적어 + 주어 + 술어(동사) + 결과보어

他的话我听懂了。 그의 말을 나는 알아들었다.

❷ 부정문

> 주어 + (还)没 + 술어(동사) + 결과보어 + 목적어

我还没吃完这个菜。 나는 아직 이 음식을 다 먹지 않았다.

❸ 의문문

- 문장 끝에 '吗'를 쓴다.

  주어 + 술어(동사) + 결과보어 + 목적어 + 吗?
  목적어 + 주어 + 술어(동사) + 결과보어 + 吗?

  你看完了这本书吗? 너는 이 책을 다 봤니?
  这本书你看完了吗? 이 책을 너는 다 봤니?

- '了' 뒤에 '没有'를 쓴다.

  목적어 + 주어 + 술어(동사) + 결과보어 + 了 + 没有?

  这本书你看完了没有? 이 책을 너는 다 봤니? 다 안 봤니?

- 술어와 결과보어 사이에 '没(有)'를 쓴다.

  주어 + 술어(동사) + 결과보어 + +没(有) + 술어(동사) + 결과보어 + 목적어?

  你看完没看完这本书? 너는 이 책을 다 봤니? 다 안 봤니?

(3) 방향보어

술어 뒤에 위치하며 동작의 방향을 보충 설명하는 보어

❶ 방향보어의 종류

- 단순방향보어: 上, 下, 进, 出, 过, 回, 起, 来, 去
- 복합방향보어: 단순방향보어 '上, 下, 进, 出, 过, 回, 起'와 '来, 去'가 결합하여 이루어진 보어

	上 shàng	下 xià	进 jìn	出 chū	过 guò	回 huí	起 qǐ
来 lái	上来	下来	进来	出来	过来	回来	起来
去 qù	上去	下去	进去	出去	过去	回去	X

❷ 목적어의 위치

- 장소목적어: 방향보어 '来/去' 앞에 써야 함

  주어 + 술어(동사) + 방향보어 + 장소목적어 + 방향보어 '来/去'

  小王走出来教室了。(×) → 小王走出教室来了。(○) 샤오왕은 교실을 걸어 나왔다.

- 사람/사물목적어: 방향보어 앞, 뒤 모두 가능

> 주어 + 술어(동사) + 사람/사물목적어 + 방향보어 '来/去'

爸爸买了一个白色的包来。 아빠는 흰색 가방 한 개를 사가지고 오셨다.

> 주어 + 술어(동사) + 방향보어 '来/去' + 사람/사물목적어

爸爸买来了一个白色的包。 아빠는 흰색 가방 한 개를 사가지고 오셨다.

- 이합동사: 목적어를 복합방향보어 사이에 씀

> 주어 + 술어(동사) + 방향보어 + 목적어 + 방향보어 '来/去'

下雨起来了。(×) → 下起雨来了。(○) 비가 내리기 시작했다.

❸ 주요 방향보어의 파생의미

上 shàng	시작, 계속, 목적 달성, 부착, 존재, 첨가	爱上了 사랑하게 되다 考上大学 대학교에 입학하다 戴上帽子 모자를 쓰다 门关上 문을 닫다
下 xià	고정, 분리, 이탈, 수용	停下 멈추다　脱下衣服 옷을 벗다 坐下 앉다
上来 shànglái	기준점으로의 근접, 접근, 일, 동작의 완성	追上来 따라오다 回答上来 대답해내다
上去 shàngqù	향상, 발전, 평가, 추측	提高上去 향상되어 가다 看上去 보아하니
下来 xiàlái	분리, 해체, 사물의 고정, 과거에서 현재까지의 지속, 상황의 출현과 발전	脱下来 벗다　停下来 정지하다 流传下来 전해 내려오다 安静下来 평온해지다
下去 xiàqù	현재에서 미래까지의 지속, 상태의 악화	继续下去 계속해 나가다 胖下去 뚱뚱해지다
过来 guòlái	다가옴, 본래의 정상적 상태로의 회복, 전환, 불가능한 능력	走过来 걸어오다　醒过来 깨어나다 忙不过来 바빠서 정신 없다
过去 guòqù	멀어짐, 비정상적인 상태로의 악화	走过去 멀어져가다　昏过去 기절하다
出来 chūlái	발견, 식별, 완성	看出来 보고 알아차리다　写出来 써내다
起来 qǐlái	시작, 지속, 분산에서 집중, 기억, 연상	说起来 말을 꺼내다　收起来 모으다 想起来 생각나다

(4) 가능보어

동사 뒤에 위치하여 동작의 가능 여부를 보충 설명하는 보어

❶ 가능보어의 기본 구조

- 결과보어

> 술어(동사) + 得/不 + 결과보어

听得见 들을 수 있다(들린다)

看不懂 보고 이해 할 수 없다(못 알아보겠다)

- 방향보어

> 술어(동사) + 得/不 + 방향보어

起得来 일어날 수 있다

起不来 일어날 수 없다

- 了 liǎo

> 술어(동사) + 得/不 + 了

做得了 할 수 있다

吃不了 먹을 수 없다

❷ 목적어의 위치

- 목적어는 술어 바로 뒤에 쓸 수 없고 보어 뒤에 써야 한다.

> 주어 + 술어(동사) + 得/不 + 보어 + 목적어

我看得懂你写的字。 나는 네가 쓴 글자를 알아볼 수 있다.

我今天睡不着觉。 나는 오늘 잠을 잘 수 없다.

- 목적어를 강조하고 싶을 때나 목적어가 길 때는 주어 앞으로 전치가 가능하다.

> 목적어 + 주어 + 술어(동사) + 得/不 + 보어

汉语我听不懂。 중국어를 나는 알아듣지 못한다.

今天的作业我都做得完。 오늘 숙제를 나는 다 끝낼 수 있다.

❸ 의문문

- 문장 끝에 '吗'를 써준다.

> 주어 + 술어(동사) + 得/不 + 보어 + 吗?

你听得懂吗? 당신은 알아들을 수 있습니까?

- 정반의문문을 만들 때는 술어와 함께 긍정형과 부정형 전체를 써야 한다.

  목적어 + 주어 + 술어(동사) + 得 + 보어 + 술어(동사) + 不 + 보어?

他的话你听得懂不懂? (×) → 他的话你听得懂听不懂? (○) 그의 말을 알아 들을 수 있습니까? 없습니까?

❹ 핵심 가능보어

동사 + 不了 bùliǎo	(양적인 면을) 완성이나 완결시킬 수 없음을 의미	那么多的书，我今天看不了。 이렇게 많은 책을 나는 오늘 다 읽을 수 없다.
동사 + 不起 bùqǐ	(돈이 없어서) ~할 수 없다	400块的书，我真的买不起。 400위앤의 책을 나는 정말 살 수 없다.
동사 + 不到 búdào	(접할 기회가 없어) ~할 수 없다 (요구나 수준에) 도달할 수 없다	在韩国看不到这样的衣服。 한국에서는 이런 옷을 볼 수 없다. 我达不到HSK高级的水平。 나는 HSK 고급 수준에 도달할 수 없다.
동사 + 不动 búdòng	(힘들거나 무거워서) ~할 수 없다	这么重的东西，我一个人拿不动。 이렇게 무거운 물건은 나 혼자서 들 수 없다.
동사 + 不惯 búguàn	(습관이 되지 않아) ~할 수 없다	中国菜，我还是吃不惯了。 중국 음식을 나는 여전히 먹을 수 없다.
동사 + 不下 búxià	(충분한 수량, 공간의 여유가 없어서) ~하지 못하다	我吃了太多了，再吃不下。 나는 너무 많이 먹어서 더는 먹을 수 없다.
동사 + 不上 búshàng	목적을 실현하지 못함	我家的门一直关不上。 우리 집 문은 줄곧 닫히지 않는다.
동사 + 不住 búzhù	동작이 확실하거나 안정, 고정되지 않음	我记不住她的名字。 나는 그녀의 이름을 기억하지 못한다.

(5) 동량보어

동사 뒤에 위치하여 동작이나 행위의 횟수를 보충 설명하는 보어

❶ 목적어의 위치

- 목적어가 대사일 때: 대사는 반드시 동량보어 앞에 위치한다.

  주어 + 술어(동사) + 대사목적어 + 동량보어

小王见过一次他。(×) → 小王见过他一次。(○) 샤오왕은 그를 한 번 만난 적이 있다.

- 목적어가 사람 이름일 때: 사람 이름은 동량보어 앞, 뒤에 모두 올 수 있다.

  > 주어 + 술어(동사) + 동량보어 + 사람 이름목적어

  我见过一次小王。 나는 샤오왕을 한 번 만난 적이 있다.

  > 주어 + 술어(동사) + 사람 이름목적어 + 동량보어

  我见过小王一次。 나는 샤오왕을 한 번 만난 적이 있다.

- 목적어가 구체적인 장소(지명)일 때: 장소는 동량보어 앞, 뒤에 모두 올 수 있다.

  > 주어 + 술어(동사) + 동량보어 + 장소목적어

  我去过一次北京。 나는 베이징에 한 번 가본 적이 있다.

  > 주어 + 술어(동사) + 장소목적어 + 동량보어

  我去过北京一次。 나는 베이징에 한 번 가본 적이 있다.

❷ 부정형

- 기본적으로 부정형은 '没有'를 사용한다.

  > 주어 + 没有 + 술어(동사) + 동량보어 + 장소목적어

  我不去过一次北京。(×) → 我没有去过一次北京。(○) 나는 베이징에 한 번도 가본 적이 없다.

(6) 시량보어

❶ 목적어의 위치

- 목적어가 대사일 때: 대사는 반드시 시량보어 앞에 위치한다. [=동량보어]

  > 주어 + 술어(동사) + 대사목적어 + 시량보어

  我等了半个小时你。(×) → 我等了你半个小时。(○) 나는 너를 30분 기다렸다.

- 목적어가 사람 이름일 때: 사람의 이름은 시량보어 앞, 뒤에 모두 올 수 있다. [=동량보어]

  > 주어 + 술어(동사) + 시량보어 + 사람 이름목적어

  我等了一个小时小张。 나는 샤오장을 한 시간 기다렸다.

  > 주어 + 술어(동사) + 사람 이름목적어 + 시량보어

  我等了小张一个小时。 나는 샤오장을 한 시간 기다렸다.

- 목적어가 장소일 때: 장소는 반드시 시량보어 앞에 위치한다.[≠동량보어]

> 주어 + 술어(동사) + 장소목적어 + 시량보어

我来一个月中国了。(×) → 我来中国一个月了。(○) 나는 중국에 온 지 1개월 되었다.

- 목적어가 일반명사일 때: 일반명사는 시량보어 앞, 뒤에 모두 올 수 있다.

> 주어 + 술어(동사) + 시량보어 + 일반명사목적어

我打了3个小时电话。 나는 세 시간 동안 전화 통화를 했다.

> 주어 + 술어(동사) + 일반명사목적어 + 술어(동사) + 시량보어

我打电话打了3个小时。 나는 세 시간 동안 전화 통화를 했다.

 다음 중 어법적으로 맞는 문장을 고르세요.

1 A 爸爸话说得不快。　　B 爸爸话不说得快。

2 A 妹妹走出来教室了。　　B 妹妹走出教室来了。

3 A 下起雪来了。　　B 下雪起来了。

4 A 他的字你看得懂不懂?　　B 他的字你看得懂看不懂?

단어&해석

教室 jiàoshì 명 교실 | 下雪 xiàxuě 동 눈이 내리다

1 아빠는 말하는 게 빠르지 않다.
2 여동생은 교실을 걸어 나왔다.
3 눈이 내리기 시작했다.
4 그의 글자를 너는 알아볼 수 있니 없니?

정답&풀이

1 **A** 정도보어의 부정형식은 '주어+목적어+술어(동사/형용사)+得+부정부사(不)+보어'이므로 '爸爸话说得不快'가 어법적으로 맞는 문장이다.
2 **B** 방향보어가 있는 문장에서 장소목적어의 위치는 '주어+술어(동사)+방향보어+장소목적어+방향보어 来/去'이므로 '妹妹走出教室来了'가 어법적으로 맞는 문장이다.
3 **A** 이합동사와 방향보어가 함께 있을 때 문장 형식은 '주어+술어(동사)+방향보어+목적어+방향보어 来/去'이므로 '下起雪来了'가 어법적으로 맞는 문장이다.
4 **B** 가능보어의 정반의문 형식은 '목적어+주어+술어(동사)+得+보어+술어(동사)+不+보어'이므로 '他的字你看得懂看不懂'이 어법적으로 맞는 문장이다.

실력 다지기

1~15 주어진 세 개의 문장을 순서대로 배열하시오.

1. A: 我们都要实行
   B: 不论你们
   C: 赞成不赞成
   _____

2. A: 字都写错了
   B: 我就不会发现
   C: 要不是他提醒我
   _____

3. A: 或者去咖啡厅喝茶
   B: 我就去看电影
   C: 如果今天不加班
   _____

4. A: 所以总的来说还不错
   B: 但是给的奖金却很多
   C: 我们公司的工资虽然不多
   _____

5. A: 想办法解决问题
   B: 即使时间不够
   C: 我们也应该
   _____

6. A: 才能吃
   B: 只有煮熟了
   C: 这条鱼不能生吃
   _____

7. A: 只要你能上网
   B: 现在在网上可以做很多事情
   C: 就能购物、聊天、查资料等等
   _____

8. A: 现在很多人喜欢看电视
   B: 他们每天花大量的时间看电视
   C: 但不愿意花一点儿时间看书
   _____

9 A: 找他帮忙
　　B: 都不愿意
　　C: 我们无论有什么困难　　　_____

10 A: 好的工作
　　 B: 但是仍然找不到
　　 C: 尽管他做了各种努力　　　_____

11 A: 就不能解决
　　 B: 假如你不能去的话
　　 C: 这个问题　　　_____

12 A: 除非他们
　　 B: 我才能相信他们
　　 C: 拿出证据来　　　_____

13 A: 没时间
　　 B: 虽然他工作很忙
　　 C: 但是每天给女儿打电话　　　_____

14 A: 如果你有问题
　　 B: 那么找他请帮忙
　　 C: 不能解决　　　_____

15 A: 出国留学
　　 B: 不管他们同意不同意
　　 C: 反正我们也要　　　_____

3 인과, 목적, 연속관계 접속사 복문 배열하기

Guide

독해 제2부분 문장배열 문제에서 고득점을 얻기 위해서는 병렬, 점층, 선택, 전환, 가정, 조건, 인과, 목적, 연속관계의 접속사 및 복문 구조를 정확히 숙지하고 있는 것이 무엇보다도 중요하다. 시험에서는 하나의 관계로 이루어진 문장을 배열하는 문제도 출제되지만 두 개의 관계가 합쳐져서 한 문장을 이루는 문제 형식도 종종 출제된다. 하지만 이때도 접속사 복문 구조를 기억하며 앞뒤 문맥을 파악하여 문장을 배열하면 쉽게 문제를 해결할 수 있다.

주의 문장 가운데 접속사가 보이면 그 속에 해답이 있다. 단순히 문장의 의미에만 집중하지 말고 **문장의 '관계'에 집중하라!** 관계를 통해 문장을 배열하면 오히려 문장의 의미가 더 쉽게 이해된다.

독해 급소공략

- **인과관계 접속사 복문 구조를 숙지하라.**

  인과관계를 나타내는 접속사 복문 구조는 **'원인 → 결과' 순으로 문장을 배열**하면 된다. 인과관계 접속사 복문 구조 중 '因为……, 所以……', '由于……, 所以……', '既然……, 就……'는 특히 출제 빈도가 높으므로 반드시 기억해야 한다.

- **목적관계 접속사 복문 구조를 숙지하라.**

  목적관계를 나타내는 접속사 복문 구조는 접속사의 종류에 따라 목적을 나타내는 문장의 위치가 다르다. **'목적 → (목적을 위한) 행동, 방법' 혹은 '(목적을 위한) 행동, 방법 → 목적' 순으로 접속사에 따라서 달라지는 문장의 위치에 주의**해야 한다. 앞절에서 목적을 제시하는 접속사 '因为', '为了'와 뒷절에서 목적을 제시하는 접속사 '为的是', '是为了', '省得', '以免'을 구분하여 정확히 숙지해야 한다.

- **연속관계 접속사 복문 구조를 숙지하라.**

  연속관계를 나타내는 접속사 복문 구조는 **상황을 이어주는 접속사에 해답이 있다.** 연속관계 접속사 복문 구조 중 '先……, 再……', '先……, 然后……', '等……, 就……', '一……, 就……'는 특히 출제 빈도가 높으므로 반드시 기억해야 한다.

예제로 감 익히기

Mission 1 주어진 세 개의 문장을 순서대로 배열하시오.

```
A 所以他离开了我们公司
B 因为需要常常加班
C 后来他却后悔了                    _____
```

A 所以他离开了我们公司
B 因为需要常常加班
C 后来他却后悔了

→ 因为需要常常加班，所以他离开了我们公司，后来他却后悔了。

A 그래서 그는 우리 회사를 떠났다
B 자주 야근을 해야 했기 때문에
C 나중에 그는 후회했다

→ 자주 야근을 해야 했기 때문에 우리 회사를 떠났지만 나중에 그는 후회했다.

因为……，所以…… yīnwèi…, suǒyǐ… ~때문에 ~하다 | 离开 líkāi 통 떠나다 | 公司 gōngsī 명 회사 | 需要 xūyào 통 필요로 하다 | 加班 jiābān 통 초과 근무하다 | 后来 hòulái 부 그 후에 | 却 què 부 도리어 | 后悔 hòuhuǐ 통 후회하다

BAC 因为需要常常加班，所以他离开了我们公司，后来他却后悔了。

① 문장 가운데 인과관계 접속사 '因为'와 '所以'가 보인다. B의 '因为'는 A의 '所以'와 '因为……, 所以……'의 형식을 이루어 '(앞 문장) 때문에 (뒤 문장)하다'라는 의미를 나타내므로 B → A의 순서가 된다. (B → A)

② C의 '后来'는 '어떤 사건이 발생하고 난 후 다른 어떤 일이 결과적으로 발생함'을 나타낸다. 따라서 시간 순서상 C는 문장의 맨 마지막에 위치해야 한다. (B → A → C)

Mission 2 주어진 세 개의 문장을 순서대로 배열하시오.

```
A 下雨了
B 妈妈开车一定要小心
C 以免出事故                        _____
```

A 下雨了
B 妈妈开车一定要小心
C 以免出事故

A 비가 온다
B 엄마는 반드시 운전을 조심해야 한다
C 사고가 나는 것을 피하기 위해서

→ 下雨了，妈妈开车一定要小心，以免出事故。 → 비가 오니 사고가 나지 않도록 엄마는 반드시 운전을 조심해야 한다.

开车 kāichē 동 운전하다 | 小心 xiǎoxīn 동 조심하다, 주의하다 | 以免 yǐmiǎn 접 ~하지 않도록 | 事故 shìgù 명 사고

ABC 下雨了，妈妈开车一定要小心，以免出事故。

① A는 B와 호응하여 '비가 오니 운전을 조심해야 한다'라는 의미의 '인과관계'를 나타내고 있으므로 A → B의 순서가 된다. (A → B)

② 목적관계 접속사 '以免'은 뒤에 '일어나지 않기를 원하는 좋지 않은 일'과 함께 쓰여 '그 일이 일어나지 않기를 바라는 목적'을 나타낸다. 따라서 C는 문장의 맨 끝에 위치해야 한다. '以免' 앞에는 목적을 이루기 위한 행동이나 방법을 제시하므로 C의 앞에는 A와 B가 와야 한다. (A → B → C)

Mission 3 주어진 세 개의 문장을 순서대로 배열하시오.

A 你先把事情
B 然后再采取行动
C 解决好

A 你先把事情   A 너는 우선 일을
B 然后再采取行动   B 그런 후에 행동을 취해라
C 解决好   C 잘 해결하고

→ 你先把事情解决好，然后再采取行动。   → 너는 우선 일을 잘 해결하고 나서 그런 후에 행동을 취해라.

先……，然后…… xiān…, ránhòu… 먼저 ~하고 나서 그 후에 ~하다 | 事情 shìqing 명 일 | 采取 cǎiqǔ 동 취하다 | 行动 xíngdòng 동 행동하다 | 解决 jiějué 동 해결하다

ACB 你先把事情解决好，然后再采取行动。

① 문장 가운데 연속관계 접속사 '先'과 '然后'가 보인다. A의 '先'은 B의 '然后'와 '先……然后……'의 형식을 이루어 '먼저 (앞 문장)하고 나서, 그 후에 (뒤 문장)하다'라는 의미를 나타내므로 A → B의 순서가 된다. (A → B)

② C는 의미상 이 문장의 주어 '你'의 술어가 되므로 A 뒤에 위치해야 한다. (A → C → B)

독해 내공 TiP — 인과, 목적, 연속관계 접속사 복문과 개사

1 인과, 목적, 연속관계를 나타내는 접속사 복문

(1) 인과관계

앞절에서 원인을 제시하고 뒷절에서 결과를 설명한다.

因为A, 所以B yīnwèi A, suǒyǐ B	A이기 때문에 그래서 B하다	我今天因为身体不舒服, 所以不能去上课。 나는 오늘 몸이 좋지 않아서 수업을 들으러 갈 수 없다.
既然A, 就(那么)B jìrán A, jiù(nàme) B	이미 A(이미 실현 되었거나 확정된 일)인 이상 B(결론)하다	既然考完了, 你就别再难过。 이미 시험이 끝난 이상 너는 더 이상 슬퍼하지 말아라.

(2) 목적관계

어떠한 목적과 그에 따른 행동을 나타낸다.

为(为了)A, B wèi(wèile) A, B	A(목적)를 하기 위해 B하다	为了学好汉语, 我每天认真学习。 중국어 공부를 마치기 위해 나는 매일 열심히 공부한다.
……A, 是为了(为的是)B ……A, shì wèile(wèideshì) B	A를 하는 것은 B(목적)하기 위함이다	我这次来中国, 是为了更了解中国的文化。 내가 이번에 중국에 온 것은 중국 문화를 더욱 이해하기 위함이다.
……A, 以免(免得/省得)B ……A, yǐmiǎn(miǎnde/shěngde) B	B하지 않기 위해서 A해라	多穿点衣服, 以免感冒。 감기 걸리지 않게 옷 좀 더 입어라.

(3) 연속관계

동작이나 상황의 관계를 순서에 따라서 이어준다.

先A, 然后(再)B xiān A, ránhòu(zài) B	먼저 A하고 나서 B하다	你先好好想想, 然后再决定。 너는 먼저 잘 생각해보고 나서 결정해라.
等(先)A, 再B děng(xiān) A, zài B	A하면(하고 나서) B하다	等雪停了, 再走吧。 눈이 멈추면 가자.
一A, 就B yī A, jiù B	A하자 마자 곧 B하다	他一看到我, 就哭了。 그는 나를 보자마자 울었다.

2 개사

개사란 명사, 대사와 함께 쓰여 동사나 형용사를 수식하는 단어를 말한다.

(1) 개사의 위치

❶ 개사구는 조동사 뒤에 위치한다.

我想跟你说话。 나는 너와 이야기하고 싶다.

❷ 개사구는 부사 뒤에 위치한다.

他们经常在食堂吃饭。 그들은 항상 식당에서 밥을 먹는다.

❸ 조동사와 부사가 함께 있으면 '부사+조동사+개사구'의 순서가 된다.

我不想跟你结婚。 나는 너와 결혼하고 싶지 않다.

(2) 개사의 역할

❶ 부사어 역할

我对汉语感兴趣。 나는 중국어에 관심이 있다.

❷ 관형어 역할

我看过关于中国茶的书。 나는 중국차에 관한 책을 본 적이 있다.

❸ 보어 역할

我毕业于北京大学。 나는 베이징대학을 졸업했다.

(3) 시험에 자주 출제되는 주요 개사

❶ 방향 개사

向 xiàng	방위, 장소, 사람 앞에 쓰고 추상적인 동사와 함께 쓸 수 있음 [~로, ~를 향해]	我向他点点头。 나는 그에게 고개를 끄덕였다. 我家窗户向东开着。 우리 집 창문은 동쪽을 향해 열려있다.
往 wǎng	이동하여 도착되는 동사와 사용 [~를 향하여]	往前走5分钟就能看到。 앞으로 5분만 걸어가면 볼 수 있다.
朝 cháo	방위, 장소, 사람 앞에 쓰여 동작의 방향 표시 [~를 향하여]	他朝我挥手了。 그는 나에게 손을 흔들었다. 学校的门朝北开。 학교의 문은 북쪽으로 나있다.

❷ 장소, 시간, 기점 개사

离 lí	공간, 시간적 거리의 양만큼 떨어져 있음 [~로부터]	我家离北大很近。→ 공간적 거리 우리 집은 베이징대학에서 매우 가깝다. 离考试只有一天了。→ 시간적 거리 시험 날로부터 겨우 하루 남았다.
在 zài	在+장소/시간 [~에]	在书上写一下。→ 장소 책에 써주세요. 这家饭店是在1988年开业的。→ 시간 이 호텔은 1988년에 개업했다.
	동사+在+장소/시간 [~에서]	我妹妹出生在美国。→ 장소 나의 여동생은 미국에서 태어났다. 我出生在1988年。→ 시간 나는 1988년에 태어났다.
于 yú	=在 [~에서]	我出生于首尔。나는 서울에서 태어났다.
	=从 [~에서]	我毕业于北大。나는 베이징대학을 졸업했다.
	=对 [~에]	晨练有利于健康。아침 운동은 건강에 유익하다.
	=跟 [~와]	我的工资相当于他的工资。 나의 월급은 그의 월급과 비슷하다.
	=比 [~보다]	我的工资大大高于他的工资。 나의 월급은 그의 월급보다 훨씬 많다.
由 yóu	~부터	会议由早上六点开到下午三点。 회의는 아침 6시부터 오후 3시까지이다.
	~때문에	由感冒引起了肺炎。감기가 폐렴을 일으켰다.
	~가 [행위의 주체]	这件事应该由你来决定。이 일은 반드시 네가 결정해라.

❸ 대상 개사

跟(和/同/与) gēn(hé/tóng/yǔ)	跟……一样 [~는 ~와 똑같다]	我的汉语水平跟你一样。 나의 중국어 실력은 너와 똑같다.
	跟……差不多 [~는 ~와 비슷하다]	我的汉语水平跟你差不多。 나의 중국어 실력은 너와 비슷하다.
	跟……不同 [~는 ~와 다르다]	我的兴趣跟你不同。 나의 취미는 너와 다르다.
给 gěi	给+대상 [~에게]	你到了家给我打电话吧。 집에 도착하면 나에게 전화해줘.
	동사+给+대상 [~에게]	这件衣服我买给你吧。이 옷 내가 너에게 사줄게.

比 bǐ	비교문 [~보다]	我比他高一点。 내가 그보다 좀 더 크다.
替 tì	동작 행위의 대상을 나타냄 [~을 대신하여]	你能不能替我买件衣服回来? 너 나 대신 옷 한 벌 사서 돌아올 수 있니?
对于 duìyú	주로 사람, 대상, 사물을 대하는 주관적 태도에 씀[동작의 대상을 이끌어 냄, ~에 대하여]	对于那件事情, 我觉得非常可惜。 그 일에 대해서 나는 굉장히 아쉽게 생각한다.
关于 guānyú	주로 사물의 범위, 내용, 관련된 사람, 관련된 일에 대해 말할 때 씀[화제를 이끌어 냄, ~에 관하여]	关于他的事情, 我知道一些。 그의 일에 관해서 나는 조금 알고 있다.

❹ 근거, 목적 개사

根据 gēnjù	동작의 근거를 이끎 [~에 근거하여]	公司根据职员的要求, 新建了两个食堂。 회사는 직원들의 요구에 따라 새로운 구내식당 두 개를 만들었다.
按照 ànzhào	(규정, 법칙, 상황 등) 행위 동작의 기준이나 근거를 이끎 [~에 따라]	我们学校按照水平分班。 우리 학교는 수준에 따라서 반을 나눈다.
趁 chèn	'시기, 기회' 등과 호응하여 씀 [~를 틈타서]	你快来! 趁热吃吧。 빨리 왜! 뜨거울 때 먹어.
凭 píng	'증명서, 경험, 노력' 등과 호응하여 씀[~에 의지하여]	你到底凭什么这么说? 너는 도대체 무슨 근거로 이렇게 말하는 거야?
为 wèi	목적(为了) [~을 위하여]	为你高兴, 我今天早点回来了。 너를 기쁘게 하기 위해서 나는 오늘 조금 일찍 돌아왔다.
	원인(因为) [~ 때문에]	我们都为小李的事难过。 우리는 모두 샤오리의 일 때문에 마음이 아프다.
因为(由于) yīnwèi(yóuyú)	원인이나 이유를 나타냄 [~때문에]	因为天气的原因, 飞机不能准时起飞。 날씨 때문에 비행기가 제 시간에 이륙할 수 없다.

[4] 시험에 자주 출제되는 주요 호응 개사구

对……感兴趣 duì……gǎn xìngqu	~에 흥미를 느끼다	从……出发 cóng……chūfā	~에서 출발하다	跟……见面 gēn……jiànmiàn	~와 만나다
对……有意见 duì……yǒu yìjiàn	~에 대해 불만이 있다	从……起/开始 cóng……qǐ/kāishǐ	~부터 시작하여	跟……一样 gēn……yíyàng	~와 같다

对……来说 duì……láishuō	~에 대해 말하자면	从……到 cóng……dào	~에서 ~까지	以……为 yǐ……wéi	~를 ~로 삼다
给……介绍 gěi……jièshao	~에게 소개하다	从……来看 cóng……láikàn	~로 볼 때	由……组成 yóu……zǔchéng	~로 구성되다
给……打电话 gěi……dǎ diànhuà	~에게 전화하다	当……以后 dāng……yǐhòu	~한 후에	自……以来 zì……yǐlái	~이래로
给……带来 gěi……dàilái	~에게 가져다 주다	当……以前 dāng……yǐqián	~하기 전에	替……着想 tì……zhuóxiǎng	~을 위해 생각하다
与……交流 yǔ……jiāoliú	~와 교류하다	当……的时候 dāng……deshíhou	~할 때	往……拐 wǎng……guǎi	~을 향해 꺾다, 커브를 돌다
与……相比 yǔ……xiāngbǐ	~와 서로 비교하다	跟……商量 gēn……shāngliang	~와 상의하다	向……感谢 xiàng……gǎnxiè	~에게 감사하다

 빈칸에 들어갈 알맞은 단어를 고르세요.

1 你要不要（　　）南的房子？
   A 朝　　　　B 从

2 现在（　　）起飞时间还有半个小时。
   A 对　　　　B 离

3 我的个子（　　）他差不多。
   A 给　　　　B 跟

4 我想（　　）这个机会讲几句。
   A 趁　　　　B 凭

단어&해석

房子 fángzi 명 집 | 起飞 qǐfēi 동 이륙하다 | 个子 gèzi 명 키 | 差不多 chàbuduō 형 비슷하다 | 机会 jīhuì 명 기회

1 너는 남(향) 집을 원하니?
2 지금은 비행기 이륙 시간(**으로부터**) 30분 남았다.
3 내 키는 그(**와**) 비슷하다.
4 나는 이 기회를 (**빌어서**) 몇 마디 하고 싶다.

정답&풀이

1 **A** '남쪽'이라는 방향을 가리키는 것이므로 정답은 '朝'이다.
2 **B** 이륙까지 남은 '시간적 거리'를 나타내는 것이므로 '离'가 답이 된다.
3 **B** '~와 비슷하다'로 해석되므로 '跟……差不多'의 형식으로 쓰이는 '跟'이 정답이다.
4 **A** '기회를 빌어' 말하고자 하는 것이므로 '시기, 기회' 등과 호응하여 쓰이는 '趁'이 정답이다.

실력 다지기

1~15 주어진 세 개의 문장을 순서대로 배열하시오.

1. A: 做好准备
   B: 我们提前
   C: 为了搞好工作 _____

2. A: 教练说不能参加比赛
   B: 都失去了信心
   C: 以致队员 _____

3. A: 一份理想的工作
   B: 他一毕业
   C: 就找到了 _____

4. A: 为的是提高
   B: 我努力学习
   C: 自己的汉语水平 _____

5. A: 再后悔了
   B: 既然她已经走了
   C: 就不要 _____

6. A: 先吃了两碗米饭
   B: 我太饿了
   C: 然后又吃了一个汉堡包 _____

7. A: 省得让父母担心
   B: 你在动物园里
   C: 应该听话 _____

8. A: 因而飞机
   B: 没有按时到达
   C: 今天天气不好 _____

9 A: 人们的心理也受到了一定的影响
　　B: 因为这场大地震
　　C: 日本的经济受到了很大的影响　　_____

10 A: 女朋友之所以
　　B: 是因为她觉得心里难过
　　C: 和别人结婚了　　_____

11 A: 既干净又安静
　　B: 所以我非常满意
　　C: 因为我的房间　　_____

12 A: 我们先找个饭馆吃饭
　　B: 接着做吧
　　C: 一个小时后回来　　_____

13 A: 不努力学习
　　B: 由于他平时
　　C: 所以考不上大学了　　_____

14 A: 是因为我们没有采取
　　B: 适当的措施
　　C: 这种问题之所以发生　　_____

15 A: 由于大家的意见都不同
　　B: 因此今天讨论了
　　C: 很长时间　　_____

4 중국어 문장의 흐름

Guide

중국어 문장의 일반적인 흐름은 시간적으로는 '과거 → 현재 → 미래'의 순서로 이동을 하고, 의미적으로는 '큰 개념 → 작은 개념(추상적 → 일반적, 예시적 → 구체적)'으로 이동한다. 따라서 접속사 복문 구조로 이루어져 있지 않은 문장을 배열할 때는 이러한 흐름을 기억하며 문장이 위치해야 할 순서를 결정해야 한다. 이때 한국어로 해석했을 때는 중국어 문장의 흐름과 상관없이 어떻게 문장을 배열해도 의미가 통하는 경우가 있으니 주의해야 한다.

주의 **중국어 문장은 중국어 문장의 흐름대로 배열해야 한다.** 한국어 해석에 의지하지 말고 반드시 중국어 문장 흐름의 규칙대로 문장을 배열하라.

독해 급소공략

• 시간의 순서대로 배열하라.

시간의 순서대로 이동하는 문장은 **정답의 키워드가 '시간을 나타내는 표현'에 있다.** 문장 가운데 시간을 나타내는 명사가 있거나 동태조사, 시간부사가 있다면 반드시 주의해야 한다. 때로는 이러한 시간의 표현들만 가지고도 문장의 순서를 쉽게 결정할 수 있다.

• 개념의 흐름대로 배열하라.

중국어에서는 대체로 **'큰 개념 → 작은 개념'의 순으로 문장을 배열한다.** 즉, 추상적인 것에서 일반적인 것으로, 예시적인 것에서 구체적인 것으로 이동하는 식이다. 따라서 특별한 접속사나 복문 구조가 없을 경우 이러한 흐름에 따라 배열하면 정답이 된다.

• 한국어 해석에 의존하지 마라.

중국어 문장을 배열할 때에는 중국어의 특징을 기억하며 문제를 해결해야지 **한국어 해석대로 문장을 배열해서는 안 된다.** 한국어와 중국어는 문장 흐름의 규칙이 달라 한국어 해석대로 문장을 배열했다가는 전혀 다른 답이 나올 수 있다.

예제로 감 익히기

Mission 1 주어진 세 개의 문장을 순서대로 배열하시오.

> A 后来我想当演员
> B 可是现在我却想当一名老师
> C 以前我的理想是当一名医生 _____

A 后来我想当演员
B 可是现在我却想当一名老师
C 以前我的理想是当一名医生

→ 以前我的理想是当一名医生，后来我想当演员，可是现在我却想当一名老师

A 나중에 나는 연기자가 되고 싶었다
B 하지만 지금은 선생님이 되고 싶다
C 예전에 내 꿈은 의사가 되는 것이었다

→ 예전에 내 꿈은 의사가 되는 것이었는데 나중에는 연기자가 되고 싶었다. 하지만 지금은 선생님이 되고 싶다.

后来 hòulái 뷔 그 후에 | **当** dāng 동 ~이 되다 | **演员** yǎnyuán 명 배우 | **却** què 뷔 도리어 | **以前** yǐqián 명 예전 | **理想** lǐxiǎng 명 꿈 | **医生** yīshēng 명 의사

CAB 以前我的理想是当一名医生，后来我想当演员，可是现在我却想当一名老师。

① 문장 가운데 시간을 나타내는 표현 '以前'과 '后来'가 있으므로 시간 순서에 따라 C → A의 순이 된다. (C → A)

② B의 전환관계 접속사 '可是'는 그 뒤에 '예전과 달라진 현재의 상황(现在)'을 설명하고 있으므로 시간의 순서상 맨 마지막에 위치해야 한다. (C → A → B)

Mission 2   주어진 세 개의 문장을 순서대로 배열하시오.

> A 想起我爸爸的笑脸
> B 一见到王老师
> C 我就想起我的爸爸
> _____

A 想起我爸爸的笑脸
B 一见到王老师
C 我就想起我的爸爸

→ 一见到王老师，我就想起我的爸爸，想起我爸爸的笑脸。

A 우리 아빠의 웃는 얼굴이 생각난다
B 왕 선생님을 보면
C 나는 우리 아빠 생각이 난다

→ 왕 선생님을 보면 나는 우리 아빠 생각이 나고, 아빠의 웃는 얼굴이 생각난다.

想起 xiǎngqǐ 통 생각해 내다, 떠올리다 | **笑脸** xiàoliǎn 명 웃는 얼굴 | **一……，就** yī……, jiù ~하자마자 ~하다 | **老师** lǎoshī 명 선생님

BCA 一见到王老师，我就想起我的爸爸，想起我爸爸的笑脸。

① 문장 가운데 연속관계를 나타내는 '一'와 '就'가 보인다. B의 '一'는 C의 '就'와 '一……, 就……'의 형식을 이루어 '(앞 문장)하자 마자 곧 (뒤 문장)하다'라는 의미를 나타내므로 B → C의 순서가 된다. (B → C)

② 의미상 '왕 선생님을 보면 → 아빠 생각이 나고(큰 범위) → 그 중에서도 아빠의 웃는 얼굴이 생각난다(작은 범위)'라는 논리가 성립되므로 B → C → A의 순서가 되어야 한다. (B → C → A)

독해 내공 TiP — 특수구문

1 '把'자문

'把'자문(처치문)은 개사 '把'가 '목적어를 술어 앞으로' 끌어내어 목적어(대상)를 어떻게 처치했는지를 나타내는 문장이다.

[1] '把'자문의 문장 구조

❶ '把'자문의 기본 구조

- 기본

> 주어 + 把 + 목적어 + 동사 + 기타성분

我把这本书看完了。 나는 이 책을 다 보았다.

- 강조

> 주어 + 把 + 목적어 + 给 + 동사 + 기타성분

我把这本书给看完了。 나는 이 책을 다 보았다.

❷ 부정부사, 능원동사, 시간부사가 올 때

> 주어 + 부정부사/능원동사/시간부사 + 把 + 목적어 + 동사 + 기타성분

我把今天的工作没有做完。(×) → 我没有把今天的工作做完。(○) → 부정부사
나는 오늘 일을 끝내지 못했다.

我把这本书要看完。(×) → 我要把这本书看完。(○) → 능원동사
나는 이 책을 다 볼 것이다.

我把这本书今天看完了。(×) → 我今天把这本书看完了。(○) → 시간사
나는 오늘 이 책을 다 보았다.

[2] 주의할 점

❶ '把'자문에서 동사 뒤에 동태조사 '了', '着'나 동사중첩은 올 수 있으나 '过'는 올 수 없다.

你把雨伞带着, 今天会下雨。(○) → 着
우산을 가지고 가라. 오늘 비가 올 것이다.

你把这本书看一看。(○) → 동사중첩
너는 이 책을 좀 읽어라.

我把你的书看过。(×) → 过

❷ '把'자문은 가능보어와 함께 쓰일 수 없다.

我把教室打扫得干干净净。 → 정도보어
나는 교실을 매우 깨끗이 청소했다.

请你把门关好。 → 결과보어
문 좀 닫아 주세요.

我把妹妹送进医院去了。 → 방향보어
나는 여동생을 병원에 데려다 주었다.

你们把这个问题讨论一下。 → 동량보어
너희는 이 문제에 대해 토론을 좀 해라.

我把这本书看得懂。(×) → 가능보어

2 존현문

존현문은 주어 자리에 시간, 장소가 위치하여 사람과 사물의 존재, 출현, 소실을 나타내는 문장이다.

(1) 존현문의 문장 구조

❶ 존현문의 기본 구조

> 시간/장소 + 술어 + 着/了 + 목적어

我家门口坐着一对夫妻。 → 존재
우리 집 문 앞에 부부 한 쌍이 앉아 있다.

前面跑过来了一个人。 → 출현
앞 쪽에서 한 명이 뛰어왔다.

他家死了一条小狗。 → 소실
그의 집에서 강아지 한 마리가 죽었다.

(2) 존현문의 특징

❶ 시간, 장소 앞에 '在', '从' 등의 개사를 사용하지 않는다.

在桌子上放着几本书。(×) → 桌子上放着几本书。(○) 책상 위에 책 몇 권이 놓여 있다.

❷ 목적어는 구체적인 것이 될 수 없고, 불특정한 사람이나 사물이어야 한다.

桌子上放着我的书。(×)

桌子上放着书。(○) 책상 위에 책이 놓여 있다.

我的书放在桌子上。(○) 내 책이 책상 위에 놓여 있다.

❸ 존현문의 술어 뒤에는 동태조사 '着(존재)', '了(출현, 소실)'는 올 수 있으나 '过(경험)'는 올 수 없다.

墙上挂着几张照片。(○) → 着
벽에 사진 몇 장이 걸려있다.

今天来了几个朋友。(○) → 了
오늘 친구 몇 명이 왔다.

学校门口坐过一个孩子。(×) → 过

[3] 존현문의 부정형

존현문을 부정할 때는 동사 앞에 '没有'를 쓴다.

시간/장소 + 没有 + 술어 + 着 + 목적어

椅子上**不**坐着人。(×) → 椅子上**没有**坐着人。(○) 의자 위에 사람이 앉아 있지 않다.

3 비교문

비교문은 두 대상이 서로 어떠한지를 비교하여 설명하는 문장이다.

[1] '比'를 이용한 비교문

❶ '比'자문의 기본 구조

- 기본: A는 B보다 ~하다

A + 比 + B + 술어(형용사)

他**比**我高。 그가 나보다 (키가) 크다.

- 강조: A는 B보다 더 ~하다

A + 比 + B + 更/还 + 술어(형용사)

我**比**他**更**高。 나는 그보다 더 크다.
我**比**他**还**高。 나는 그보다 훨씬 크다.

> '比'자문에서는 '很', '非常', '真的', '太' 등의 정도부사는 사용할 수 없고, '更', '还'만 사용할 수 있다.
> 我比他很/非常/真的/太高。(×)

❷ 부정형

- 不比 : A가 B보다 못하거나 같다(A≤B)

A + 不比 + B + 술어(형용사)

我**不比**他高。 나는 그보다 크지 않다(그가 나보다 크거나 나와 비슷하다).

- 没有: A가 B보다 못하다(A<B)

A + 没有 + B + 술어(형용사)

我**没有**他高。 나는 그보다 크지 않다(그가 나보다 크다).

[2] '有'를 이용한 비교문

❶ 기본 구조: A는 B만큼 ~하다

A + 有 + B + (这么/那么) + 술어(형용사)

他**有**你**这么**高。 그는 너만큼 이렇게 크다.

❷ 부정형: A는 B만큼 ~하지 않다

> A + 没有 + B + (这么/那么) + 술어(형용사)

他没有你这么高。 그는 너만큼 이렇게 크지 않다.

(3) '不如' 비교문

❶ 기본 구조: A는 B만 못하다

> A + 不如 + B + (술어)
> = A + 没有 + B + 술어

骑车不如坐车(快)。 = 骑车没有坐车快。 자전거를 타는 것은 차를 타는 것보다 빠르지 않다.

다음 문장 중 어법적으로 맞는 문장을 고르세요.

1 A 他没有把今天的作业做完。   B 他把今天的作业没有做完。

2 A 学校门口坐过一个人。   B 学校门口坐着一个人。

3 A 妹妹比哥哥还聪明。   B 妹妹比哥哥很聪明。

4 A 他没有你这么胖。   B 他没有你更胖。

단어&해석

作业 zuòyè 圀 숙제 | 门口 ménkǒu 圀 입구 | 聪明 cōngming 휑 똑똑하다 | 胖 pàng 휑 뚱뚱하다
1 그는 오늘 숙제를 다 하지 않았다.
2 학교 정문에 한 명이 앉아 있다.
3 여동생은 오빠보다 더 똑똑하다.
4 그는 너만큼 이렇게 뚱뚱하지 않다.

정답&풀이

1 **A** '把'자문에서 부정부사는 '把' 앞에 와야 하므로 '他没有把今天的作业做完'이 어법적으로 맞는 문장이다.
2 **B** 존현문에서는 동태조사 '过'를 사용할 수 없으므로 '学校门口坐着一个人'이 어법적으로 맞는 문장이다.
3 **A** '比'를 사용한 비교문에서 술어의 정도를 강조할 때는 '更'이나 '还'를 사용하므로 '妹妹比哥哥还聪明'이 어법적으로 맞는 문장이다.
4 **A** '有'를 사용한 비교문에서 술어의 정도를 강조할 때는 '这么'나 '那么'를 사용하므로 '他没有你这么胖'이 어법적으로 맞는 문장이다.

실력 다지기

1~15 주어진 세 개의 문장을 순서대로 배열하시오.

1. A: 今年的天气特别奇怪
   B: 立春以后
   C: 天气反而更冷了 _____

2. A: 后来她终于实现了这个梦想
   B: 长大后她也没有放弃
   C: 我妹妹小时候有一个当老师的梦想 _____

3. A: 世界上的人有很多种
   B: 总是受到别人的尊重
   C: 喜欢帮助别人的人 _____

4. A: 就不会有明天的比赛了
   B: 如果他们输了
   C: 今天的比赛他们赢了 _____

5. A: 韩国人很热情
   B: 每次遇到问题都有人帮助我
   C: 对外国人也很友好 _____

6. A: 以前猫是喜欢吃老鼠的
   B: 现在的猫都吃猫粮
   C: 看见老鼠也不吃了 _____

7. A: 省得爸爸妈妈担心
   B: 到了中国以后
   C: 要多给家里打电话 _____

8. A: 两个人觉得都很可惜
   B: 他们在一起工作了3年
   C: 现在要分手了 _____

9 A: 结婚以前穿的那些衣服现在都穿不了了
B: 结婚以后胖了很多
C: 我的丈夫

10 A: 在春节的时候，来观看的游客格外多
B: 每天都引来了大量的游客
C: 动物园里的熊猫

11 A: 长江大概是6300公里
B: 比黄河长800公里
C: 长江是中国的第一长河

12 A: 网络已经进入到每个家庭
B: 它成为人们生活中不可缺少的东西
C: 随着科学技术的发展

13 A: 但是他却没反应
B: 我刚刚大声叫他
C: 好像没听见我的声音

14 A: 只经过一个月左右
B: 就决定结婚了
C: 他们谈恋爱的时间很短

15 A: 去年买的衣服
B: 我的儿子最近高了很多
C: 现在都穿不上

제3부분

독해 제3부분은 총 20문항으로, 짧은 글을 읽고 주어진 질문에 알맞은 답을 고르는 유형이다. 하나의 단문에 1개 또는 2개의 문제가 출제되며, 글의 주제 및 내용 전개, 세부 정보를 정확하게 파악하고 있는지 테스트한다. 빠른 시간 안에 단문과 보기를 대조하며 세부 내용을 정확히 인지하는 훈련이 필요하다.

단문 읽고 질문에 알맞은 답 고르기

- 글의 주제 파악하기
- 내용 일치(직접 제시형)
- 내용 일치(간접 제시형)

1 글의 주제 파악하기

Guide

독해 제3부분에서는 주어진 단문을 읽고 그 글에서 이야기하고자 하는 주제를 찾는 문제가 자주 출제된다. 이러한 유형에서는 주제를 담고 있는 핵심 문장을 빨리 찾아내 의미를 파악하는 것이 중요하다. 하지만 글의 전체 내용을 이해해야만 주제를 유추할 수 있는 문제도 자주 출제되므로 주의해야 한다. 평소에 문장 전체의 흐름에 주의하며 독해하는 연습을 꾸준히 해두면 실전에서 제 실력을 발휘할 수 있다.

 나무를 보지 말고 숲을 보라! 전체 내용을 이해해야만 주제를 찾을 수 있는 문제를 어느 하나의 단어나 문장의 의미에만 집중하여 틀린 답을 선택하는 오류를 범하지 말자.

독해 급소공략

- **문장의 주어, 술어, 목적어를 중심으로 의미를 해석하라.**

    독해 제3부분은 시간 싸움이다. 글의 내용을 해석하지 못해서 문제를 풀지 못하는 경우보다 시간이 부족해서 문제 자체를 풀지 못하는 경우가 의외로 많다. **주어, 술어, 목적어 등 문장의 뼈대가 되는 성분을 중심으로** 문장 구조와 역할을 파악하여 해석하는 훈련을 한다면 정해진 시간 안에 글의 내용을 정확히 이해할 수 있을 것이다.

- **질문을 먼저 읽고 질문의 키워드가 되는 문장을 파악하라.**

    제3부분에서 시간을 아끼기 위해서는 지문을 읽기 전에 **반드시 질문을 먼저 읽어야 한다**. 질문이 무엇인지 정확히 파악한 뒤 질문의 키워드에 주의하며 지문을 읽으면 이미 읽은 문장을 다시 반복하여 읽으며 낭비하는 시간을 줄일 수 있다.

- **주제를 이끄는 접속사, 부사에 집중하라.**

    접속사 '因此(그래서)', '但是(그러나)', '可是(그러나)'와 부사 '其实(사실)'가 포함된 문장은 **글의 주제를 나타내는 핵심 문장이 되는 경우가 많으므로** 이러한 단어가 나오면 특히 주의해야 한다.

예제로 감 익히기

Mission 1 지문을 읽고 질문에 알맞은 답을 고르시오.

年轻的时候遇到挫折是好事，可以鼓起勇气从头再来；如果年轻时一直很顺利，到了中年以后突然遇到失败就比较可怜了，因为时间和精力让人重新再来的机会就少多了。

★ 这段话说明：

A 年轻时运气很重要　　　　B 中年时机会很少

C 年轻时挫折不是坏事　　　D 中年人容易失败

年轻的时候遇到挫折是好事，可以鼓起勇气从头再来；如果年轻时一直很顺利，到了中年以后突然遇到失败就比较可怜了，因为时间和精力让人重新再来的机会就少多了。

★ 这段话说明：

A 年轻时运气很重要
B 中年时机会很少
C 年轻时挫折不是坏事
D 中年人容易失败

젊었을 때 실패를 겪는 것은 좋은 일로, 용기를 북돋아 처음부터 다시 시작할 수 있다. 만약 젊었을 때 (인생이) 계속 순탄하다가 중년 이후에 갑자기 실패를 겪으면 비교적 불쌍해진다. 왜냐하면 시간과 체력적으로 다시 시작할 기회가 훨씬 적어지기 때문이다.

★ 이 문장이 설명하는 것은:

A 젊었을 때는 운이 중요하다
B 중년에는 기회가 매우 적다
C 젊었을 때의 실패는 나쁜 일이 아니다
D 중년의 사람은 실패하기 쉽다

年轻 niánqīng 📖 젊다 | **遇到** yùdào 📖 만나다, 마주치다 | **挫折** cuòzhé 📖 좌절, 실패 | **鼓起** gǔqǐ 📖 불러 일으키다 | **勇气** yǒngqì 📖 용기 | **从头** cóngtóu 📖 처음부터 | **顺利** shùnlì 📖 순조롭다 | **中年** zhōngnián 📖 중년 | **突然** tūrán 📖 갑자기 | **失败** shībài 📖 실패(하다) | **可怜** kělián 📖 불쌍하다 | **精力** jīnglì 📖 정신과 체력 | **重新** chóngxīn 📖 다시 | **机会** jīhuì 📖 기회 | **运气** yùnqi 📖 운, 운세 | **坏事** huàishì 📖 나쁜 일 | **容易** róngyì 📖 쉽다

C 전체적인 내용을 봤을 때 지문의 첫 번째 문장 즉, '젊었을 때 실패를 겪는 것은 좋은 일이다(年轻的时候遇到挫折是好事)'가 이 글의 주제를 나타내는 핵심 문장임을 알 수 있다. 따라서 정답은 이 문장과 같은 의미인(是好事=不是坏事) C이다.

일반적으로 글의 주제는 첫 번째 문장이나 마지막 문장에 제시될 확률이 높다. 따라서 주제를 묻는 문제가 출제되면 지문의 첫 번째 문장과 마지막 문장을 특히 주의해서 살펴보아야 한다.

Mission 2 지문을 읽고 질문에 알맞은 답을 고르시오.

儿子经常对朋友说，等他长大了一定要一个人吃完一个蛋糕，打一天的游戏，一年也不洗一次澡。

★ 上面这段话表明儿子：

A 没有蛋糕吃　　　　　　B 天天打游戏

C 一年也不洗一次澡　　　D 长大后的愿望

儿子经常对朋友说，等他长大了一定要一个人吃完一个蛋糕，打一天的游戏，一年也不洗一次澡。

★ 上面这段话表明儿子：
A 没有蛋糕吃
B 天天打游戏
C 一年也不洗一次澡
D 长大后的愿望

아들은 늘 친구에게 자신이 어른이 되면 혼자서 케이크 한 개를 다 먹고, 하루 종일 게임을 하고, 일년에 한 번도 목욕을 하지 않을 것이라고 말한다.

★ 윗글은 아들의 무엇을 나타내는가:
A 먹을 케이크가 없다
B 매일 게임을 한다
C 일년에 한 번도 목욕을 하지 않는다
D 어른이 된 후의 소망

儿子 érzi 몡 아들 | 长大 zhǎngdà 동 성장하다 | 蛋糕 dàngāo 몡 케이크 | 游戏 yóuxì 몡 게임 | 洗澡 xǐzǎo 동 목욕하다 | 表明 biǎomíng 동 나타내다, 표명하다 | 愿望 yuànwàng 몡 소망

D 전체 내용을 추론하지 않고 눈에 띄는 단어에 집중하다가 A, B, C 중 답을 고르는 오류를 범할 수 있다. 아들이 자신이 커서 하고 싶은 일을 친구에게 말하는 내용으로, 이 글의 주제는 '아들의 어른이 된 후의 소망(长大后的愿望)'이다. '소망(愿望)'처럼 지문에 직접적으로 드러나지 않는 단어도 답이 될 수 있다는 점에 주의하자.

지문에 주제와 직접적으로 관련된 단어나 표현이 없을 경우, 주제를 나타내는 핵심 문장을 제시하는 유형에 비해 정답을 찾아내기가 어렵다. 이런 경우 각각의 요소가 설명하고자 하는 한 가지 큰 뜻을 추론하여 정답을 선택해야 한다.

독해 내공 TIP — 주제별 키워드, 관용어

1 주제별 키워드

지문을 읽을 때 주제와 관련된 핵심 단어를 알고 있으면 글의 주제와 내용을 파악하기 훨씬 수월해진다. 시험에 자주 출제되는 주제별 핵심 단어를 공부하여 내공을 탄탄히 쌓아두도록 하자.

음식	饮茶 yǐnchá 차를 마시다 | 饮料 yǐnliào 명 음료 | 绿茶 lǜchá 명 녹차 | 红茶 hóngchá 명 홍차 | 咖啡 kāfēi 명 커피 | 乌龙茶 wūlóngchá 명 우롱차 | 普洱茶 pǔ'ěrchá 명 푸얼차 | 龙井茶 lóngjǐngchá 명 룽징차 | 果汁 guǒzhī 명 주스 | 酒 jiǔ 명 술 | 啤酒 píjiǔ 명 맥주 | 零食 língshí 명 간식, 주전부리 | 做饭 zuòfàn 밥을 하다 | 做菜 zuòcài 요리하다 | 餐具 cānjù 명 조리기구 | 汉堡包 hànbǎobāo 명 햄버거 | 面包 miànbāo 명 빵 | 蛋糕 dàngāo 명 케이크 | 饺子 jiǎozi 명 만두 | 冰淇淋 bīngqílín 명 아이스크림 | 点菜 diǎncài 통 주문하다 | 打包 dǎbāo 통 포장하다 | 菜单 càidān 명 메뉴판 | 买单 mǎidān 통 계산하다 | 刷卡 shuākǎ 통 카드로 결제하다
감정	不满 bùmǎn 형 불만스럽다 | 难过 nánguò 형 괴롭다 | 痛苦 tòngkǔ 형 고통스럽다 | 伤心 shāngxīn 통 상심하다 | 失望 shīwàng 통 실망하다 | 着急 zháojí 통 초조하다 | 幸福 xìngfú 형 행복하다 | 快乐 kuàilè 형 즐겁다 | 兴奋 xīngfèn 형 흥분하다 | 高兴 gāoxìng 형 기쁘다 | 开心 kāixīn 형 즐겁다 | 愉快 yúkuài 형 유쾌하다 | 痛快 tòngkuài 형 통쾌하다 | 感激 gǎnjī 형 감격하다 | 感谢 gǎnxiè 통 감사하다 | 感动 gǎndòng 통 감동하다 | 羡慕 xiànmù 통 부러워하다 | 满意 mǎnyì 통 만족하다 | 吃惊 chījīng 통 놀라다 | 惊讶 jīngyà 통 놀랍고 의아하다 | 奇怪 qíguài 형 기괴하다 | 意外 yìwài 형 의외이다 | 想不到 xiǎngbudào 통 미처 생각하지 못하다 | 可惜 kěxī 형 아쉽다 | 遗憾 yíhàn 형 유감이다 | 害羞 hàixiū 형 부끄러워하다
태도	批评 pīpíng 통 비판하다 | 讨厌 tǎoyàn 통 싫어하다 | 生气 shēngqì 통 화내다 | 发脾气 fā píqi 성질을 부리다 | 嘲笑 cháoxiào 통 비웃다 | 看不起 kànbuqǐ 통 무시하다 | 轻视 qīngshì 통 얕보다 | 反对 fǎnduì 통 반대하다 | 否定 fǒudìng 통 부정하다 | 同意 tóngyì 통 동의하다 | 赞同 zàntóng 통 찬성하다 | 拒绝 jùjué 통 거절하다 | 怀疑 huáiyí 통 의심하다 | 骄傲 jiāo'ào 형 거만하다 | 表扬 biǎoyáng 통 칭찬하다 | 称赞 chēngzàn 통 칭찬하다 | 肯定 kěndìng 통 긍정하다 | 支持 zhīchí 통 지지하다 | 自信 zìxìn 통 자신하다 | 鼓励 gǔlì 통 격려하다 | 关心 guānxīn 통 관심을 가지다 | 照顾 zhàogù 통 보살피다 | 命令 mìnglìng 통 명령하다 | 后悔 hòuhuǐ 통 후회하다 | 请求 qǐngqiú 통 부탁하다 | 夸张 kuāzhāng 통 과장하다 | 商量 shāngliang 통 상의하다 | 提醒 tíxǐng 통 일깨우다
직업	司机 sījī 명 운전 기사 | 售票员 shòupiàoyuán 명 매표원 | 理发师 lǐfàshī 명 미용사 | 医生 yīshēng 명 의사 | 领导 lǐngdǎo 명 지도자 | 老板 lǎobǎn 명 사장 | 秘书 mìshū 명 비서 | 演员 yǎnyuán 명 배우 | 导演 dǎoyǎn 명 연출자, 감독 | 营业员 yíngyèyuán 명 점원 | 记者 jìzhě 명 기자 | 播音员 bōyīnyuán 명 아나운서 | 主持人 zhǔchírén 명 진행자 | 编辑 biānjí 명 편집자 | 律师 lǜshī 명 변호사 | 小贩 xiǎofàn 명 소상인 | 摄影师 shèyǐngshī 명 촬영사 | 导游 dǎoyóu 명 가이드 | 设计师 shèjìshī 명 설계사 | 作家 zuòjiā 명 작가 | 护士 hùshi 명 간호사 | 影星 yǐngxīng 명 영화 배우 | 歌手 gēshǒu 명 가수 | 运动员 yùndòngyuán 명 운동 선수 | 厨师 chúshī 명 요리사 | 工人 gōngrén 명 노동자 | 翻译 fānyì 명 번역자 | 厂长 chǎngzhǎng 명 공장장
명절과 기념일	元旦 Yuándàn 명 정월 초하루[양력 1월 1일] | 春节 Chūnjié 명 설[음력 1월 1일] | 清明节 Qīngmíngjié 명 청명절[4월 5일] | 劳动节 Láodòngjié 명 노동절[5월 1일] | 端午节 Duānwǔjié 명 단오절[음력 5월 5일] | 儿童节 Értóngjié 명 어린이 날[6월 1일] | 七夕 Qīxī 명 칠석[음력 7월 7일] | 中秋节 Zhōngqiūjié 명 중추절[음력 8월 15일] | 重阳节 Chóngyángjié 명 중양절[음력 9월 9일] | 国庆节 Guóqìngjié 명 국경절[10월 1일] | 圣诞节 Shèngdànjié 명 크리스마스[12월 25일]

교통	交通 jiāotōng 몡 교통	自行车 zìxíngchē 몡 자전거	汽车 qìchē 몡 자동차	公共汽车 gōnggòngqìchē 몡 버스	地铁 dìtiě 몡 지하철	船 chuán 몡 배	班车 bānchē 몡 셔틀버스	火车站 huǒchēzhàn 몡 기차역	列车 lièchē 몡 열차	火车 huǒchē 몡 기차	检票 jiǎnpiào 동 표를 검사하다	车费 chēfèi 몡 차비	硬座 yìngzuò 몡 (열차의) 일반석	硬卧 yìngwò 몡 (열차의) 일반 침대석	软座 ruǎnzuò 몡 (열차의) 상등석, 부드럽고 편안한 좌석	软卧 ruǎnwò 몡 (열차의) 일등 침대석	旅客 lǚkè 몡 여행객	乘客 chéngkè 몡 승객	车站 chēzhàn 몡 정류소	交通卡 jiāotōngkǎ 몡 교통카드	车票 chēpiào 몡 차표	售票员 shòupiàoyuán 몡 매표원	司机 sījī 몡 운전기사	师傅 shīfu 몡 기사, 아저씨	换车 huànchē 동 환승하다	排队 páiduì 동 줄을 서다	高峰时间 gāofēng shíjiān 러시아워	终点站 zhōngdiǎnzhàn 몡 종점	座位 zuòwèi 몡 자리, 좌석	零钱 língqián 몡 잔돈	下车 xiàchē 동 차에서 내리다	换车 huànchē 동 차를 갈아타다	出租汽车 chūzūqìchē 몡 택시	打车 dǎchē 동 택시를 타다	打的 dǎdī 동 택시를 잡다	停车 tíngchē 동 주차하다	发票 fāpiào 몡 영수증	计价器 jìjiàqì 몡 요금 미터기	红绿灯 hónglǜdēng 몡 신호등	驾驶执照 jiàshǐzhízhào 몡 운전 면허증	加油站 jiāyóuzhàn 몡 주유소	汽油 qìyóu 몡 휘발유	暂停 zàntíng 동 잠시 멈추다	左拐 zuǒguǎi 좌회전하다	右拐 yòuguǎi 우회전하다	十字路口 shízìlùkǒu 몡 교차로, 사거리	往返 wǎngfǎn 동 왕복하다	机场 jīchǎng 몡 공항	飞机 fēijī 몡 비행기	机票 jīpiào 몡 비행기표	登机 dēngjī 동 비행기에 탑승하다	手续 shǒuxù 몡 수속	护照 hùzhào 몡 여권	签证 qiānzhèng 몡 비자	起飞 qǐfēi 동 이륙하다	降落 jiàngluò 동 착륙하다	出国 chūguó 동 출국하다	空中小姐 kōngzhōngxiǎojiě 몡 스튜어디스
장소	饭馆 fànguǎn 몡 식당	餐厅 cāntīng 몡 식당	小吃店 xiǎochīdiàn 몡 분식점	快餐店 kuàicāndiàn 몡 패스트푸드점	银行 yínháng 몡 은행	邮局 yóujú 몡 우체국	理发店 lǐfàdiàn 몡 미용실	医院 yīyuàn 몡 병원	病房 bìngfáng 몡 병실	宾馆 bīnguǎn 몡 호텔	公司 gōngsī 몡 회사	学校 xuéxiào 몡 학교	宿舍 sùshè 몡 기숙사	食堂 shítáng 몡 구내 식당	电影院 diànyǐngyuàn 몡 극장	图书馆 túshūguǎn 몡 도서관	商店 shāngdiàn 몡 상점	电视台 diànshìtái 몡 텔레비전 방송국	电台 diàntái 몡 라디오 방송국

2 관용어

관용어는 일상생활에서 습관적으로 쓰이는 표현으로, 겉으로 드러난 뜻과 실제 의미가 다른 경우가 많다. HSK 시험에서뿐만 아니라 일상회화에서도 매우 유용하므로 자주 쓰이는 관용어를 중심으로 정확한 의미를 기억해두도록 하자.

不一定 bùyídìng =说不定 shuōbudìng =不见得 bújiànde 확정할 수 없다, 반드시 ~한 것은 아니다	虽然小李学的时间不长，但我看不一定输给你们的。 비록 샤오리가 배운 지 오래되지 않았지만, 내가 볼 때 너희에게 지지는 않을 것이다..
不得不 bùdébù =只能 zhǐnéng =只好 zhǐhǎo 어쩔 수 없이	因为别的颜色已经都卖完了，所以我不得不买黑色了。 다른 색깔이 이미 모두 팔려서 나는 어쩔 수 없이 검은색을 샀다.
不在乎 búzàihu =无所谓 wúsuǒwèi 개의치 않다, 상관없다	他找女朋友什么都不在乎，只在乎性格。 그는 여자친구를 찾을 때 어떤 것도 개의치 않고 성격만 본다.

不像话 búxiànghuà (언행이) 말이 안 된다, 이치에 맞지 않다	你小小年纪就会骂人，太**不像话**了。 너는 이렇게 어린 나이에 다른 사람을 욕하다니, 말도 안 된다.
出难题 chū nántí = **穿小鞋** chuān xiǎoxié 고의로 남을 곤란하게 하다	他不敢提意见，怕领导给他**出难题**。 그는 사장님이 고의로 자신을 곤란하게 할까 봐 의견을 말할 수 없었다.
吹牛 chuīniú 허풍 떨다	小刘爱**吹牛**，所以我们不喜欢跟他说话。 샤오리우는 허풍을 잘 떨어서 우리는 그와 말하기를 좋아하지 않는다.
打交道 dǎ jiāodao = **交际** jiāojì = **来往** láiwang 교제하다, 왕래하다	他不善于和别人**打交道**，所以没什么朋友。 그는 다른 사람과 교제하는 것을 잘 못해서 친구가 별로 없다.
大手大脚 dàshǒudàjiǎo 돈이나 물건을 헤프게 쓰다	她这个人哪儿都好，就是**大手大脚**的。 그녀는 다 좋은데 낭비가 심하다.
丢面子 diū miànzi = **丢脸** diūliǎn 체면을 잃다	老师在学生们面前批评我，我觉得很**丢面子**。 선생님이 학생들 앞에서 나를 혼내서 정말 창피했다.
二话没说 èrhuàméishuō 두말하지 않다	他**二话没说**答应帮我解决这个问题。 그는 두말하지 않고 나를 도와 이 문제를 해결해주겠다고 했다.
怪不得 guàibude = **难怪** nánguài 어쩐지	**怪不得**今天这么冷，原来下雨了。 어쩐지 오늘 이렇게 춥더라니, 비가 내려서 그런 거였구나.
好容易 hǎoróngyì = **好不容易** hǎoburóngyì = **很不容易** hěn bùróngyì 겨우, 가까스로	我**好容易**明白他的意思。 나는 가까스로 그의 뜻을 이해했다.
讨价还价 tǎojià huánjià 가격을 흥정하다	很多留学生喜欢在市场上**讨价还价**，这是练习口语的好机会。 많은 유학생이 시장에서 가격 흥정하는 것을 좋아하는데, 이것은 회화를 연습하는 좋은 기회이다.
家常便饭 jiāchángbiànfàn 평상시 집에서 먹는 식사, 흔히 있는 일	刘伟在贸易公司工作，出差对他来说是**家常便饭**。 리우웨이는 무역회사에서 일하는데, 출장은 그에게 있어 흔한 일이다.
可不 kěbù = **可不是** kěbúshì 그렇고 말고 [상대방의 의견에 동의]	**可不**，我也正想着这个问题呢。 누가 아니래요. 나도 이 문제를 생각하고 있는 중이었어요.
开夜车 kāi yèchē (일이나 공부를 하며) 밤을 새우다	经常**开夜车**，对身体没好处。 자주 밤을 새면 건강에 이롭지 않다.
看不起 kànbuqǐ 얕보다, 무시하다	你们不要**看不起**他，要经常帮助他。 너희는 그를 무시하지 말고 항상 도와줘야 한다.
开绿灯 kāi lǜdēng 허락하다, 금지하지 않다	我这次去中国的事爸爸今天终于给我**开**了**绿灯**。 내가 이번에 중국에 가는 일을 아버지가 오늘 결국 허락하셨다.

露一手 lòu yī shǒu = **露两手** lòu liǎng shǒu = **露几手** lòu jǐ shǒu (솜씨를) 한 수 보여주다	听说你做菜做得很不错，什么时候给我**露一手**吧。 듣자 하니 요리를 잘 한다던데, 언제 솜씨 좀 보여줘요.
两口子 liǎngkǒuzi 부부 두 사람	这**两口子**今天又去散步了。 이 부부는 오늘 또 산책을 갔다.
小两口 xiǎoliǎngkǒu 젊은 부부	这**小两口**昨天又打架了。 이 젊은 부부는 어제 또 싸웠다.
没说的 méishuōde = **没的说** méideshuō 나무랄 데가 없다	小李这个人既聪明又认真，就是**没说的**。 샤오리는 똑똑하고 착실해서 정말 나무랄 데가 없다.
马大哈 mǎdàhā 덜렁이 = **粗心大意** cūxīndàyì = **马马虎虎** mǎmǎhūhū 덜렁대다	你这个**马大哈**! 上个月刚买的钱包，今天又丢了。 이 덜렁아! 지난달에 산 지갑을 오늘 또 잃어버리다니.
没门儿 méiménr 소용없다, 어림없다, 안 된다	你去看电影，让我一个人在家看孩子，**没门儿**。 너는 영화 보러 가면서 나 혼자 집에서 애나 보라고? 어림없는 일이지.
便宜没好货，好货不便宜 piányi méi hǎo huò, hǎo huò bù piányi = **一分钱一分货** yì fēn qián yì fēn huò 싼 게 비지떡이다	**便宜没好货，好货不便宜**! 你别买便宜货。 싼 게 비지떡이야! 싸구려 물건 사지마.
拿主意 ná zhǔyi 생각을 정하다	究竟怎么办，还得你自己**拿主意**吧。 도대체 어떻게 할 건지 네가 결정해라.
拍马屁 pāi mǎpì 아첨하다	他在老板面前，从来不会**拍马屁**。 그는 사장님 앞에서 여태껏 아첨할 줄 모르는 사람이다.
泼冷水 pō lěngshuǐ 찬물을 끼얹다	我们干什么科长都**泼冷水**，真让人讨厌。 우리가 뭘 하든 과장님은 찬물을 끼얹어. 정말 싫어.
说不过去 shuōbuguòqù 말이 안 되다, 사리에 어긋나다	别人不参加无所谓，可你不去是**说不过去**的。 다른 사람이 참가하지 않는 것은 상관 없지만 네가 가지 않는 것은 말이 안 된다.
说不定 shuōbudìng 짐작컨대 ~일지도 모른다	你现在才去找他，他**说不定**已经走了。 네가 지금에서야 그를 찾으러 가니, 그는 이미 갔을지도 모른다.
铁心 tiěxīn 굳게 결심하다	这件事到底怎么办，你可得**铁心**。 이 일을 도대체 어떻게 처리할 건지 당신은 결심해야 합니다.
有两下子 yǒu liǎngxiàzi 실력이 보통이 아니다, 꽤 솜씨가 있다	小杨只学了一个月就写的这么好，真**有两下子**。 샤오양은 겨우 한 달을 공부하고 이렇게 잘 쓰다니 정말 실력이 대단하다.
走后门 zǒu hòumén 뒷거래를 하다	即使不能赚钱，也不要**走后门**。 설령 돈을 벌 수 없을지라도 뒷거래는 하지 않겠다.

빈칸에 들어갈 알맞은 단어를 고르세요.

1 记者可以（　　）各种各样的人。
　A 采访　　　B 退换

2 我要跟你（　　）这件事情。
　A 批评　　　B 商量

3 爸爸说什么我都（　　）。
　A 不在乎　　B 打交道

4 你别（　　）我妈妈。
　A 看不起　　B 铁心

단어&해석

记者 jìzhě 몡 기자 | 各种各样 gè zhǒng gè yàng 성 여러 종류, 각양각색 | 采访 cǎifǎng 동 취재하다 | 退换 tuìhuàn 동 교환하다 | 批评 pīpíng 동 비판하다 | 商量 shāngliang 동 상의하다 | 不在乎 búzàihu 동 개의치 않다 | 打交道 dǎ jiāodao 동 사귀다, 교제하다 | 看不起 kànbuqǐ 동 얕보다, 무시하다 | 铁心 tiěxīn 동 굳게 결심하다

1 기자는 다양한 사람들을 (**취재**)할 수 있다.
2 나는 너와 이 일을 (**상의**)하고 싶다.
3 아빠가 뭐라고 하시든지 나는 (**신경쓰지 않는다**).
4 우리 엄마를 (**무시하지**) 말아라.

정답&풀이

1 **A** 문장 처음에 '记者'가 나왔으므로 기자와 어울리는 단어인 동사 '采访'이 답이 된다.
2 **B** 의미상 동사 '商量'이 답으로 적합하다. '批评'은 '비판하다'라는 뜻으로 문맥상 어울리지 않는다.
3 **A** '不在乎'는 '마음에 두지 않다'라는 의미로 문맥상 어울린다.
4 **A** 빈칸에는 '무시하다'라는 뜻의 '看不起'가 들어가야 한다. '굳게 결심하다'라는 뜻인 '铁心'은 의미상 적합하지 않다.

실력 다지기

1~15 지문을 읽고 질문에 알맞은 답을 고르세요.

1　　我有一个面包，你有一个苹果，我们交换一下，结果面包苹果还是一个，但是如果我和你各有一个想法，我们互相交换，结果变成我们都有两个想法。

★ 这段话说明什么?
A 交换东西的重要性　　　　B 面包和苹果一样重要
C 想法的重要性　　　　　　D 交流的重要性

2　　大熊猫是中国人最喜欢的动物之一。它的体形不像猫像熊，但是比一般的熊可爱，因为熊猫的四肢，肩膀，耳朵和眼圈是黑色的，其它地方是白色的，看起来很有意思。

★ 上文说的是：
A 熊猫不是熊　　　　　　B 熊猫不是猫
C 熊猫很笨　　　　　　　D 熊猫很可爱

3　　经济发展是社会发展很重要的条件，但是如果只重经济发展，不管环境的保护，那么被污染的环境使得社会发展的意义减少了。

★ 上文说的是：
A 经济发展很重要　　　　　　B 社会发展很重要
C 经济发展中要重视环境保护　　D 经济发展污染环境

4　　长江是在中国最长的河流，比黄河还要长，全长6211公里，自西向东流经11个省区，就像是一条巨龙一样。

★ 上文说的是：
A 长江的特点　　　　　　B 中国的文化特点
C 一条龙　　　　　　　　D 黄河的特点

5 　　现在互相联系很方便，可以打电话、发短信、电子邮件等等。打电话最直接，也最快；可是对方不方便接电话时，短信是个好主意；电子邮件的好处就是可以一次发过去很多信息，甚至是文件。

★ 上面这段话说的是：
A 现在互相联系不方便　　　　B 现在的联系方法
C 发短信最快　　　　　　　　D 电子邮件最直接

6 　　一个国家的发展应该是全面的，包括政治，经济，军事，教育等等，只是某个方面的话是不够的，而且这些方面中最关键的是教育。

★ 上面这段话说的是：
A 经济对国家发展最重要　　　B 教育对国家发展最重要
C 政治对国家发展最重要　　　D 军事对国家发展最重要

7 　　十月的北京是最美丽的，因为北京的夏天太热，而冬天太冷，春天又经常有风沙。秋天的北京，气温不冷也不热，天很高，云很美，所以很多北京人喜欢秋天去爬山。

★ 这段话说：
A 中国的气温　　　　　　　　B 北京的夏天
C 北京的天气　　　　　　　　D 北京的历史

8 　　每个人可能喜欢看的书是不一样的，而且同一个人在不同的年龄时喜欢的书也不一样。我是孩子的时候，喜欢看故事书，因为故事书有意思；上大学后，喜欢看鼓励人的书，因为那时我更需要得到鼓励。现在我工作了，平时爱看跟真人真事有关的书，因为我要在成功的人或者失败的人身上学习他们的经验。

★ 这段话想告诉我们：
A 看书有意思　　　　　　　　B 应该多看书
C 不同年龄可选择的书很多　　D 不同年龄看的书不同

9　中国有很多的蔬菜名字里面都带"西"字或者"洋"字，这说明这些蔬菜最早不是产自中国，是从西洋传进来的。比如"西芹"就是西洋芹菜的意思。

★ 上面这段话说明：
A 中国很多蔬菜原产自外国　　B 中国人喜欢西洋蔬菜
C 中国人爱起洋名　　　　　　D 中国的蔬菜都是西洋产的

10　说话是一门艺术，你不能小看它。不同的情况说话的方法也不一样，急事，慢慢地说；大事，清楚地说；做不到的事，尽量不说；伤害人的事，绝对不说；开心的事，看情况说；别人的事，不乱说；自己的事，先对着自己说；现在的事，做了再说；将来的事，以后再说。

★ 上文说明说话：
A 内容很多　　　　　　　　　B 很有意思
C 有技巧　　　　　　　　　　D 有长短

11　社会是人和人组成的，所以人与人之间的关系非常重要，其中朋友对你的影响是很大的，因此选择朋友很重要。如果你有开朗乐观的朋友，那么你的性格也不会太悲观；如果你的朋友是整天抱怨生活，批评别人，对什么事情都不满意，那么时间一长，你也可能脾气变得很坏。因此，交朋友一定要小心，不要随便交朋友。有时候，如果想了解一个人，也可以通过他交的朋友了解他。

★ 上文说明什么？
A 少交朋友　　　　　　　　　B 多交朋友
C 不交朋友　　　　　　　　　D 有选择交朋友

12　很久以前，有两个兄弟一起出门，他们各自都带着一个很重的行李，这样路上兄弟俩都累得走不动路。左手右手换来换去也不能解决问题，一会儿就是满身大汗。忽然，大哥停了下来，捡起路边的一根树干，然后把行李挂在树干上，兄弟俩人一前一后，挑着行李上路了，这样他们就觉得轻松了很多。

★ 上文告诉我们：
A 兄弟之间的感情　　　　　　B 合作很重要
C 需要换手　　　　　　　　　D 行李太重不好

13   管孩子不要总是批评他们"傻","笨",这样会让孩子渐渐觉得自己就是又笨又傻。家长在管教孩子的过程中应该尽可能地鼓励孩子,发现他们的长处,让他们能够慢慢对自己很有信心,这样孩子的潜力就会发挥出来,越来越进步。

★ 这段话说明:
A 鼓励很重要   B 家长不要管孩子
C 家长一定不能批评孩子   D 管教应该严厉

14   颜色和人的心理有很大的关系。研究表明,一般情况下,红色表示快乐,热情,能使人情绪热烈;绿色代表和平,使人安静平和;蓝色则是给人清爽舒适的感觉,让人心胸开朗。总之,各种颜色都会一定程度影响人的情绪,使人的心理发生变化。

★ 这段话表明颜色:
A 跟人没关系   B 影响心情
C 有象征意义   D 影响性格

15   中国有很多的外国公司,里面有中国人也有不少外国人,所以也带来了文化上的不同。比如,开会的时候,中国人喜欢听人说,而自己不大愿意发表意见,因为这是中国人担心说错话的文化。还有中国人不喜欢直接批评别人,这是不愿意对方不好意思。但是外国人就很不在乎这个,说话直接,如果发现什么不好的就直接表明自己的意见。

★ 上面说的是:
A 外国人喜欢批评别人   B 中国人开会认真
C 中国和外国的文化差别   D 外国人不喜欢发言

2. 내용 일치 (직접 제시형)

Guide

독해 제3부분에서는 주어진 단문을 읽고 주어진 문장과 일치하는 내용을 묻는 문제가 가장 많이 출제된다. 내용 일치 문제는 정답을 찾을 수 있는 근거를 직접적으로 제시하는 유형과 간접적으로 제시하는 유형으로 나눌 수 있다. 근거를 직접적으로 제시하는 유형은 문제만 정확히 이해하면 정답을 찾기는 매우 쉬우므로 적어도 이러한 유형은 틀려서는 안 된다.

> **주의 시간을 아껴라!** 시험에서 문제를 해결하는 데 시간이 가장 부족한 영역은 바로 독해 영역이다. 정답의 근거를 직접 제시하는 내용 일치 문제는 다른 유형보다 쉽게 정답을 찾을 수 있으므로 이러한 유형의 문제가 나오면 빠른 시간 안에 정답을 찾고 다른 문제를 풀 시간을 확보해 놓아야 한다.

독해 급소공략

- **주어진 문장의 내용이 보기에 그대로 나오는 경우를 절대 놓치지 말라.**

  본문에서 정답의 근거를 직접 제시하는 내용 일치 문제는 정답이 본문 가운데 그대로 들어가 있는 경우가 많다. 이러한 문제 유형은 무엇보다도 **질문을 정확히 파악하고 정답에 근거가 되는 문장에 주의하며 글을 읽어 내려가는 것**이 중요하다.

- **주어진 질문에 정확히 답할 수 있는 문장이 나왔다면 더 이상 문장을 읽지 말라.**

  주어진 질문이 무엇인지를 정확히 파악한 후, 문장을 읽다가 **질문에 정확히 답할 수 있는 키워드를 찾았다면 더 이상 글을 읽을 필요가 없다**. 신속히 다음 문제로 넘어가야 한다.

- **실수를 하지 말아야 한다.**

  본문에서 정답의 근거를 직접 제시하는 내용 일치 문제는 질문에 대한 근거가 있는 문장을 정확히 찾기만 하면 된다. 그러나 문장에 있는 **주어, 부정부사, 숫자, 내용 등을 정확히** 보지 않아서 오답을 선택하는 경우가 있다. 질문과 제시된 문장 속에 있는 단어와 숫자 하나 하나를 자세히 보고 실수하지 않도록 해야 한다.

예제로 감 익히기

Mission 1 지문을 읽고 질문에 알맞은 답을 고르시오.

> 家长对孩子应该多鼓励少批评。孩子听到家长赞扬的话会对自己越来越有信心，而批评的话听多了就会越来越没自信。
>
> ★ 家长应该怎么对孩子?
>   A 多批评　　　B 经常骂　　　C 不说话　　　D 多鼓励

家长对孩子应该多鼓励少批评。孩子听到家长赞扬的话会对自己越来越有信心，而批评的话听多了就会越来越没自信。

★ 家长应该怎么对孩子?
  A 多批评
  B 经常骂
  C 不说话
  D 多鼓励

학부모는 아이에게 많이 격려하고 비판은 적게 해야 한다. 아이가 부모의 칭찬을 듣게 되면 자신에게 점점 더 자신감이 생기지만, 비판을 많이 듣게 되면 점점 자신감을 잃게 된다.

★ 학부모는 아이에게 어떻게 대해야 하는가?
  A 많이 비판한다
  B 자주 욕한다
  C 말을 하지 않는다
  D 많이 격려한다

家长 jiāzhǎng 몡 학부모 | 鼓励 gǔlì 동 격려하다 | 批评 pīpíng 동 비평하다, 비판하다 | 赞扬 zànyáng 동 칭찬하다 | 越来越 yuèláiyuè 부 점점 더 | 信心 xìnxīn 명 자신감 | 自信 zìxìn 명 자신감 | 骂 mà 동 욕하다

D 이 문제는 주어진 질문에 키워드가 되는 문장이 글의 전반부에 바로 나온다. '학부모는 아이에게 많이 격려하고 비판은 적게 해야 한다(家长对孩子应该多鼓励少批评)'라는 문장을 통해서 학부모가 아이에게 반드시 해야 할 행동은 '많이 격려하는 것(多鼓励)'임을 알 수 있다.

독해 제3부분을 풀 때는 먼저 주어진 질문의 내용을 정확히 파악하고 주어진 질문이 무엇인지를 기억하며 본문을 읽어야 한다. 글을 읽어 내려가다가 주어진 질문에 정확히 답할 수 있는 문장이 나왔다고 판단되면 신속히 문제를 해결하고 바로 다음 문제로 넘어가야 한다. 다시 한 번 말하지만 독해는 시간 싸움이다!

Mission 2 지문을 읽고 질문에 알맞은 답을 고르시오.

最近很多人喜欢骑自行车上班。这样不仅可以省钱，还可以减肥。所以我也喜欢每天骑自行车上学。

★ 根据这段话，我们可以知道：
A 我每天骑自行车上班　　　　B 我不喜欢骑自行
C 我每天骑自行车上学　　　　D 很多人不喜欢骑自行车

最近很多人喜欢骑自行车上班。这样不仅可以省钱，还可以减肥。所以我也喜欢每天骑自行车上学。

★ 根据这段话，我们可以知道：
A 我每天骑自行车上班
B 我不喜欢骑自行车
C 我每天骑自行车上学
D 很多人不喜欢骑自行车

요즘 많은 사람들이 자전거를 타고 출근하는 것을 좋아한다. 이렇게 하면 돈을 아낄 수 있을 뿐 아니라 다이어트도 할 수 있다. 그래서 나도 매일 자전거를 타고 학교에 가는 것을 좋아한다.

★ 윗글을 근거로 우리가 알 수 있는 것은:
A 나는 매일 자전거를 타고 출근한다
B 나는 자전거 타는 것을 좋아하지 않는다
C 나는 매일 자전거를 타고 학교에 간다
D 많은 사람들이 자전거 타는 것을 좋아하지 않는다

最近 zuìjìn 형 최근, 요즘 | 骑 qí 동 (동물이나 자전거 등에) 타다 | 自行车 zìxíngchē 명 자전거 | 上班 shàngbān 동 출근하다 | 不仅……, 还…… bùjǐn……, hái…… ~뿐만 아니라 ~도 | 省钱 shěngqián 동 돈을 절약하다 | 减肥 jiǎnféi 동 다이어트하다 | 上学 shàngxué 동 등교하다

C 본문에서 언급한 '그래서 나도 매일 자전거를 타고 학교에 가는 것을 좋아한다(所以我也喜欢每天骑自行车上学)'라는 문장을 통해서 정답이 C임을 알 수 있다. A, B, D는 본문의 내용과 일치하지 않는다.

> 정답의 근거를 직접적으로 제시하는 내용 일치 문제는 보기와 지문을 정확하게 대조하기만 한다면 쉽게 정답을 찾아낼 수 있다. 그러나 이런 부분일수록 실수하지 않도록 문제와 보기를 꼼꼼히 봐야 한다. 특히 주어와 술어 앞에 부정부사가 있는지 없는지 꼭 확인해야 한다.

 중국어의 문장부호, 반어문, 이중부정문

1 중국어의 문장부호

중국어 문장에 자주 쓰이는 문장부호와 쓰임은 다음과 같다.

부호	쓰임	예문
。 句号 마침표	평서문에서 문장의 마침을 나타냄	北京是中国的首都。 베이징은 중국의 수도이다.
， 逗号 쉼표	문장 안에서 짧은 휴지를 나타냄	对于这个城市，我并不陌生。 이 도시에 대해 나는 결코 생소하지 않다.
、 顿号 모점	문장 안에서 병렬적 단어 사이의 휴지를 나타냄	他是一个健康、活泼的男人。 그는 건강하고 활발한 남자이다.
； 分号 쌍반점	병렬이나 대비가 되는 두 개 이상의 절 사이에 씀	星期天，天气好，我们就去公园玩儿；天气不好，我们就在家里休息吧。 일요일날 날씨가 좋으면 공원에 놀러 가고 좋지 않으면 집에서 쉬자.
： 冒号 쌍점	제시적 성격의 구절 뒤에 쓰여 다음 문장을 끌어내는 데 쓰임	同志们，朋友们：现在开会了。 여러분, 회의를 시작하겠습니다.
！ 感叹号 느낌표	감탄, 놀람, 명령의 어기를 강하게 할 때 사용	这件衣服太贵了！ 이 옷은 너무 비싸다!
？ 问号 물음표	문장 끝에 쓰여 물음을 나타냄	你叫什么名字？ 당신의 이름은 무엇입니까?
" " 引号 따옴표	문장 가운데 직접 인용하는 말을 나타냄	今天他告诉我："我明天去北京。" 오늘 그는 나에게 말했다. "나 내일 베이징에 간다."
…… 省略号 말줄임표	문장에서 생략된 말을 표시	桌子上放着书包、书、杂志…… 탁자 위에는 책가방, 책, 잡지 따위가 놓여있다.
- 连接号 붙임표	서로 밀접한 뜻을 지닌 두 단어를 연결할 때 사용	这里的夏天特别热，气温高达35℃-40℃。 이곳의 여름은 특히 더워서 기온이 35℃~40℃에 달한다.
—— 破折号 줄표	문장 중에서 해설 또는 설명의 어구를 표시	这是一个美丽而繁华的城市——上海。 이곳은 아름답고 번화한 도시인 상하이이다.

( ) 括号 괄호	문장 중에서 주석적 성격의 말을 표시	明天组织一年级(101班除外)去参观故宫。 내일은 1학년(101반 제외)을 모아 고궁을 참관하러 간다.
· 间隔号 가운뎃점	달과 날짜 사이의 구분, 외국인 또는 어떤 소수민족의 인명 내부의 구분, 책제목과 편, 장, 권 등 이름 사이의 구분을 나타냄	他参加过一二·九运动。 그는 12.9운동에 참가했었다.
≪ ≫ 书名号 책 이름표	책제목, 글제목, 신문이나 잡지 등의 명칭 등을 표시	≪红楼梦≫这本书的内容很有意思。 「홍루몽」의 내용은 매우 재미있다.

2 주요 반어문과 이중부정문

(1) 반어문

반어문은 단순 의문문이 아닌 부정은 긍정으로 긍정은 부정으로 질문하는 형식의 문장이다. 주로 화자가 자신의 뜻을 강조할 때 사용한다.

不是……吗? búshì……ma?	~가 아닌가? → ~이다	这里也不是挺好吃的吗? → 这里也挺好吃。 여기도 굉장히 맛있지 않니? → 여기도 맛있다.
是……吗? shì……ma?	~인가? → ~가 아니다	这是我说的吗? → 这不是我说的。 이게 내가 말한 거라고? → 이건 내가 한 말이 아니다.
要是能+동+不+동+吗? yàoshi néng+동+bù+동+ma?	~할 수 있었다면~하지 않았겠는가? → ~할 수 없다	要是能做的话，我会不做吗? → 因为我不能做，所以不做。 만약 할 수 있었다면 내가 하지 않겠는가? → 내가 할 수 없기 때문에 하지 않는 것이다.
哪+동? nǎ+동?	어디 ~하는가? → ~하지 않다	早上5点哪起得来? → 早上5点起不来。 아침 5시에 어떻게 일어날 수 있어? → 아침 5시에는 일어날 수 없다.
难道……吗? nándào……ma?	설마 ~이겠는가? → ~일 수 없다	难道是我一个人说去就能去的吗? → 我一个人说也不能去。 설마 나 혼자 얘기한다고 쉽게 갈 수 있겠어? → 내가 혼자 얘기한다고 갈 수 있는 것이 아니다.
何必……呢? hébì……ne?	구태여 ~할 필요가 있는가? → ~할 필요 없다	我昨天已经去了一次，今天何必要再去呢? → 今天不必要去。 나는 어제 이미 한 번 다녀 왔는데, 오늘 구태여 또 갈 필요가 있겠는가? → 오늘은 갈 필요가 없다.

哪儿有时间+동? nǎr yǒu shíjiān+동?	어디 ~할 시간이 있겠는가? → ~할 시간이 없다	哪儿有时间看电视? → 没有时间看电视。 어디 TV 볼 시간이 있겠어? → TV 볼 시간이 없다.
(人)+不+동+谁+동+(呢)? (rén)+bù+동+shéi+동+(ne)?	(누가) ~하지 않으면 누가 하느냐? → (누가) ~해야 한다	你不干谁干(呢)? → 应该你干。 네가 안 하면 누가 하겠니? → 당연히 네가 해야 한다.
哪能+동+呢? nǎnéng+동+ne?	어디 ~할 수 있겠는가? → 당연히 ~할 수 없다	哪能有事呢? → 当然没有事。 어디 일이 있을 수 있겠는가? → 당연히 일이 없다.
怎么能+不+동? zěnmenéng+bù+동?	어떻게 ~하지 않을 수 있겠는가? → ~할 것이다	怎么能不看呢? → 当然要看。 어떻게 안 볼 수가 있겠는가? → 당연히 볼 것이다.
동+什么? 동+shénme?	뭘 ~하는가? → ~할 필요 없다	急什么? → 别急。 뭐가 그리 급해? → 급할 필요 없다.

(2) 이중부정문

이중부정문은 말하고자 하는 사실을 강조하고 싶을 때 부정을 두 번 사용하여 긍정의 의미를 나타내는 문장이다. 해석을 하다가 의미가 헷갈리거나 의미를 완전히 반대로 이해하는 실수를 범할 수도 있으므로 이중부정문을 해석할 때는 그 의미에 주의해야 한다.

不是不+동 búshìbù+동 → 동	~하고 싶지 않은 것이 아니다 → ~하고 싶다	不是不想参加。→ 想参加。 참여하고 싶지 않은 것이 아니다. → 참여하고 싶다.
不是没有 búshì méiyǒu → 有 yǒu	~가 없는 것이 아니다 → ~가 있다	不是没有钱。→ 有钱。 돈이 없는 것이 아니다. → 돈이 있다.
没有+(人)+不+동+的+명 méiyǒu+(rén)+bù+동+de+명 → (人)+都+동 (rén)+dōu+동	~하지 않는 ~은 없다 → 모두 ~하다	没有我不认识的人。 → 我都认识。 내가 모르는 사람은 없다. → 나는 모든 사람을 다 알고 있다.
不+동+不行 bù+동+bùxíng → 一定要+동 yídìngyào+동	~하지 않으면 안 된다 → 반드시 ~해야 한다	我也知道不说不行。 → 我也知道一定要说。 나 역시 말하지 않으면 안 된다는 것을 안다. → 나 역시 반드시 말해야 한다는 것을 안다.
没有+명+是不行的 méiyǒu+명+shì bùxíng de → 一定要有+명 yídìngyào yǒu+명	~이 없으면 안 된다 → 반드시 ~가 있어야 한다	没有信心是不行的。→ 一定要有信心。 신념이 없으면 절대 안 된다. → 반드시 신념이 있어야 한다.
不得不 bùdébù → 一定要 yídìngyào	~할 수 밖에 없다 → 반드시 ~해야 한다	不得不早点出发。→ 一定要早点出发。 빨리 출발할 수 밖에 없다. → 반드시 빨리 출발해야 한다.

| 差点儿+동 chàdiǎnr+동 → 没/不+동 méi/bù+동 | 하마터면 (~할 뻔하다) → ~하지 않았다 | 差点儿迟到。 → 没迟到。 하마터면 지각할 뻔했다. → 지각하지 않았다. |

Mini Test 주어진 문장의 정확한 해석을 고르세요.

1 这里也不是挺安静的吗?
   A 이곳은 조용합니까? B 이곳도 매우 조용합니다.

2 我不去谁去呢?
   A 나는 가지 않는데 누가 가나요? B 당연히 내가 가야지요.

3 不是没有时间。
   A 시간이 없다. B 시간은 있다.

4 我们都知道不去不行。
   A 우리는 모두 반드시 가야 한다는 것을 알고 있다.
   B 우리는 모두 가지 않아도 된다는 것을 알고 있다.

단어&해석

挺 tǐng 📖 매우, 상당히 | 安静 ānjìng 📖 조용하다 | 不行 bùxíng 📖 안 된다

정답&풀이

1 **B** 문장 안에 '~한 것이 아닌가?'라는 의미의 반어문 '不是……吗'가 있으므로 '~하다'라는 긍정의 의미가 나와야 한다. 따라서 정답은 B이다.
2 **B** 문장 안에 '누가 ~하지 않으면 누가 ~하겠는가?'라는 의미의 반어문 '(人)+不+동+谁+동+(呢)'가 있으므로 '(누가) ~해야 한다'라는 긍정의 의미가 나와야 한다. 따라서 정답은 B이다.
3 **B** 이 문장은 '시간이 없는 것은 아니다'라는 의미의 이중부정문이므로 '시간이 있다'와 같은 의미이다.(不是没有＝有)
4 **A** 이 문장은 '우리는 모두 가지 않으면 안 된다는 것을 알고 있다'라는 의미의 이중부정문이므로 '우리는 모두 반드시 가야 한다는 것을 알고 있다'와 같은 의미이다.(不+동+不行＝一定要+동)

모의고사

新 HSK 4급 독해 영역은
제1부분, 제2부분, 제3부분으로
나뉘며, 총 40문항이다.
독해 영역 실전 모의고사 3세트로
마지막 실력 점검을 해본다.

모의고사

IV.

二、阅读

第一部分

第1~5题：选词填空。

| A 曾经 | B 浪费 | C 比赛 | D 迟到 | E 非常 | F 后悔 |

例如：我（ A ）来过上海。

1. 多吃点儿吧，我们点了这么多菜，别（　　）了。

2. 你看了昨晚的（　　）了吗?

3. 我们学校9:00开始上课，我今天早上8点起床了，所以（　　）了半个小时。

4. 香港的环境真不错，我真（　　）大学毕业没来这儿工作。

5. 西安是一个有很长历史的城市，这个城市里有很多（　　）有名的建筑。

第6~10题：选词填空。

| A 天气 | B 文件 | C 提前 | D 商量 | E 一定 | F 互相 |

例如：A： 你为什么找我？
　　　B： 我想跟你(D)一件事。

6. A： 你把昨天开会的内容发电子邮件给我吧。
　　B： 好的，可是那个(　　)太大了，电子邮件可能发不过去。

7. A： 你是怎么减肥成功的？
　　B： 少吃多运动，不吃晚饭，但是最关键是(　　)要坚持。

8. A： 你听明天的天气预报了吗？明天(　　)怎么样啊？
　　B： 明天和今天一样，你就放心地出去玩儿吧！

9. A： 感谢你们对我的帮助！
　　B： 那么客气干什么，你也帮过我们，我们(　　)帮助。

10. A： 我们今天8点到你家，怎么样？
　　 B： 8点太晚了，你们可以(　　)一点儿来吗？

第二部分

第11~20题：排列顺序。

例如：A： 可是今天起晚了
　　　B： 平时我骑自行车上下班
　　　C： 所以就打车来公司　　　　　　　　　　　　　　　B A C

11. A： 而且妹妹
　　 B： 也长得不错
　　 C： 姐姐不但长得好看　　　　　　　　　　　　　　　_____

12. A： 然而由于家庭条件，他没能当上
　　 B： 他从小就想当演员
　　 C： 因而他决定一定要找一个演员结婚　　　　　　　　_____

13. A： 一方面想游览北京的名胜古迹
　　 B： 另一方面也想看看多年不见的老朋友
　　 C： 这次到北京来　　　　　　　　　　　　　　　　　_____

14. A： 把工作推给别人
　　 B： 也决不愿意
　　 C： 我宁可自己多做些　　　　　　　　　　　　　　　_____

15. A： 所以很多人喜欢找他帮忙
　　 B： 王刚很年轻
　　 C： 但是比同龄人经历的事情更多　　　　　　　　　　_____

16. A： 这篇文章的内容很有意思
　　 B： 不管是真的还是假的
　　 C： 我也要打印几份给朋友看看　　　　　　　　　　　_____

17. **A:** 因而成绩一直不错
    B: 大伟又很聪明
    C: 又很努力 _____

18. **A:** 与其吃减肥药
    B: 不如每天运动
    C: 如果要减肥 _____

19. **A:** 也不在乎
    B: 他非常用功学习
    C: 以至周边的吵闹声 _____

20. **A:** 你快点儿
    B: 给家里打个电话
    C: 省得父母担心 _____

第三部分

第21~40题：请选出正确答案。

例如： 她很活泼，说话很有趣，总能给我们带来快乐，我们都很喜欢和她在一起。

★ 她是个什么样的人？

A 幽默 ✓　　　B 马虎　　　C 骄傲　　　D 害羞

21. 有人说，旅游就是离开自己已经烦了的地方去别人已经烦了的地方。这话还是很有意义的，太熟悉的地方会让人觉得没有新鲜感和美感，换个地方就可能发现新的美。因此，美不美倒不是地方的问题，而是对你有没有新鲜感。

    ★ 上面这段话里的"烦了的地方"指的是什么样的地方？

    A 太有美感　　　B 太有新鲜感　　　C 太熟悉　　　D 太有意义

22. 中山公园晚上有音乐会，看演出的人恐怕不会少，我想可能会堵车，所以你们最好提前一点出来。

    ★ 我为什么要他们提前出来？

    A 去公园玩　　　B 去听音乐　　　C 担心堵车　　　D 去看演出

23. 昨天的放弃有时候会带来今天的选择，今天的选择又常常会决定明天的结果。所以很多时候我们要学会放弃，好的放弃能赢得好的未来。

    ★ 放弃的好处是：

    A 不用选择　　　B 可以新的选择　　　C 得到胜利　　　D 让别人开心

24. 小李给他客户打电话的时候，怎么也联系不上，非常着急。我看了看发现，小李原来是把他客户的手机号码少拨了一位。

    ★ 小李为什么联系不上？

    A 忘了电话号码　　　B 客户太忙　　　C 没拨对号　　　D 拨了自己的号

25. 老虎是世界上最凶猛的猫科动物。在山林里活动，肉食为生，成年虎一般长约240-290厘米，体重达120-230公斤，毛色黄黑相间。

第6~10题：选词填空。

| A 健康 | B 空气 | C 礼物 | D 有点儿 | E 流行 | F 输 |

例如：**A：** 你过生日的时候想收到什么(C)?
B： 我想收到一本汉语书。

6. **A：** 这首歌现在在中国特别(　　)，你觉得好听吗?
   B： 好听什么呀? 吵得不得了。

7. **A：** 今天天气真好。
   B： 对呀，下完以后(　　)好多了。

8. **A：** 这是今年的最新款，您坐下试试吧。
   B： 看来挺好看，可走起来感觉(　　)紧，跟也太高了。

9. **A：** 我今天真的对不起大家。
   B： 你不要觉得不好意思，其实(　　)了也没关系。

10. **A：** 听说你回老家陪爷爷过生日啊?
    B： 是啊，再过两年，我爷爷就一百岁了，现在还很(　　)呢。

第二部分

第11~20题：排列顺序。

例如：A： 可是今天起晚了
   B： 平时我骑自行车上下班
   C： 所以就打车来公司　　　　　　　　　　　　　B A C

11. A： 因为今天的一场大雨
  B： 上海的交通受到了很大的影响
  C： 很多人都无法正常下班　　　　　　　　　　　＿＿＿＿＿

12. A： 这样的食品就叫垃圾食品
  B： 或者提供超过人体需要的热量
  C： 有些食品只提供一些热量　　　　　　　　　　＿＿＿＿＿

13. A： 看中国电影
  B： 再去电影院
  C： 明天晚上我们先去饭馆吃饭　　　　　　　　　＿＿＿＿＿

14. A： 可是改掉坏习惯也一定要坚持
  B： 所以养成好习惯要坚持
  C： 一个人的习惯不是一两天养成的　　　　　　　＿＿＿＿＿

15. A： 一方面也影响了个人前途
  B： 你这样做
  C： 一方面损害了公司的声誉　　　　　　　　　　＿＿＿＿＿

16. A： 就比较困难
  B： 如果你没有复习
  C： 上明天的课　　　　　　　　　　　　　　　　＿＿＿＿＿

17. **A:** 结果不得不在家休息了
    B: 但没有买到火车票
    C: 我本来想昨天去你家玩　　　　_____

18. **A:** 都没有问题
    B: 我已经准备好了
    C: 无论什么时候开始　　　　_____

19. **A:** 和产品质量
    B: 从而提高了工作效率
    C: 他们制定了严格的管理制度　　　　_____

20. **A:** 这台电脑的价格很便宜
    B: 它的特点不仅是又小又方便
    C: 而且网速很快　　　　_____

第三部分

第21~40题：请选出正确答案。

例如：她很活泼，说话很有趣，总能给我们带来快乐，我们都很喜欢和她在一起。

★ 她是个什么样的人？

A 幽默 ✓　　　B 马虎　　　C 骄傲　　　D 害羞

21. 怎么才是正确的道歉呢？有人觉得说了"对不起"就可以了，这是不对的，只有让对方觉得你是在真心道歉，那才能得到对方真正的原谅。

★ 正确的道歉是：

A 说"对不起"　　　　　　B 真心道歉
C 对方原谅就行了　　　　D 对方真心就行了

22. 爷爷的习惯是每天晚上十点以前一定上床睡觉，早上刚五点就起床，起床后先喝一杯温水，然后去公园打太极拳，回来的时候顺便买早点。

★ 爷爷的生活习惯是：

A 早睡早起　　　　　　　B 上床前喝一杯温水
C 买早点以后去公园　　　D 晚上打太极拳

23. 人们旅游都是想在少的时间里尽可能多看一些东西和地方，因为旅游有时候不仅仅是一种娱乐休闲方式，也是一种好的学习。通过旅游，可以增进自己对某个国家或者地方的更多了解。

★ 下面哪项跟文中说到的旅游没关系？

A 一种娱乐休闲　B 增长知识　C 有更多的时间　D 一种学习

24. 要让学生们学会经常提问题，不懂就问，这样的话，学生可以把知识学得更深更广，而且也同时培养了学生学习的主动性。

★ 学生提问的好处：

A 节省时间　　　B 培养主动性　　　C 有自信　　　D 有意思

25. 老王原来很穷，这几年做生意发了财。有了钱的老王不忘记拿出一部分钱来帮助经济上困难的人，这事得到很多人的肯定和表扬。

　　★ 很多人为什么表扬老王？
　　　A 老王很会赚钱　B 帮助穷人　　C 会做生意　　D 有很多朋友

26. 早上起床看见饭桌上有一封信，打开一看，上面写道："爸爸，你辛苦了，节日快乐。"原来今天是我们这些当父亲的节日，没想到我这乖女儿没忘记，真是我的好女儿啊。

　　★ 文中的今天是什么日子？
　　　A 爸爸的生日　B 女儿的生日　C 母亲节　　　D 父亲节

27. 有些情况下不能直接说出自己的真实感受，这时人们往往会用一种模糊不清的语言来表达自己的意思。比如在一起的朋友中一个人买了一件难看的衣服，另外的人就会说"还可以还可以"。

　　★ 上文中的"还可以"是什么意思？
　　　A 不错　　　　B 很好看　　　C 不太好看　　D 不知道

28. 对于我来说，有健康的身体，有爱我和我爱的人，有可爱的孩子，还有几个无话不说的好朋友，那就是最幸福的人生，现在这些我都拥有。

　　★ 文中我的幸福不包括：
　　　A 爱情　　　　B 金钱　　　　C 家庭　　　　D 健康

29. 蒙古人很会唱歌，当然更会骑马。我们去蒙古旅游的时候，蒙古人对我们非常热情好客，不但教我们蒙古舞蹈，也请我们吃了传统的蒙古食物。

　　★ 我们在蒙古做了什么？
　　　A 学唱蒙古歌　B 学骑马　　　C 学做蒙古菜　D 学蒙古舞蹈

30. 在美国许多知识程度很高经济条件很不错的家庭，家长不愿意把自己的孩子送到学校，而是让孩子在家里学习，这样的话家长就不必为孩子们的安全担心了。

　　★ 有些美国家长为什么不愿意孩子去学校？
　　　A 经济困难　　　　　　　　　B 学校学不到知识
　　　C 担心孩子的安全　　　　　　D 老师不好

31. 在很闹的厂房里，他为了能吸引大家听他的讲话，就故意提高音量。果然，很多人放下手上的工作，认真听他讲。

    ★ 大家为什么会听他讲？

    A 他提高了声音　B 他声音很吵　　C 他声音很好　　D 声音吸引人

32. 因为网上购物很简单，现在很多人已经习惯网上购物。如果你在网上看中一个产品，把它放进购物车里，接着把你的地址联系号码写清楚，最后输入你的信用卡号码结账就可以了。

    ★ 现在很多人为什么网上购物？

    A 产品的种类多　B 东西便宜　　　C 服务好　　　　D 方便

33. 现代人大都喜欢上网、看电视，在这方面要花大量的时间，而看书的人是越来越少了，一般人不愿意花时间来读书，可是对于我正好相反。

    ★ 上面的"我"是什么样的？

    A 喜欢上网　　　B 喜欢看电视　　C 都不喜欢　　　D 喜欢看书

34. 有很多公司喜欢开会，每次开会花很长的时间，讨论很多不太重要的问题，而且一些没有太大关系的人也得参加。其实这是浪费时间，很多时候这样的会并没有什么好的结果。

    ★ 这段话表明开会：

    A 很重要　　　　　　　　　　　B 有时是浪费时间
    C 浪费金钱　　　　　　　　　　D 可以让很多人开心

35~36.
　　现在世界上流行把中国叫做"世界工厂"，因为世界上很多很多产品都是中国制造的。可是有意思的是，在中国市场上有很多外国制造的东西卖得也不错，但必须是贵的。所以说在中国，有两类产品卖得好——贵的外国货和便宜的国产货。

    ★ "世界工厂"是什么意思？

    A 中国是一个工厂　　　　　　　B 中国工厂的名字
    C 中国产品世界各地都有　　　　D 中国产品和外国的一样

★ 什么样的产品在中国受欢迎?
  A 贵的中国产品   B 便宜的外国产品
  C 价格合适的产品   D 贵的外国产品

37~38.
　　云南丽江是中国有名的旅游区，每年黄金季节都会有大量的游客去那儿旅游，通常每年12月到来年3月是游客最多的，因为那时候丽江白天的气温很舒服，在18度左右，而且大部分时间是蓝天白云，所以拍照的效果非常棒。虽然那时交通和住宿都不算太贵，但因为去的人太多，所以最好还是提前预约。

★ 去丽江什么时候最好?
  A 12月之前   B 3月以后   C 夏天   D 冬天

★ 上文说明丽江:
  A 人很多   B 黄金季节很长
  C 冬天暖和   D 交通不方便

39~40.
　　爸爸因为工作每天都很晚回家，这样和女儿在一起的时间就少了很多。有一天女儿在门口等着爸爸回来，她一看见爸爸就问："爸爸，你一小时能挣多少钱?"爸爸说："二十块。"于是女儿就向爸爸要十块钱，爸爸很奇怪女儿为什么这样，不过还是给了女儿十块钱。女儿拿着爸爸给的十块钱，并且从自己口袋里又拿出十块钱，对爸爸说："爸爸，现在我有二十块钱，我买你一个小时的时间可以吗? 明天请您早一个小时回家好吗?"

★ 上文中的爸爸是什么样的?
  A 没有钱   B 很有钱   C 不爱女儿   D 工作太忙

★ 上文中的女儿:
  A 很喜欢钱   B 有二十块钱   C 爱爸爸   D 不喜欢爸爸

新 HSK 급소공략 – 4급 독해

지은이 박은정
펴낸이 정규도
펴낸곳 (주)다락원

초판 1쇄 발행 2012년 11월 14일
초판 3쇄 발행 2019년 2월 4일

책임편집 오혜령, 이상윤
디자인 박나래, 최영란

다락원 경기도 파주시 문발로 211
내용문의: (02)736-2031 내선 430~439
구입문의: (02)736-2031 내선 250~252
Fax: (02)732-2037
출판등록 1977년 9월 16일 제406-2008-000007호

Copyright ⓒ 2012, 박은정

저자 및 출판사의 허락 없이 이 책의 일부 또는 전부를 무단 복제·전재·발췌할 수 없습니다. 구입 후 철회는 회사 내규에 부합하는 경우에 가능하므로 구입문의처에 문의하시기 바랍니다. 분실·파손 등에 따른 소비자 피해에 대해서는 공정거래위원회에서 고시한 소비자 분쟁 해결 기준에 따라 보상 가능합니다. 잘못된 책은 바꿔 드립니다.

정가 14,000원 (본책+해설서)

ISBN 978-89-277-2103-1 14720
ISBN 978-89-277-2056-0(set)

http://www.darakwon.co.kr

- 다락원 홈페이지를 방문하시면 상세한 출판정보와 함께 동영상강좌, MP3자료 등 다양한 어학 정보를 얻으실 수 있습니다.

新 HSK 급소공략 시리즈

각 분야 최고 강사들이 집필한 다락원『新 HSK 급소공략』시리즈는 총 9권으로 구성된 급수별, 분야별 新 HSK 수험서입니다.

新 HSK 급소공략 6급
新 HSK 6급 공략자를 위한 분야별 교재

듣기
4×6배판 | 본서+해설서+MP3 CD 1장
독해
4×6배판 | 본서+해설서
쓰기
4×6배판 | 본서+해설서

新 HSK 급소공략 5급
新 HSK 5급 공략자를 위한 분야별 교재

듣기
4×6배판 | 본서+해설서+MP3 CD 1장
독해
4×6배판 | 본서+해설서
쓰기
4×6배판 | 본서+해설서

新 HSK 급소공략 4급
新 HSK 4급 공략자를 위한 분야별 교재

듣기
4×6배판 | 본서+해설서+MP3 CD 1장
독해
4×6배판 | 본서+해설서
쓰기
4×6배판 | 본서+해설서

---

http://www.darakwon.co.kr

다락원 홈페이지를 방문하시면 상세한 출판정보와 함께 동영상강좌, MP3자료 등 다양한 어학 정보를 얻으실 수 있습니다.

다락원 TEL.(02)736-2031 FAX.(02)732-2037

新 HSK 4급 독해 만점을 향한 공략법 대공개!

명쾌한 유형 분석과 풍부한 실전문제, 모의고사 3회분
출제 유형에 따른 빈틈 없는 공략법을 알고, 풍부한 실전문제로 실력을 다진다!

상세한 문제 해설과 정답 찾기 요령 공개
미션을 하나하나 따라가며 숨어 있는 정답을 쏙쏙 찾아내는 안목을 기른다!

독해 내공 Tip으로 독해 기본 실력을 UP
일목요연하게 정리된 핵심 어법과 표현 및 문형으로 독해 내공을 탄탄히 쌓는다!

정가 14,000원
(본책+해설서 포함)

新HSK 급소공략 4급 독해

해설서

박은정 저

다락원

新 HSK 급소공략 – 4급 독해
해설서

지은이 박은정
펴낸이 정규도
펴낸곳 (주)다락원

초판 1쇄 발행 2012년 11월 14일
초판 3쇄 발행 2019년 2월 4일

책임편집 오혜령, 이상윤
디자인 박나래, 최영란

다락원 경기도 파주시 문발로 211
내용문의: (02)736-2031 내선 430~439
구입문의: (02)736-2031 내선 250~252
Fax: (02)732-2037
출판등록 1977년 9월 16일 제406-2008-000007호

Copyright ⓒ 2012, 박은정

저자 및 출판사의 허락 없이 이 책의 일부 또는 전부를 무단 복제·전재·발췌할 수 없습니다. 구입 후 철회는 회사 내규에 부합하는 경우에 가능하므로 구입문의처에 문의하시기 바랍니다. 분실·파손 등에 따른 소비자 피해에 대해서는 공정거래위원회에서 고시한 소비자 분쟁 해결 기준에 따라 보상 가능합니다. 잘못된 책은 바꿔 드립니다.

http://www.darakwon.co.kr

- 다락원 홈페이지를 방문하시면 상세한 출판정보와 함께 동영상강좌, MP3자료 등 다양한 어학 정보를 얻으실 수 있습니다.

이 책의 순서

I 제1부분 : 빈칸에 들어갈 알맞은 단어 고르기

1. 동사 어휘 선택하기   4
2. 형용사 어휘 선택하기   10
3. 명사 어휘 선택하기   16
4. 부사 어휘 선택하기   21

II 제2부분 : 주어진 3개 문장의 순서 배열하기

1. 병렬, 점층, 선택관계 접속사 복문 배열하기   28
2. 전환, 가정, 조건관계 접속사 복문 배열하기   34
3. 인과, 목적, 연속관계 접속사 복문 배열하기   40
4. 중국어 문장의 흐름   46

III 제3부분 : 단문 읽고 질문에 알맞은 답 고르기

1. 글의 주제 파악하기   53
2. 내용 일치(직접 제시형)   61
3. 내용 일치(간접 제시형)   68

IV 모의고사

1. 모의고사 1   75
2. 모의고사 2   90
3. 모의고사 3   106

I : 빈칸에 들어갈 알맞은 단어 고르기

1 동사 어휘 선택하기 p.19

정답										
	1 F	2 C	3 A	4 D	5 B	6 B	7 E	8 C	9 F	10 A
	11 B	12 F	13 D	14 C	15 A	16 D	17 F	18 A	19 C	20 B

1~5

A 预习 yùxí 동 예습하다
B 发表 fābiǎo 동 발표하다
C 害羞 hàixiū 동 부끄러워하다
D 养成 yǎngchéng 동 양성하다
E 竞争 jìngzhēng 동 경쟁하다
F 知道 zhīdao 동 알다

1 将来的事情谁能(**F 知道**)，还是现在的问题比较重要。

미래의 일을 누가 (**F 알겠는가**), 아무래도 현재의 문제가 더 중요하다.

将来 jiānglái 명 미래 | 谁 shéi 대 누구 | 还是 háishi 부 ~하는 편이 더 좋다 | 比较 bǐjiào 부 비교적 | 重要 zhòngyào 형 중요하다

F 빈칸 앞에 조동사 '能'이 있으므로 빈칸에는 동사가 들어가야 한다. 문장의 의미상 동사 '知道'가 들어가는 것이 가장 적합하다. '谁能知道?'는 '아무도 알 수 없다'라는 뜻을 갖는 반어문 문장이다.

2 其实他的汉语说得挺好的，他就是和人说话的时候总(**C 害羞**)。

사실 그는 중국어를 상당히 잘한다. 단지 다른 사람들과 이야기할 때 늘 (**C 부끄러워해서**) 그렇지.

其实 qíshí 부 사실 | 挺 tǐng 부 매우, 상당히 | 总 zǒng 부 항상

C 빈칸 앞에 시간부사 '总'이 있으므로 빈칸에는 동사가 들어가야 한다. 문장의 의미상 빈칸에는 '他'가 어떠한지에 대한 설명이 와야 하므로 동사 '害羞'가 들어가는 것이 가장 적합하다.

3 明天开始学习新内容了，你最好先(**A 预习**)一下。

내일부터 새로운 내용을 배우기 시작하니까 너는 먼저 (**A 예습을**) 좀 하는 것이 좋겠다.

开始 kāishǐ 동 시작하다 | 内容 nèiróng 명 내용 | 最好 zuìhǎo 부 ~하는 것이 제일 좋다

A 빈칸 뒤에 수량보어 '一下'가 있으므로 빈칸에는 동사가 들어가야 한다. 앞 문장에서 '学习新内容'이라고 했으므로 빈칸에는 문장의 의미상 동사 '预习'가 들어가는 것이 가장 적합하다.

4 我们要(**D** 养成)早起早睡的习惯。 | 우리는 일찍 자고 일찍 일어나는 습관을 (**D** 길러야) 한다.

早起早睡 zǎoqǐzǎoshuì 일찍 자고 일찍 일어나다 | 习惯 xíguàn 명 습관

D 빈칸 앞에 조동사 '要'가 있으므로 빈칸에는 동사가 들어가야 한다. 또한 빈칸에는 이 문장의 목적어인 '习惯'과 어울리는 동사가 와야 하므로 정답은 '养成'이다. '养成习惯(습관을 기르다)'의 형식으로 자주 쓰이므로 기억해두자.

5 她终于(**B** 发表)了她的一部小说。 | 그녀는 마침내 그녀의 소설을 (**B** 발표했다).

终于 zhōngyú 부 마침내 | 小说 xiǎoshuō 명 소설

B 빈칸 앞에 시간부사 '终于'가 있고, 뒤에 동태조사 '了'가 있으므로 빈칸에는 동사가 들어가야 한다. 이 문장의 목적어는 '小说'이므로 정답은 '小说'와 어울리는 동사 '发表'이다. '发表'는 '文章'과 결합하여 '发表文章(글을 발표하다)'의 형식으로도 자주 쓰이므로 기억해두자.

6~10

A 参加 cānjiā 동 참가하다, 참석하다
B 注意 zhùyì 동 주의하다
C 解决 jiějué 동 해결하다
D 唱歌 chànggē 동 노래하다
E 翻译 fānyì 동 번역하다, 통역하다
F 完成 wánchéng 동 완성하다

6 过马路的时候，一定要(**B** 注意)安全，不要低着头一边打电话一边过马路。 | 길을 건널 때는 반드시 안전에 (**B** 주의해야) 한다. 고개를 숙이고 통화하면서 길을 건너면 안 된다.

过 guò 동 건너다, 지나다 | 马路 mǎlù 명 길 | 安全 ānquán 명 안전하다 | 低头 dītóu 동 머리를 숙이다 | 打电话 dǎ diànhuà 전화를 걸다

B 빈칸 앞에 조동사 '要'가 있으므로 빈칸에는 동사가 들어가야 한다. 동사 '注意'는 형용사목적어 '安全'과 호응하여 '注意安全(안전에 주의하다)'의 형식으로 자주 쓰이므로 정답은 B이다.

7 麻烦你一下，可以帮我(**E** 翻译)这句话吗? | 수고스럽겠지만 저에게 이 말을 (**E** 통역해주실 수) 있나요?

麻烦 máfan 동 귀찮게 하다 | 帮 bāng 동 돕다

E 주어 '我'와 목적어 '这句话' 사이에 빈칸이 있으므로 빈칸에는 술어인 동사가 들어가야 한다. 의미상 보기 중 목적어 '话'의 술어가 될 수 있는 단어는 동사 '翻译'이다.

8 大家都在努力(**C** 解决)这个问题。 | 모두들 이 문제를 (**C** 해결하려고) 노력하고 있다.

大家 dàjiā 대 모두, 다들 | 努力 nǔlì 동 노력하다 | 问题 wèntí 명 문제

C 빈칸에는 이 문장의 목적어 '问题'와 호응하는 동사가 들어가야 한다. 동사 '解决'는 명사 '问题'와 호응하여 '解决问题(문제를 해결하다)'의 형태로 자주 쓰이므로 정답은 C이다.

> 동사 '努力'는 독립적으로 사용하기도 하지만, 뒤에 또 다른 동사와 함께 쓰여 '~하기에 힘쓰다'라는 의미를 나타내기도 한다.

9 他们顺利地(**F** 完成)了任务。 | 그들은 순조롭게 임무를 (**F** 완성했다).

顺利 shùnlì 형 순조롭다 | 任务 rènwu 명 임무

F 빈칸에는 이 문장의 목적어 '任务'와 호응하는 동사가 들어가야 한다. 동사 '完成'은 명사 '任务'와 호응하여 '完成任务(임무를 완성하다)'의 형태로 자주 사용되므로 정답은 F이다.

10 我今天代表公司(**A** 参加)了会议。 | 나는 오늘 회사를 대표해서 회의에 (**A** 참석했다).

代表 dàibiǎo 동 대표하다 | 公司 gōngsī 명 회사 | 会议 huìyì 명 회의

A 빈칸에는 이 문장의 목적어 '会议'와 호응하는 동사가 들어가야 한다. 동사 '参加'는 명사 '会议'와 호응하여 '参加会议(회의에 참석하다)'의 형태로 사용되므로 정답은 A이다.

11~15

A 准备 zhǔnbèi 동 준비하다
B 解决 jiějué 동 해결하다
C 迟到 chídào 동 지각하다
D 推迟 tuīchí 동 미루다, 연기하다
E 发现 fāxiàn 동 발견하다
F 开 kāi 동 운전하다

11 A: 你的同屋怎么样?
B: 我有什么问题他都主动帮我(**B** 解决)，就像我哥哥一样。

A: 너의 룸메이트는 어떠니?
B: 내가 무슨 문제가 있으면 그는 적극적으로 나를 도와서 (**B** 해결해 줘). 마치 내 형 같아.

同屋 tóngwū 명 룸메이트 | 主动 zhǔdòng 형 주동적이다, 적극적이다 | 像……一样 xiàng……yíyàng 마치 ~인 것 같다

B 빈칸에는 명사 '问题'와 호응하는 단어가 들어가야 한다. 동사 '解决'는 명사 '问题'와 호응하여 '解决问题(문제를 해결하다)'의 형태로 자주 사용되므로 정답은 B이다.

동사 '帮'은 독립적으로도 사용되지만, 뒤에 또 다른 동사와 함께 쓰여 '~하는 것을 돕다'라는 의미를 나타내기도 한다.

12 A: 我已经来不及了，您能不能(**F** 开)得快一点啊?
B: 现在堵车，我也没办法啊。

A: 제가 이미 늦었는데요. 좀 빨리 (**F** 운전할 수) 없을까요?
B: 지금은 차가 막혀서요. 저도 방법이 없습니다.

已经 yǐjing 부 이미 | 来不及 láibují 동 (시간이 촉박하여) 제시간에 댈 수 없다 | 快 kuài 형 빠르다 | 堵车 dǔchē 동 차가 막히다 | 办法 bànfǎ 명 방법

F 빈칸 앞에 조동사 '能'이 있으므로 빈칸에는 동사가 들어가야 한다. 빈칸에는 앞뒤 문맥상 '운전을 빨리 해달라'는 요청을 나타내는 단어가 와야 하므로 동사 '开'가 들어가는 것이 가장 적합하다.

13 A: 会议不是8点开始吗? 怎么一个人也没有啊?
B: 因为客人乘坐的火车晚点了两个小时，所以会议(**D** 推迟)了三个小时。

A: 회의가 8시에 시작되는 것 아닌가요? 어떻게 한 명도 오지 않은 겁니까?
B: 손님이 탑승한 기차가 2시간 연착되어서 회의가 3시간 (**D** 연기되었습니다).

会议 huìyì 명 회의 | 开始 kāishǐ 동 시작되다 | 客人 kèrén 명 손님 | 乘坐 chéngzuò 동 탑승하다 | 晚点 wǎndiǎn 동 연착하다

D 빈칸 뒤에 동태조사 '了'가 있으므로 빈칸에는 동사가 들어가야 한다. 빈칸에는 앞에서 제시한 '사람들이 오지 않은 이유'에 대한 원인을 설명하는 단어가 와야 하므로 동사 '推迟'가 들어가는 것이 가장 적합하다.

14 A: 今天的会议7点就开始，对吧! | A: 오늘 회의가 7시에 시작하는 거 맞지요!
B: 没错，我们再晚10分钟就要(**C** 迟到)了。 | B: 맞아요. 우리 10분만 더 늦으면 (**C** 지각이예요).

没错 méicuò 형 틀림없다, 맞다 | 分钟 fēnzhōng 명 분

C 곧 발생할 상황을 나타내는 '就要……了(곧 ~하려고 한다)' 사이에 빈칸이 있으므로 빈칸에는 동사가 들어가야 한다. 문장의 의미상 빈칸에는 시간이 늦어지게 된 후의 결과를 나타내는 동사 '迟到'가 들어가는 것이 가장 적합하다.

15 A: 已经6点半了，你快点儿(**A** 准备)一下。 | A: 벌써 6시 반이니까 빨리 (**A** 준비해라).
B: 好的! 你别担心了! | B: 알겠어요. 걱정 마세요.

别 bié 부 ~하지 마라 | 担心 dānxīn 동 걱정하다

A 빈칸 뒤에 수량보어 '一下'가 있으므로 빈칸에는 동사가 들어가야 한다. 보기 중 수량보어 '一下'와 어울리는 단어는 동사 '准备'이다.

16~20

A 及格 jígé 동 합격하다
B 出差 chūchāi 동 출장 가다
C 成功 chénggōng 동 성공하다
D 适应 shìyìng 동 적응하다
E 游泳 yóuyǒng 동 수영하다
F 加班 jiābān 동 야근하다

16 A: 现在感觉怎么样? 是不是越来越好了? | A: 지금은 느낌이 어때요? 점점 더 좋아지고 있나요?
B: 好多了，我想我已经(**D** 适应)这个学校了。 | B: 많이 좋아졌어요. 저 벌써 이 학교에 (**D** 적응한) 것 같아요.

感觉 gǎnjué 명 느낌 | 越来越 yuèláiyuè 부 점점 더 | 学校 xuéxiào 명 학교

D 빈칸 앞에 시간부사 '已经'이 있으므로 빈칸에는 동사가 들어가야 한다. 이 문장의 목적어인 '学校'와 호응할 수 있는 동사는 '适应'이다.

17 A: 快十点了，小王怎么还没来上班? | A: 곧 10시인데 샤오왕은 어째서 아직도 출근하지 않았나요?
B: 他昨晚(**F** 加班)了，晚上10点才回去，现在可能还在家睡觉呢。 | B: 그는 어제 밤에 (**F** 야근을 해서) 저녁 10시가 되어서야 집에 돌아갔어요. 지금 아마도 집에서 자고 있을 거예요.

B 고정격식 '又……又……'는 '두 가지의 상태(상황)가 동시에 있음'을 나타낸다. 빈칸에는 의미상 '好吃'와 호응할 수 있는 단어가 들어가야 하므로 형용사 '干净'이 가장 적합하다.

18 A: 你去过青岛没有?
B: 小时候去过一次，没什么印象。去年出差去过，可是身体不(**C 舒服**)没法玩儿。

A: 당신은 칭다오에 가본 적이 있나요?
B: 어릴 적에 한 번 가봤는데 아무 인상도 없고, 작년에 출장으로 갔었는데 몸이 (**C 좋지**) 않아서 놀 수도 없었어요.

青岛 Qīngdǎo 고유 칭다오 | 印象 yìnxiàng 명 인상 | 去年 qùnián 명 작년 | 出差 chūchāi 동 출장 가다 | 身体 shēntǐ 명 몸 | 没法 méifǎ 동 ~할 방법이 없다 | 玩儿 wánr 동 놀다

C 부정부사 '不' 뒤에는 형용사가 들어갈 수 있다. 형용사 '舒服'는 명사 '身体'와 호응하여 '身体舒服(몸이 편하다)'의 형식으로 사용되므로 정답은 C이다.

19 A: 我今天嗓子疼，头也有点疼。可能是感冒了。
B: 冬天穿得这么少，不感冒才(**D 奇怪**)呢。

A: 나는 오늘 목이 아프고 머리도 조금 아파. 아마 감기인 것 같아.
B: 겨울에 옷을 이렇게 얇게 입다니, 감기가 안 걸리면 그게 (**D 이상하겠네**).

嗓子 sǎngzi 명 목구멍 | 疼 téng 형 아프다 | 头 tóu 명 머리 | 感冒 gǎnmào 동 감기 걸리다 | 冬天 dōngtiān 명 겨울

D 시간부사 '才' 뒤에는 형용사가 들어갈 수 있다. 빈칸에는 문장의 의미상 형용사 '奇怪'가 들어가는 것이 가장 적합하다.

> 시간부사 '才'는 문장 끝에 어기조사 '呢'와 함께 쓰여 문장의 의미를 '강조'할 때 사용한다.

20 A: 我看，这双白色的鞋对你很(**E 合适**)。
B: 是吗? 这双鞋哪怕再贵我也要买!

A: 내가 볼 때 이 흰색 운동화는 너에게 잘 (**E 어울리는**) 것 같아.
B: 그래? 이 신발이 아무리 비싸더라도 사야지!

白色 báisè 명 흰색 | 鞋 xié 명 신발 | 哪怕 nǎpà 접 설령 ~하더라도 | 再 zài 부 더 | 贵 guì 형 비싸다

E 정도부사 '很' 뒤에는 형용사가 올 수 있다. 형용사 '合适'는 '对+대상+合适'의 형식으로 '~에(게) 잘 어울리다'라는 의미로 사용되므로 빈칸에는 형용사 '合适'가 들어가는 것이 가장 적합하다.

3 명사 어휘 선택하기 p.37

정답										
	1 C	2 E	3 B	4 A	5 D	6 B	7 F	8 E	9 D	10 A
	11 C	12 E	13 B	14 D	15 F	16 E	17 C	18 B	19 F	20 A

1~5

A 价格 jiàgé 명 가격
B 信用卡 xìnyòngkǎ 명 신용카드
C 理想 lǐxiǎng 명 꿈
D 图书馆 túshūguǎn 명 도서관
E 意见 yìjiàn 명 의견
F 目标 mùbiāo 명 목표

1 我喜欢吃蛋糕。我的(**C** 理想)是以后自己开一家蛋糕店。

나는 케이크 먹는 것을 좋아한다. 나의 (**C** 꿈)은 나중에 케이크 가게를 여는 것이다.

喜欢 xǐhuan 동 좋아하다 | 蛋糕 dàngāo 명 케이크 | 以后 yǐhòu 명 이후 | 自己 zìjǐ 대 자기 | 开 kāi 동 (가게 등을) 열다

C 빈칸 앞에 구조조사 '的'가 있으므로 빈칸에는 명사가 들어가야 한다. 이 문장은 주어 '我'의 '꿈'을 설명하는 문장이므로 빈칸에는 의미상 명사 '理想'이 들어가는 것이 가장 적합하다.

2 今天的会就开到这里。大家还有什么(**E** 意见)和建议吗?

오늘 회의는 여기까지입니다. 여러분 다른 (**E** 의견)이나 건의사항이 있습니까?

开会 kāihuì 동 회의를 열다 | 大家 dàjiā 대 모두 | 建议 jiànyì 명 건의사항

E 의문대사 '什么' 뒤에는 명사가 들어가야 한다. 이 문장은 회의의 종료와 더불어 사람들에게 '또 다른 의견 및 건의사항'이 있는지 물어보는 내용이므로, 빈칸에는 명사 '意见'이 들어가는 것이 가장 적합하다.

3 看到桌子上那张(**B** 信用卡)了吧?

책상 위의 그 (**B** 신용카드) 봤지?

桌子 zhuōzi 명 책상

B 보기 중 양사 '张'으로 셀 수 있는 명사는 '信用卡' 뿐이다.

4 这件衣服的(**A 价格**)有点儿贵。　　｜　이 옷의 (**A 가격**)은 조금 비싸다.

衣服 yīfu 명 옷 ｜ 有点儿 yǒudiǎnr 부 조금 ｜ 贵 guì 형 비싸다

A 빈칸 앞에 구조조사 '的'가 있으므로 빈칸에는 명사가 들어가야 한다. 형용사 '贵'는 명사 '价格'와 호응하여 '价格贵(가격이 비싸다)'의 형식으로 사용되므로 정답은 A이다.

5 他每天去(**D 图书馆**)看书、查资料。　　｜　그는 매일 (**D 도서관**)에 가서 책을 보고 자료를 찾는다.

每天 měitiān 명 매일 ｜ 查 chá 동 찾다 ｜ 资料 zīliào 명 자료

D 동사 '去' 뒤에는 장소목적어가 와야 한다. 문장의 의미상 빈칸에 들어가야 할 적합한 장소는 명사 '图书馆'이다.

6~10

A 速度 sùdù 명 속도
B 文章 wénzhāng 명 글
C 运动鞋 yùndòngxié 명 운동화
D 环境 huánjìng 명 환경
E 活动 huódòng 명 활동
F 工作 gōngzuò 명 일

6 我敢说，我写的(**B 文章**)绝不比别人写的差。　　｜　나는 감히 내가 쓴 (**B 글**)이 절대 다른 사람들이 쓴 것보다 못하지 않다고 얘기할 수 있다.

敢 gǎn 조동 감히 ~하다 ｜ 绝不 juébù 부 결코 ~이 아니다 ｜ 别人 biérén 명 다른 사람 ｜ 差 chà 형 안 좋다

B 빈칸 앞에 구조조사 '的'가 있으므로 빈칸에는 명사가 들어가야 한다. 동사 '写'는 명사 '文章'과 호응하여 '写文章(글을 쓰다)'의 형식으로 사용되므로 정답은 B이다.

7 他负责这里的全面(**F 工作**)。　　｜　그는 이곳의 전반적인 (**F 일**)을 책임진다.

负责 fùzé 동 책임지다 ｜ 全面 quánmiàn 형 전반적이다, 전면적이다

F 빈칸 앞에 구조조사 '的'와 형용사 '全面'이 있으므로 빈칸에는 명사가 들어가야 한다. 동사 '负责'는 명사 '工作'와 호응하여 '负责工作(일을 책임지다)'의 형식으로 사용되므로 정답은 F이다.

8 在学校的时候，要多参加各种(**E** 活动)。 | 학교에 있을 때 각종 (**E** 활동)에 많이 참여해야 한다.

学校 xuéxiào 명 학교 | 参加 cānjiā 동 참여하다 | 各种 gèzhǒng 형 각종

E 빈칸에는 이 문장의 술어 '参加'와 호응하는 명사가 들어가야 한다. 동사 '参加'는 명사 '活动'과 호응하여 '参加活动(활동에 참여하다)'의 형식으로 사용되므로 정답은 E이다.

9 你觉得这两双(**D** 运动鞋)哪个更好看? | 네가 생각할 때 이 두 켤레의 (**D** 운동화) 중 어느 것이 더 예쁘니?

觉得 juéde 동 ~라고 생각하다 | 更 gèng 부 더 | 好看 hǎokàn 형 예쁘다

D 빈칸에는 양사 '双'으로 셀 수 있는 명사가 들어가야 한다. 보기 중 양사 '双'과 어울리는 명사는 '运动鞋'이다.

10 他打字的(**A** 速度)比我快。 | 그의 타자 치는 (**A** 속도)는 나보다 빠르다.

打字 dǎzì 동 타자를 치다 | 快 kuài 형 빠르다

A 구조조사 '的' 뒤에는 명사가 와야 한다. 형용사 '快'는 명사 '速度'와 호응하여 '速度快(속도가 빠르다)'의 형식으로 자주 쓰이므로 정답은 A이다.

11~15

- **A** 家具 jiājù 명 가구
- **B** 现金 xiànjīn 명 현금
- **C** 肚子 dùzi 명 배, 뱃속
- **D** 警察 jǐngchá 명 경찰
- **E** 身体 shēntǐ 명 몸
- **F** 超市 chāoshì 명 마트

11 A: 今天吃得太多了，(**C** 肚子)有点儿不舒服。
B: 喝点儿热水一定会好一些!

A: 오늘 너무 많이 먹어서 (**C** 뱃속)이 조금 불편해요.
B: 따뜻한 물을 좀 마시면 괜찮아질 거예요!

有点儿 yǒudiǎnr 부 조금 | 舒服 shūfu 형 편안하다 | 喝 hē 동 마시다 | 热水 rèshuǐ 명 따뜻한 물 | 一定 yídìng 부 반드시 | 一些 yìxiē 수량 약간

C 빈칸은 문장의 주어 자리이므로 술어 '不舒服'와 호응하는 명사가 들어가야 한다. 보기 중 '不舒服'와 호응하는 단어는 명사 '肚子'이므로 정답은 C이다.

12 A: 每天按时吃早饭对(**E 身体**)特别好。
B: 妈妈，我知道，你别担心了!

A: 매일 정해진 시간에 아침밥을 먹으면 (**E 몸**)에 정말 좋단다.
B: 엄마, 저도 알아요. 걱정하지 마세요!

按时 ànshí 부 제 시간에 | 早饭 zǎofàn 명 아침밥 | 特别 tèbié 부 특히 | 知道 zhīdao 동 알다 | 别 bié 부 ~하지 마라 | 担心 dānxīn 동 걱정하다

E 대상을 이끄는 개사 '对' 뒤에는 명사가 들어가야 한다. '매일 제 시간에 아침밥을 먹는 것'은 '몸'에 좋은 영향을 주므로 빈칸에는 명사 '身体'가 들어가는 것이 가장 적합하다.

13 A: 请问，这儿能刷卡吗?
B: 不能。整个商场只收(**B 现金**)。

A: 실례합니다. 이곳은 카드 사용이 됩니까?
B: 안 됩니다. 전 상점에서 (**B 현금**)만 받아요.

刷卡 shuākǎ 동 카드로 결제하다 | 整个 zhěnggè 형 전체 | 商场 shāngchǎng 명 상점 | 收 shōu 동 받다

B 빈칸은 문장의 목적어 자리이므로 술어 '收'와 호응하는 명사가 들어가야 한다. 동사 '收'는 '돈'과 호응하여 '돈을 받다'의 의미로 사용되므로 빈칸에는 명사 '现金'이 들어가는 것이 가장 적합하다.

14 A: 师傅，我得在7点前赶到和平饭店，你能不能开快一点儿?
B: 再快? 要是碰见(**D 警察**)，我可就麻烦了。

A: 기사님, 제가 7시 전까지 평화호텔에 가야 하는데 좀 빨리 운전해주시면 안 될까요?
B: 더 빨리요? 만약 (**D 경찰**)을 만나면 난 정말 큰 일입니다.

师傅 shīfu 명 기사님, 선생님 [남에 대한 일반적인 존칭] | 得 děi 조동 ~해야 한다 | 赶到 gǎndào 동 서둘러 도착하다 | 饭店 fàndiàn 명 호텔 | 开 kāi 동 운전하다 | 快 kuài 형 빠르다 | 一点儿 yìdiǎnr 양 조금 | 要是 yàoshi 접 만약 ~라면 | 碰见 pèngjiàn 동 (우연히) 만나다 | 麻烦 máfan 형 성가시다

D 빈칸은 문장의 목적어 자리이므로 빈칸에는 술어 '碰见'과 호응하는 명사가 들어가야 한다. 동사 '碰见'은 뒤에 '사람'과 호응하여 '~를 우연히 만나다'라는 의미를 나타내므로 빈칸에는 명사 '警察'가 들어가는 것이 가장 적합하다.

15 A: 晚上吃什么呀? 我去(**F 超市**)买点蔬菜吧。
B: 蔬菜不用买了，你去买点肉就行了。

A: 저녁에 뭘 먹지? 내가 (**F 마트**)에 가서 채소 좀 사올게.
B: 채소는 살 필요 없어. 가서 고기만 좀 사오면 돼.

晚上 wǎnshang 명 저녁 | 买 mǎi 동 사다 | 蔬菜 shūcài 명 채소 | 不用 búyòng 조동 ~할 필요가 없다 | 肉 ròu 명 고기 | 行 xíng 형 충분하다

F 동사 '去' 뒤에는 장소목적어가 와야 한다. 문맥상 빈칸에 들어갈 적합한 장소는 명사 '超市'이다.

16~20

- **A** 颜色 yánsè 명 색상
- **B** 原因 yuányīn 명 원인
- **C** 手机 shǒujī 명 휴대전화
- **D** 内容 nèiróng 명 내용
- **E** 时间 shíjiān 명 시간
- **F** 办公室 bàngōngshì 명 사무실

16 A: 还有一个月我就30岁了。
B: (**E** 时间)过得真快啊! 你打算怎么过30岁的生日?

A: 한 달만 있으면 내가 서른 살이네요.
B: (**E** 시간) 정말 빠르네요! 당신은 서른 살 생일을 어떻게 보낼 계획인가요?

岁 suì 살, 세 | 过 guò 동 지나다, 보내다 | 打算 dǎsuan 동 ~할 계획이다 | 生日 shēngrì 명 생일

E 빈칸은 문장의 주어 자리이므로 술어 '过'와 호응하는 명사가 들어가야 한다. 동사 '过'는 명사 '时间'과 함께 호응하여 '过时间(시간을 보내다)'의 형식으로 쓰이므로 정답은 E이다.

17 A: 你有张老师的电话号码吗?
B: 我有他的(**C** 手机)号码。

A: 당신은 장 선생님의 전화번호를 가지고 있나요?
B: 저는 그의 (**C** 휴대전화) 번호를 가지고 있어요.

电话 diànhuà 명 전화 | 号码 hàomǎ 명 번호

C 보기 중 명사 '号码'와 어울리는 단어는 명사 '手机'이다.

18 A: 你说我们失败的(**B** 原因)是什么? 我一直没想明白。
B: 我觉得就是你们经验太少。

A: 우리가 실패한 (**B** 원인)이 무엇일까요? 저는 계속 이해가 가지 않아요.
B: 제 생각에는 당신들이 경험이 너무 부족해서인 것 같아요.

失败 shībài 동 실패하다 | 一直 yìzhí 부 줄곧 | 明白 míngbai 동 알다, 이해하다 | 觉得 juéde 동 ~라고 생각하다 | 经验 jīngyàn 명 경험

B 구조조사 '的' 뒤에는 명사가 들어가야 한다. 빈칸에는 동사 '失败'와 어울리는 단어가 와야 하므로 명사 '原因'이 가장 적합하다.

19 A: 你怎么这么早出门?
B: 没办法，为了能早点到(**F** 办公室)，不得不早点出发。

A: 당신 왜 이렇게 빨리 나가나요?
B: 방법이 없어요. (**F** 사무실)에 빨리 도착하기 위해서는 빨리 출발할 수 밖에요.

怎么 zěnme 데 어째서, 왜 | 这么 zhème 데 이렇게 | 早 zǎo 형 이르다, 빠르다 | 出门 chūmén 동 외출하다 | 办法 bànfǎ 명 방법 | 为了 wèile 개 ~를 위하여 | 不得不 bùdébù 부 어쩔 수 없이, ~하지 않으면 안 된다 | 出发 chūfā 동 출발하다

F 동사 '到' 뒤에는 장소목적어가 와야 한다. 보기 중 빈칸에 들어갈 적합한 장소는 명사 '办公室'이다.

'不得不'는 '~하지 않을 수 없다'라는 의미로 '부득이 무엇인가를 해야 함'을 나타낼 때 사용한다. 중국어에서 자주 사용하는 관용어이므로 동의어와 함께 반드시 숙지하고 있어야 한다. (=不得已, 只好, 只能, 只得)

20 A: 有大一号的吗?
B: 大一号的没有这个(**A** 颜色), 只有蓝色的了, 您要试试看吗?

A: 한 치수 더 큰 것이 있나요?
B: 한 치수 큰 것은 이 (**A** 색상)은 없고 파란색만 있네요. 신어보시겠어요?

号 hào 명 사이즈 | 蓝色 lánsè 명 남색 | 试看 shìkàn 동 (시험)해보다

A 빈칸은 문장의 목적어 자리이므로 술어 '没有'와 호응하는 명사가 들어가야 한다. 빈칸 뒤의 문장을 통해서 빈칸이 있는 문장은 '색상이 없다'라는 내용이 와야 함을 알 수 있으므로, 빈칸에는 명사 '颜色'가 들어가는 것이 가장 적합하다.

4 부사 어휘 선택하기 p.47

정답										
	1 A	2 D	3 F	4 C	5 B	6 A	7 E	8 F	9 C	10 B
	11 F	12 B	13 D	14 C	15 E	16 D	17 A	18 C	19 E	20 B

1~5

A 简直 jiǎnzhí 부 정말
B 一再 yízài 부 거듭, 재차
C 一共 yígòng 부 모두, 전부
D 特别 tèbié 부 특히, 아주
E 完全 wánquán 부 완전히
F 终于 zhōngyú 부 마침내

1 听到这个消息，孩子们(**A 简直**)高兴极了。 | 이 소식을 듣게 되어서 아이들은 (**A 정말**) 매우 기쁘다.

消息 xiāoxi 몡 소식 | 孩子 háizi 몡 아이 | 高兴 gāoxìng 혱 기뻐하다 | 极了 jíle 뛴 매우

A 빈칸은 주어 '孩子们'과 형용사 '高兴' 사이에 있으므로 부사가 들어가야 한다. 문장 끝의 정도부사 '极了'는 정도부사 '简直'와 함께 호응하여 '정말이지 매우 ~하다'의 의미를 나타내므로 정답은 A이다.

2 我觉得北京的天气(**D 特别**)干燥，所以每天喝很多水。 | 나는 베이징 날씨가 (**D 특히**) 건조하다고 느낀다. 그래서 매일 많은 물을 마신다.

觉得 juéde 통 ~라고 느끼다 | 天气 tiānqì 몡 날씨 | 干燥 gānzào 혱 건조하다 | 所以 suǒyǐ 젭 그래서 | 喝 hē 통 마시다

D 빈칸은 주어 '天气'와 형용사 '干燥' 사이에 있으므로 부사가 들어가야 한다. 보기 중 형용사 '干燥'와 어울리는 단어는 정도부사 '特别'이다.

3 他想了很久，(**F 终于**)选择了。 | 그는 오래 생각한 후 (**F 결국**) 선택을 했다.

想 xiǎng 통 생각하다 | 久 jiǔ 혱 시간이 길다, 오래다 | 选择 xuǎnzé 통 선택하다

F 동사 '选择' 앞에는 부사가 올 수 있다. 보기 중 문장의 의미상 빈칸에 들어갈 가장 적합한 단어는 '결국, 마침내'의 의미인 시간부사 '终于'이다.

4 今天我 (**C 一共**)花了三百块钱。 | 오늘 나는 (**C 전부**) 300위앤을 사용했다.

花 huā 통 (돈을) 쓰다

C 빈칸은 주어 '我'와 동사 '花' 사이에 있으므로 부사가 들어가야 한다. 빈칸 뒤에는 수량사 '三百块'가 있으므로 보기 중 빈칸에 들어갈 적합한 단어는 범위부사 '一共'이다.

5 我向老师(**B 一再**)提出了我的意见。 | 나는 선생님께 (**B 재차**) 나의 의견을 제시했다.

向 xiàng 깨 ~에게 | 老师 lǎoshī 몡 선생님 | 提出 tíchū 통 제시하다 | 意见 yìjiàn 몡 의견

B 빈칸은 동사 '提出' 앞에 있으므로 부사가 올 수 있다. 보기 중 동사 '提出'와 호응할 수 있는 단어는 '어떤 행동을 반복하여 거듭함'을 나타내는 빈도부사 '一再'이다.

6~10

A 终于 zhōngyú 뷔 결국, 마침내
B 实在 shízài 뷔 정말
C 甚至 shènzhì 뷔 심지어
D 从来 cónglái 뷔 지금까지
E 忽然 hūrán 뷔 갑자기
F 格外 géwài 뷔 특별히, 유난히

6 经过几年的努力，他们(**A** 终于)成功了。 | 몇 년의 노력을 거쳐서 그들은 (**A** 마침내) 성공했다.

经过 jīngguò 동 거치다 | 努力 nǔlì 명 노력 | 成功 chénggōng 동 성공하다

A 빈칸은 주어 '他们'과 동사 '成功' 사이에 있으므로 부사가 들어가야 한다. 문장의 앞뒤 문맥상 빈칸에는 시간부사 '终于'가 들어가는 것이 가장 적합하다.

7 我们正要出去，(**E** 忽然)下起雪来了。 | 우리가 막 나가려고 할 때 (**E** 갑자기) 눈이 내리기 시작했다.

正要 zhèngyào 바로 ~하려고 하다 | 出去 chūqu 동 나가다 | 下雪 xiàxuě 동 눈이 내리다 | 起来 qǐlái 동사 또는 형용사 뒤에 붙어 동작이나 상황이 시작됨을 나타냄

E 빈칸 뒤에 술어 '下起雪来了'가 있으므로 빈칸에는 부사가 들어갈 수 있다. 문장의 의미상 보기 중 빈칸에 들어갈 수 있는 단어는 '어떤 일이 순식간에 일어남'을 나타내는 시간부사 '忽然'이 가장 적합하다.

8 今天爸爸(**F** 格外)高兴，因为我考试考得非常好。 | 오늘 아빠는 (**F** 유난히) 기쁘시다. 왜냐하면 내가 시험을 매우 잘 봤기 때문이다.

爸爸 bàba 명 아빠 | 高兴 gāoxìng 형 기쁘다 | 因为 yīnwèi 접 왜냐하면 | 考试 kǎoshì 명 시험 | 非常 fēicháng 뷔 매우

F 빈칸은 주어 '爸爸'와 형용사 '高兴' 사이에 있으므로 부사가 들어가야 한다. 보기 중 형용사 '高兴'과 호응할 수 있는 단어는 '그 정도가 대단함'을 나타내는 정도부사 '格外'이다.

9 他每天不学习，(**C 甚至**)不去上课。 | 그는 매일 공부를 열심히 하지 않고, (**C 심지어**) 수업을 들으러 가지도 않는다.

学习 xuéxí 동 공부하다 | 上课 shàngkè 동 수업하다

C 빈칸 뒤의 문장은 앞 문장에서 설명한 내용에 대해 '그 정도가 더 심함'을 설명하는 문장이므로 빈칸에는 두 문장 사이에 위치하여 '(앞 문장)하고, 심지어 (뒤 문장)하다'라는 의미를 나타내는 어기부사 '甚至'가 들어가는 것이 가장 적합하다.

10 这个服务员的态度(**B 实在**)是太差了。 | 이 종업원의 태도는 (**B 정말**) 너무 안 좋다.

服务员 fúwùyuán 명 종업원 | 态度 tàidu 명 태도 | 差 chà 형 안 좋다

B 빈칸은 주어 '态度'와 동사 '是' 사이에 있으므로 부사가 들어가야 한다. 보기 중 동사 '是'와 어울리는 단어는 정도부사 '实在'이다.

11~15

A 突然 tūrán 부 갑자기
B 已经 yǐjing 부 이미
C 越来越 yuèláiyuè 부 점점 더
D 仍然 réngrán 부 여전히
E 经常 jīngcháng 부 자주
F 大概 dàgài 부 대략

11 A: 我要去上海出差，(**F 大概**)要一个月。
B: 我和你一起去吧，到了上海，你工作的时候，我出去玩儿! | A: 나는 상하이로 (**F 대략**) 한 달 정도 출장을 가야 해요.
B: 나도 당신과 함께 갈래요. 상하이에 도착해서 당신이 일할 때 나는 놀러 나갈게요!

出差 chūchāi 동 출장 가다 | 一起 yìqǐ 부 함께 | 工作 gōngzuò 동 일하다 | 玩儿 wánr 동 놀다

F 빈칸 뒤에 동사 '要'가 있으므로 부사가 들어갈 수 있다. 빈칸에는 문장의 의미상 수량사와 함께 쓰여 '정확하지 않은 수의 짐작'을 나타내는 어기부사 '大概'가 들어가는 것이 가장 적합하다.

12 A: 快要放假了，你怎么回老家啊?
B: 我(**B 已经**)买了机票，你呢? | A: 곧 휴가네요. 당신은 어떻게 고향에 갈 건가요?
B: 저는 (**B 이미**) 비행기 표를 샀어요. 당신은요?

快要 kuàiyào 부 곧 ~하다 | 放假 fàngjià 동 방학(휴가)하다 | 老家 lǎojiā 명 고향 | 机票 jīpiào 명 비행기 표

B 빈칸은 주어 '我'와 동사 '买' 사이에 있으므로 부사가 들어가야 한다. 빈칸에는 문장의 의미상 동태조사 '了'와 함께 쓰여 '이미 동작이 완성 되었음'을 나타내는 시간부사 '已经'이 들어가는 것이 가장 적합하다.

13 A: 你妈妈还在工作吗?   A: 너희 어머니는 아직도 일을 하시니?
    B: 她尽管身体不好, 但(**D 仍然**)坚持工作。   B: 엄마는 비록 몸이 안 좋으시지만 (**D 여전히**) 일을 계속하셔.

还 hái 튀 아직도 | 尽管 jǐnguǎn 쩹 비록 ~이지만 | 身体 shēntǐ 뗑 몸 | 坚持 jiānchí 동 유지하다

D 동사 '坚持' 앞에는 부사가 올 수 있다. 보기 중 동사 '坚持'와 호응하는 단어는 '상태(상황)의 지속'을 나타내는 상태부사 '仍然'이다.

14 A: 中国人喜欢吃韩国菜吗?   A: 중국인은 한국 음식 먹는 것을 좋아하나요?
    B: 当然喜欢! 现在很多中国人(**C 越来越**)喜欢吃韩国菜。   B: 당연히 좋아하지요! 요즘 많은 중국인들이 (**C 점점 더**) 한국 음식 먹는 것을 좋아하고 있어요.

中国人 zhōngguórén 몡 중국인 | 喜欢 xǐhuan 동 좋아하다 | 韩国 Hánguó 고유 한국 | 菜 cài 몡 음식 | 当然 dāngrán 튀 물론, 당연히 | 现在 xiànzài 몡 현재, 요즘

C 빈칸은 주어 '中国人'과 동사 '喜欢' 사이에 있으므로 부사가 들어가야 한다. 문장의 의미상 빈칸에는 동사 '喜欢'과 호응할 수 있는 단어인 정도부사 '越来越'가 들어가는 것이 가장 적합하다.

15 A: 你为什么喜欢去上海旅游?   A: 당신은 왜 상하이에 여행 가는 것을 좋아하나요?
    B: 因为上海的交通非常方便, 所以我(**E 经常**)去玩儿。   B: 상하이의 교통이 매우 편리하기 때문에 나는 (**E 자주**) 놀러 갑니다.

为什么 wèishénme 튀 왜 | 上海 Shànghǎi 고유 상하이, 상해 | 旅游 lǚyóu 동 여행하다 | 交通 jiāotōng 몡 교통 | 方便 fāngbiàn 혱 편리하다 | 玩儿 wánr 동 놀다

E 빈칸은 주어 '我'와 동사 '去' 사이에 있으므로 부사가 들어가야 한다. 문장의 의미상 빈칸에는 빈도부사 '经常'이 들어가는 것이 가장 적합하다.

16~20

A 一起 yìqǐ 톼 함께
B 一直 yìzhí 톼 줄곧
C 已经 yǐjing 톼 이미
D 恐怕 kǒngpà 톼 아마도
E 从来 cónglái 톼 지금까지
F 一定 yídìng 톼 반드시

16 A: 小王到底什么时候来?
B: 别等了，他(**D** 恐怕)来不了了。

A: 샤오왕은 도대체 언제 오나요?
B: 기다리지 말아요. 그는 (**D** 아마) 못 올 거예요.

到底 dàodǐ 톼 도대체 | 什么时候 shénmeshíhou 떼 언제 | 别 bié 톼 ~하지 마라 | 等 děng 동 기다리다 | 来不了 láibùliǎo 올 수 없다

D 빈칸은 주어 '他'와 술어 '来不了' 사이에 있으므로 부사가 들어가야 한다. 술어 '来不了'는 '원하지 않는 결과'이므로 빈칸에는 '원하지 않는 결과에 대한 추측'을 나타내는 어기부사 '恐怕'가 들어가는 것이 가장 적합하다.

17 A: 我想租一个房子，可是最近房子的房租都太贵了。
B: 我有一个朋友也要租房子，你们(**A** 一起)租怎么样?

A: 나는 방을 하나 얻고 싶은데 요즘 방세가 너무 비싸요.
B: 내 친구도 방을 얻고 싶어하는데 둘이 (**A** 같이) 방을 얻는 게 어때요?

想 xiǎng 조동 ~하고 싶다 | 租 zū 동 빌리다, 임대하다 | 房子 fángzi 명 집 | 最近 zuìjìn 명 최근 | 房租 fángzū 명 집세, 임대료 | 贵 guì 형 비싸다 | 朋友 péngyou 명 친구

A 빈칸은 주어 '你们'과 술어 '租' 사이에 있으므로 부사가 들어가야 한다. 보기 중 빈칸 앞의 복수 주어 '你们'과 호응하는 단어는 범위부사 '一起'이다.

18 A: 你的爸爸回国了吗?
B: 他(**C** 已经)回来了。

A: 너희 아빠는 귀국하셨니?
B: 그는 (**C** 이미) 돌아오셨어요.

回国 huíguó 동 귀국하다 | 回来 huílái 동 돌아오다

C 빈칸은 주어 '他'와 동사 '回来' 사이에 있으므로 부사가 들어가야 한다. 문장의 앞뒤 문맥상 빈칸에는 시간부사 '已经'이 들어가는 것이 가장 적합하다.

19 A: 你去年在中国留学的时候去过北京吗?
B: 我(**E** 从来)没去过北京。

A: 너는 작년에 중국에서 유학할 때 베이징에 가본 적이 있니?
B: 저는 (**E** 여태껏) 베이징에 가본 적이 없어요.

去年 qùnián 몡 작년 | 留学 liúxué 동 유학하다

E 빈칸은 주어 '我'와 부정부사 '没' 사이에 있으므로 부사가 들어가야 한다. 문장의 의미상 빈칸에는 '从来没(不)+동사+过'의 형식으로 '여태껏 ~한 적이 없다'라는 의미를 나타내는 시간부사 '从来'가 들어가는 것이 가장 적합하다.

20 A: 你为什么不满意你们公司？
B: 因为工资太低，所以我(**B** 一直)想换个公司。

A: 너는 왜 너희 회사에 만족하지 못하니?
B: 월급이 너무 적어서 나는 (**B** 줄곧) 회사를 바꾸고 싶어.

满意 mǎnyì 동 만족하다 | 公司 gōngsī 명 회사 | 工资 gōngzī 명 월급 | 低 dī 형 적다, 낮다 | 想 xiǎng 조동 ~하고 싶다 | 换 huàn 동 바꾸다

B 빈칸은 주어 '我'와 조동사 '想' 사이에 있으므로 부사가 들어가야 한다. 보기 중 조동사 '想'과 호응하는 단어는 시간부사 '一直'이다.

II : 주어진 3개 문장의 순서 배열하기

1 병렬, 점층, 선택관계 접속사 복문 배열하기 p.56

정답					
1 CAB	2 BCA	3 BCA	4 BCA	5 ACB	6 CBA
7 CAB	8 BCA	9 CAB	10 CBA	11 BCA	12 BAC
13 BCA	14 BAC	15 ACB			

1
A 也影响
B 家人的健康
C 抽烟既损害自己的健康

→ 抽烟既损害自己的健康，也影响家人的健康。

A ~에도 영향을 준다
B 가족의 건강
C 흡연은 자신의 건강을 해칠 뿐만 아니라

→ 흡연은 자신의 건강을 해칠 뿐만 아니라 가족의 건강에도 영향을 준다.

影响 yǐngxiǎng 통 영향을 주다 | 家人 jiārén 명 가족 | 健康 jiànkāng 명 건강 | 抽烟 chōuyān 통 흡연하다 | 既……, 也…… jì……, yě…… ~이기도 하고 ~이기도 하다 | 损害 sǔnhài 통 해치다

CAB 抽烟既损害自己的健康，也影响家人的健康。

① 눈으로 재빨리 훑어 접속사 복문 구조가 있는지 찾아야 한다. '既……, 也……'는 '~이기도 하고 ~이기도 하다'라는 뜻을 나타내는 병렬관계 접속사 구문이다. 따라서 C → A의 순서가 된다. (C → A)

② '가족의 건강'이라는 뜻인 B의 '家人的健康'은 의미상 동사 '影响'의 목적어가 되므로 B는 A의 뒤에 위치해야 한다. (C → A → B)

2
A 很难看到晴天
B 最近不是下雨
C 就是下雪

→ 最近不是下雨就是下雪，很难看到晴天。

A 맑은 날을 보기 힘들다
B 요즘 비가 오지 않으면
C 눈이 내려서

→ 요즘은 비가 오거나 눈이 내려서 맑은 날을 보기 힘들다.

晴天 qíngtiān 명 맑은 하늘 | 不是……就是…… búshì……jiùshì…… ~가 아니면 ~이다 | 下雨 xiàyǔ 통 비가 내리다 | 下雪 xiàxuě 통 눈이 내리다

BCA 最近不是下雨就是下雪，很难看到晴天。

① '不是……就是……'는 '~가 아니면 ~이다'라는 뜻을 나타내는 선택관계 접속사 구문이다. 따라서 B → C의 순서가 된다. (B → C)

② A는 앞 문장에서 언급한 상황에 대한 결과를 설명하고 있으므로 의미상 문장 맨 끝에 위치해야 한다. (B → C → A)

3
A 甚至有些中国人也常常写错
B 那个汉字很难写
C 不但留学生不会写

A 심지어 일부 중국인들도 자주 틀리게 쓴다
B 그 한자는 쓰기 어렵다
C 유학생들이 쓸 줄 모를 뿐만 아니라

→ 那个汉字很难写，不但留学生不会写，甚至有些中国人也常常写错。

→ 그 한자는 쓰기가 어려워서 유학생들은 쓸 줄 모를 뿐만 아니라 심지어 일부 중국인들도 자주 틀리게 쓴다.

不但……，甚至…… búdàn……, shènzhì…… ~할 뿐만 아니라 심지어 ~하다 | 有些 yǒuxiē 때 일부, 어떤 | 常常 chángcháng 用 자주 | 写 xiě 图 쓰다 | 错 cuò 图 틀리다 | 汉字 hànzì 图 한자 | 难 nán 图 어렵다 | 留学生 liúxuéshēng 图 유학생

BCA 那个汉字很难写，**不但**留学生不会写，**甚至**有些中国人也常常写错。

① 부사 '甚至'는 '심지어', '~까지도'라는 뜻으로 뒤에 흔히 '都'나 '也'가 온다. 또한 '不但'과 함께 점층관계 접속사 구문을 이룬다. '不但……，甚至……'는 '~할 뿐만 아니라 심지어 ~하다'라는 뜻으로 뒤의 상황을 강조한다. 따라서 C → A의 순서가 된다. (C → A)

② 의미상 B의 '那个汉字很难写'가 문장의 중심 내용이며, A와 C는 그에 대한 부연 설명이므로 B는 문장의 맨 앞에 위치해야 한다. (B → C → A)

4
A 很快就走到学校了
B 他一边想
C 一边走

A 빨리 학교에 도착했다
B 그는 한편으로 생각하면서
C 한편으로 걷는다

→ 他一边想，一边走，很快就走到学校了。

→ 그는 생각하며 걷다 보니 학교에 빨리 도착했다.

走 zǒu 图 걷다 | 学校 xuéxiào 图 학교 | 一边……，一边…… yìbiān……, yìbiān…… ~하면서 ~하다 | 想 xiǎng 图 생각하다

BCA 他**一边**想，**一边**走，很快就走到学校了。

① '一边……，一边……'은 병렬관계 접속사 구문으로 '~하면서 ~하다'라는 뜻을 나타낸다. 주어를 가진 B가 앞에 와야 하므로 B → C의 순서가 된다. (B → C)

② A는 문맥상 앞 문장에 대한 '결과'를 나타내므로 문장 맨 끝에 위치해야 한다. (B → C → A)

5 A 吃了减肥药以后
　　B 反而更胖了
　　C 不但没瘦

　　A 다이어트 약을 먹은 이후
　　B 오히려 더 살이 쪘다
　　C 날씬해지지 않았을 뿐만 아니라

→ 吃了减肥药以后, 不但没瘦, 反而更胖了。

→ 다이어트 약을 먹은 이후 살이 빠지지 않았을 뿐 아니라 오히려 더 살이 쪘다.

减肥 jiǎnféi 통 다이어트하다 | 药 yào 명 약 | 不但没……, 反而…… búdànméi……, fǎn'ér…… ~하지 않을 뿐만 아니라 오히려 ~하다 | 更 gèng 부 훨씬 | 胖 pàng 형 뚱뚱하다 | 瘦 shòu 형 마르다

ACB 吃了减肥药以后, 不但没瘦, 反而更胖了。

① 문장 가운데 점층관계 접속사 구문을 만드는 '反而'과 '不但没'가 보인다. '不但没……, 反而……'의 형식을 이루어 '~하지 않을 뿐만 아니라 오히려 ~하다'라는 뜻을 나타내므로 C → B의 순서가 된다. (C → B)

② A는 문맥상 결과에 대한 '원인'을 설명하고 있으므로 문장 맨 앞에 위치해야 한다. (A → C → B)

6 A 又周到
　　B 既热情
　　C 这家饭店的服务

　　A 세심하기도 하다
　　B 친절하기도 하고
　　C 이 호텔의 서비스

→ 这家饭店的服务既热情又周到。

→ 이 호텔의 서비스는 친절하고 세심하다.

既……又…… jì……yòu…… ~이기도 하고 ~이기도 하다 | 周到 zhōudao 형 세심하다 | 热情 rèqíng 형 친절하다 | 饭店 fàndiàn 명 호텔, 음식점 | 服务 fúwù 명 서비스

CBA 这家饭店的服务既热情又周到。

① 접속사 구문을 만드는 단어를 찾으면 문제가 쉽게 풀린다. '既……又……'는 '~이기도 하고 ~이기도 하다'라는 뜻을 나타내는 병렬관계 접속사 구문이므로 B → A의 순서가 된다. (B → A)

② A와 B는 주어를 가지고 있지 않으므로 첫 번째 문장이 될 수 없다. 주어인 '服务'가 있는 C가 문장 맨 앞에 위치해야 한다. (C → B → A)

7 A 除了汉语
　　B 英语也说得很流利
　　C 妹妹的外语很好

　　A 중국어를 제외하고
　　B 영어도 유창하게 말한다
　　C 여동생의 외국어 (실력은) 훌륭하다

→ 妹妹的外语很好, 除了汉语英语也说得很流利。

→ 여동생의 외국어 실력은 훌륭해서 중국어 외에 영어도 유창하게 말한다.

除了……也…… chúle……yě…… ~을 제외하고 ~도 | 汉语 Hànyǔ 명 중국어 | 英语 Yīngyǔ 명 영어 | 流利 liúlì 유창하다 | 外语 wàiyǔ 명 외국어

CAB 妹妹的外语很好，除了汉语英语也说得很流利。

① A의 '除了'는 B의 '也'와 함께 '除了……也……'의 형식으로 '~을 제외하고 ~도'라는 의미의 점층관계를 나타낸다. 따라서 A → B의 순서가 된다. (A → B)

② 의미상 C의 '妹妹的外语很好'가 전체 문장의 중심 내용이고 A와 B는 그에 대한 부연 설명이므로 C는 문장 맨 앞에 위치해야 한다. (C → A → B)

---

8 A 还不如买辆新的
   B 我的自行车太旧了
   C 与其修理

   A 차라리 새 것을 한 대 사는 것이 낫다
   B 내 자전거는 너무 낡았다
   C 수리를 하느니

→ 我的自行车太旧了，与其修理还不如买辆新的。

→ 내 자전거는 너무 낡아서 수리를 하느니 차라리 새 것을 한 대 사는 것이 낫다.

与其……还不如…… yǔqí……háibùrú…… ~하느니 차라리 ~하는 편이 낫다 | 辆 liàng ⑱ 대[차량을 셀 때 쓰임] | 自行车 zìxíngchē ⑲ 자전거 | 旧 jiù ⑲ 낡다 | 修理 xiūlǐ ⑲ 수리하다

BCA 我的自行车太旧了，与其修理还不如买辆新的。

① '与其……还不如……'는 선택관계 접속사 구문으로, '~하느니 차라리 ~하는 편이 낫다'라는 의미의 비교문을 만든다. 따라서 C → A의 순서가 된다. (C → A)

② A와 C는 주어를 가지고 있지 않으므로 첫 번째 문장이 될 수 없다. 따라서 주어 '我的自行车'가 있는 B가 첫 번째 문장이 된다. (B → C → A)

---

9 A 而且外国人
   B 也喜欢看
   C 这部电影不但中国人喜欢看

   A 외국인도
   B 보기 좋아한다
   C 이 영화는 중국인이 보기 좋아할 뿐만 아니라

→ 这部电影不但中国人喜欢看，而且外国人也喜欢看。

→ 이 영화는 중국인도 보기 좋아하지만 외국인도 보기 좋아한다.

不但……，而且…… búdàn……, érqiě…… ~뿐만 아니라 게다가 ~하다 | 外国人 wàiguórén ⑲ 외국인 | 喜欢 xǐhuan ⑧ 좋아하다 | 部 bù ⑱ 편[서적이나 영화 편수 등을 셀 때 쓰임] | 电影 diànyǐng ⑲ 영화

CAB 这部电影不但中国人喜欢看，而且外国人也喜欢看。

① A의 '而且'는 C의 '不但'과 함께 '不但……，而且……'의 형식으로 '~뿐만 아니라 게다가 ~하다'라는 의미를 나타내는 점층관계 접속사 구문을 만든다. 따라서 C → A의 순서가 된다. (C → A)

② 접속사 '而且'는 뒤에 범위부사 '也'와 함께 '而且……也……'의 형식으로 '~도 역시 ~하다'의 의미를 나타내므로 B는 A의 뒤에 와야 한다. (C → A → B)

10 A 有点儿热
　　　B 反而觉得
　　　C 我不但不觉得冷

　　→ 我不但不觉得冷，反而觉得有点儿热。

　　　A 조금 덥다
　　　B 오히려 느낀다
　　　C 나는 춥다고 느끼지 않을 뿐만 아니라

　　→ 나는 춥다고 느끼지 않을 뿐만 아니라 오히려 조금 덥다고 느낀다.

有点儿 yǒudiǎnr 〔부〕 조금 | 热 rè 〔형〕 덥다 | 不但不……, 反而…… búdànbù, fǎn'ér 〜하지 않을 뿐만 아니라 오히려 〜하다 | 冷 lěng 〔형〕 춥다

CBA 我<u>不但不</u>觉得冷，<u>反而</u>觉得有点儿热。

① '不但不……, 反而……'은 '〜하지 않을 뿐만 아니라 오히려 〜하다'라는 의미를 나타내는 점층관계 접속사 구문이므로 C → B의 순서가 된다. (C → B)

② A는 B의 동사 '觉得'의 목적어가 되므로 B 뒤에 위치해야 한다. (C → B → A)

11 A 另一方面是看望女朋友
　　　B 我到南京
　　　C 一方面是参加开会

　　→ 我到南京一方面是参加开会，另一方面是看望女朋友。

　　　A 다른 한편으로는 여자친구를 방문한다
　　　B 나는 난징에 왔다
　　　C 한편으로는 회의에 참가하고

　　→ 내가 난징에 온 것은 한편으로는 회의에 참석하고 다른 한편으로는 여자친구를 만나기 위해서이다.

一方面……, 另一方面…… yīfāngmiàn, lìng yīfāngmiàn 한편으로는 〜하고 다른 한편으로는 〜하다 | 看望 kànwàng 〔동〕 방문하다 | 女朋友 nǚpéngyou 여자친구 | 南京 Nánjīng 〔고유〕 난징, 남경 | 参加 cānjiā 〔동〕 참가하다, 참석하다 | 开会 kāihuì 〔동〕 회의를 열다

BCA 我到南京<u>一方面</u>是参加开会，<u>另一方面</u>是看望女朋友。

① '一方面……, 另一方面……'은 병렬관계 접속사 구문으로 '한편으로는 〜하고 다른 한편으로는 〜하다'라는 의미를 나타낸다. 서로 대등한 상황을 설명할 때 자주 쓰이며 뒤 절의 '一方面' 앞에는 '另'이 자주 함께 쓰인다. 따라서 C → A의 순서가 된다. (C → A)

② A와 C는 주어를 가지고 있지 않으므로 문장 맨 앞에 올 수 없다. 주어 '我'가 있는 B가 문장 맨 앞에 위치해야 한다. (B → C → A)

12 A 不但东西好
　　　B 这家商店
　　　C 而且价钱也便宜

　　→ 这家商店不但东西好，而且价钱也便宜。

　　　A 물건이 좋을 뿐만 아니라
　　　B 이 상점은
　　　C 게다가 값도 싸다

　　→ 이 상점은 물건이 좋을 뿐만 아니라 값도 싸다.

不但……, 而且…… búdàn, érqiě 〜뿐만 아니라 게다가 〜하다 | 东西 dōngxi 〔명〕 물건 | 商店 shāngdiàn 〔명〕 상점 | 价钱 jiàqian 〔명〕 가격 | 便宜 piányi 〔형〕 (값이) 싸다

BAC 这家商店<u>不但</u>东西好，<u>而且</u>价钱也便宜。

① '不但……，而且……'는 '~뿐만 아니라 게다가 ~하다'라는 의미를 나타내는 점층관계 접속사 구문이므로 A → C의 순서가 된다. 제2부분에서 단골로 출제되는 접속사 복문 문제이므로 해당 접속사를 찾으면 바로 문제를 풀 수 있도록 연습해야 한다. (A → C)

② B의 '这家商店'은 전체 문장의 주어가 되므로 문장 맨 앞에 위치해야 한다. (B → A → C)

---

13 A 我喜欢的颜色　　　　　　　　　　A 내가 좋아하는 색깔
　　B 宁可多花钱　　　　　　　　　　　B 차라리 돈을 더 쓸지언정
　　C 也要买　　　　　　　　　　　　　C 사겠다

　→ 宁可多花钱，也要买我喜欢的颜色。　→ 차라리 돈을 더 쓸지언정 내가 좋아하는 색깔을 사겠다.

颜色 yánsè 명 색깔 | 宁可……, 也…… nìngkě……, yě…… 차라리 ~할지언정 ~하다 | 花 huā 동 소비하다

BCA <u>宁可</u>多花钱，<u>也</u>要买我喜欢的颜色。

① B의 '宁可'는 C의 '也'와 함께 '宁可……, 也……'의 형식으로 '차라리 ~할지언정 ~하다', '설령 ~하더라도 ~하는 편이 낫다'라는 의미를 나타내는 선택관계 접속사 구문을 만든다. 따라서 B → C의 순서가 된다. (B → C)

② 의미상 A의 '我喜欢的颜色'가 C의 동사 '买'의 목적어가 되므로 A는 C 뒤에 와야 한다. (B → C → A)

---

14 A 还有美国学生　　　　　　　　　　A 미국학생도 있다
　　B 我们班除了中国留学生以外　　　　B 우리 반에는 중국 유학생을 제외하고
　　C 和韩国学生　　　　　　　　　　　C 한국학생과

　→ 我们班除了中国留学生以外，还有美国　→ 우리 반에는 중국 유학생을 제외하고 미국학생과 한국학생도 있다.
　　学生和韩国学生。

除了……以外, 还有…… chúle……yǐwài, háiyǒu…… ~을 제외하고 ~도 있다 | 美国 Měiguó 고유 미국 | 班 bān 명 반 | 留学生 liúxuéshēng 명 유학생 | 韩国 Hánguó 고유 한국

BAC 我们班<u>除了</u>中国留学生<u>以外</u>，<u>还有</u>美国学生和韩国学生。

① '除了……以外, 还有……'는 점층관계 접속사 구문으로 '~을 제외하고 ~도 있다'라는 의미를 나타낸다. 따라서 B → A의 순서가 된다. (B → A)

② 접속사 '和'는 '美国学生'과 '韩国学生' 사이에 놓여 두 개의 명사를 연결하는 역할을 하므로 C는 A 뒤에 와야 한다. (B → A → C)

15 A 这并不是小事
　　B 我前途的大事
　　C 而是关系到

A 이것은 결코 사소한 일이 아니다
B 내 미래의 큰일
C ~와도 관계되다

→ 这并不是小事，而是关系到我前途的大事。

→ 이것은 결코 사소한 일이 아니라 내 미래와도 관계된 큰일이다.

并 bìng 🏷 결코[부정의 어기를 강조함] | 不是……，而是…… búshì……, érshì…… ~이 아니고 ~이다 | 小事 xiǎoshì 🏷 사소한 일 | 前途 qiántú 🏷 미래 | 大事 dàshì 🏷 큰일 | 关系 guānxi 🏷 관계되다

ACB 这并不是小事，而是关系到我前途的大事。

① A의 '不是'는 C의 '而是'와 함께 '不是……, 而是……'의 선택관계 접속사 구문을 이루어 '~가 아니라 ~이다'라는 의미를 나타낸다. 따라서 A → C의 순서가 된다. (A → C)

② 문맥상 B의 '大事'는 C의 '关系到'의 목적어가 되므로 B는 C 뒤에 위치해야 한다. (A → C → B)

2 전환, 가정, 조건관계 접속사 복문 배열하기 p.72

정답	1 BCA	2 CBA	3 CBA	4 CBA	5 BCA	6 CBA
	7 BAC	8 ABC	9 CBA	10 CBA	11 BCA	12 ACB
	13 BAC	14 ACB	15 BCA			

1 A 我们都要实行
　　B 不论你们
　　C 赞成不赞成

A 우리는 실행해야 한다
B 너희가 ~를 막론하고
C 찬성하든지 안 하든지

→ 不论你们赞成不赞成，我们都要实行。

→ 너희가 찬성하든지 안 하든지를 막론하고 우리는 실행해야 한다.

不论……，都…… búlùn……, dōu…… ~을 막론하고 ~하다 | 实行 shíxíng 🏷 실행하다 | 赞成 zànchéng 🏷 찬성하다

BCA 不论你们赞成不赞成，我们都要实行。

① '不论……, 都……'는 '~을 막론하고 ~하다'라는 뜻을 나타내는 조건관계 접속사 구문이므로 B → A의 순서가 된다. (B → A)

② 조건관계 접속사 '不论'은 뒤에 '두 가지 이상의 가정(조건)'을 제시하므로 두 가지의 가정을 나타내는 C는 B 뒤에 위치해야 한다. (B → C → A)

2 A 字都写错了
　　B 我就不会发现
　　C 要不是他提醒我

→ 要不是他提醒我，我就不会发现字都写错了。

A 글자를 전부 잘못 썼다
B 나는 발견하지 못했을 것이다
C 만약 그가 상기시켜주지 않았다면

→ 만약 그가 상기시켜주지 않았다면 나는 글자를 전부 잘못 썼다는 것을 발견하지 못했을 것이다.

> 字 zì 명 글자 | 错 cuò 형 틀리다 | 要不是……, 就…… yàobúshì……, jiù…… 만약 ~하지 않았다면 곧 ~하다 | 发现 fāxiàn 동 발견하다 | 提醒 tíxǐng 동 일깨우다

CBA 要不是他提醒我，我就不会发现字都写错了。

① 문장 가운데 '만약 ~하지 않았다면 곧 ~하다'라는 뜻의 가정관계 접속사 복문 구조 '要不是……, 就……'가 있으므로 C → B의 순서가 된다. (C → B)

② A는 B의 동사 '发现'의 목적어가 되므로 B 뒤에 위치해야 한다. (C → B → A)

3 A 或者去咖啡厅喝茶
　　B 我就去看电影
　　C 如果今天不加班

→ 如果今天不加班我就去看电影或者去咖啡厅喝茶。

A 혹은 커피숍에 차를 마시러 간다
B 나는 영화를 보러 간다
C 만약 오늘 야근하지 않으면

→ 만약 오늘 야근하지 않으면 나는 영화를 보러 가거나 혹은 커피숍에 차를 마시러 갈 것이다.

> 或者 huòzhě 접 혹은 | 咖啡厅 kāfēitīng 명 커피숍 | 喝 hē 동 마시다 | 茶 chá 명 차 | 如果……就…… rúguǒ……jiù…… 만약 ~이라면 곧 ~하다 | 电影 diànyǐng 명 영화 | 加班 jiābān 동 초과 근무하다, 야근하다

CBA 如果今天不加班我就去看电影或者去咖啡厅喝茶。

① '如果……就……'는 '만약 ~이라면 곧 ~하다'라는 뜻을 나타내는 가정관계 접속사 구문이므로 C → B의 순서가 된다. (C → B)

② A의 선택관계 접속사 '或者'는 두 개의 선택사항 사이에 위치하여 '~혹은 ~'의 의미를 나타낸다. A와 B는 각각 '커피숍에 차를 마시러 간다'와 '영화를 보러 간다'의 두 가지 선택사항을 나타내므로 '或者'가 있는 A는 B 뒤에 위치해야 한다. (C → B → A)

4 A 所以总的来说还不错
　　B 但是给的奖金却很多
　　C 我们公司的工资虽然不多

→ 我们公司的工资虽然不多，但是给的奖金却很多，所以总的来说还不错。

A 그래서 종합해보면 매우 괜찮다
B 그러나 주는 보너스가 많다
C 우리 회사의 급여는 비록 많지 않다

→ 우리 회사의 급여는 비록 많지 않지만, 보너스가 굉장히 많아서 종합해보면 매우 괜찮다.

> 总的来说 zǒngdeláishuō 종합해보면 | 不错 búcuò 형 좋다 | 虽然……, 但是…… suīrán……, dànshì…… 비록 ~하지만 그러나 ~하다 | 奖金 jiǎngjīn 명 보너스 | 却 què 부 오히려 | 公司 gōngsī 명 회사 | 工资 gōngzī 명 월급

C B A 我们公司的工资虽然不多，但是给的奖金却很多，所以总的来说还不错。

① '虽然……, 但是……'는 전환관계 접속사 구문으로 '비록 ～하지만 그러나 ～하다'라는 뜻을 나타낸다. 따라서 C → B의 순서가 된다. (C → B)

② 인과관계 접속사 '所以'는 원인을 나타내는 문장 뒤에 위치하여 앞에서 제시한 원인에 대한 '결과'를 나타낸다. 또한 '总的来说'는 문장의 끝에 위치하여 앞의 내용에 대한 결론을 이끌어내므로 의미상 A는 문장 맨 끝에 위치해야 한다. (C → B → A)

5 A 想办法解决问题
B 即使时间不够
C 我们也应该

→ 即使时间不够，我们也应该想办法解决问题。

A 방법을 생각해서 문제를 해결하다
B 설령 시간이 부족하더라도
C 우리는 반드시 해야 한다

→ 설령 시간이 부족하더라도 우리는 반드시 방법을 생각해서 문제를 해결해야 한다.

办法 bànfǎ 몡 방법 | 解决 jiějué 동 해결하다 | 问题 wèntí 몡 문제 | 即使……, 也…… jíshǐ……, yě…… 설령 ～하더라도 ～하다 | 时间 shíjiān 몡 시간 | 不够 búgòu 혱 부족하다 | 应该 yīnggāi 조동 마땅히 ～해야 한다

B C A 即使时间不够，我们也应该想办法解决问题。

① '即使……, 也……'는 '설령 ～하더라도 ～하다'라는 뜻을 나타내는 가정관계 접속사 구문이므로 B → C의 순서가 된다. (B → C)

② A의 '想办法解决问题'는 C의 '应该'의 대상이므로 A는 C 뒤에 위치해야 한다. (B → C → A)

6 A 才能吃
B 只有煮熟了
C 这条鱼不能生吃

→ 这条鱼不能生吃，只有煮熟了，才能吃。

A 비로소 먹을 수 있다
B 익혀야만
C 이 생선은 날로 먹을 수 없다

→ 이 생선은 날로 먹을 수 없고 익혀야만 먹을 수 있다.

只有……, 才…… zhǐyǒu……, cái…… ～해야만 ～한다 | 煮 zhǔ 동 삶다 | 熟 shú 혱 익다 | 鱼 yú 몡 생선 | 生吃 shēngchī 동 날것으로 먹다

C B A 这条鱼不能生吃，只有煮熟了，才能吃。

① B의 '只有'는 A의 '才'와 함께 '只有……, 才……'의 형식으로 '～해야만 ～한다'라는 의미의 조건관계를 나타낸다. 따라서 B → A의 순서가 된다. (B → A)

② A와 B는 주어가 없으므로 첫 번째 문장이 될 수 없다. 주어 '这条鱼'가 있는 C가 첫 번째 문장이 된다. (C → B → A)

7　A 只要你能上网
　　B 现在在网上可以做很多事情
　　C 就能购物、聊天、查资料等等

→ 现在在网上可以做很多事情，只要你能上网就能购物、聊天、查资料等等。

A 인터넷에 접속할 수만 있으면
B 요즘은 인터넷에서 많은 것들을 할 수 있다
C 쇼핑, 채팅, 자료 찾기 등을 할 수 있다

→ 요즘은 인터넷에 접속할 수만 있으면 쇼핑, 채팅, 자료 찾기 등 많은 것들을 할 수 있다.

只要……就…… zhǐyào……jiù…… ~하기만 하면 ~하다 | 上网 shàngwǎng 동 인터넷하다 | 事情 shìqing 명 일 | 购物 gòuwù 동 구매하다 | 聊天 liáotiān 동 수다떨다 | 查 chá 동 조사하다 | 资料 zīliào 명 자료 | 等等 děngděng 조 등등

BAC 现在在网上可以做很多事情，**只要**你能上网**就**能购物、聊天、查资料等等。

① A의 '只要'는 C의 '就'와 함께 '只要……就……'의 형식으로 '~하기만 하면 ~하다'라는 의미를 나타내는 조건관계 접속사 구문을 만든다. 따라서 A → C의 순서가 된다. (A → C)

② B는 전체 상황의 진술이고 A와 C는 그에 대한 부연설명이므로 B는 문장 맨 앞에 위치해야 한다. (B → A → C)

8　A 现在很多人喜欢看电视
　　B 他们每天花大量的时间看电视
　　C 但不愿意花一点儿时间看书

→ 现在很多人喜欢看电视，他们每天花大量的时间看电视，但不愿意花一点儿时间看书。

A 요즘 많은 사람들은 TV 보는 것을 좋아한다
B 그들은 매일 많은 시간을 쓰며 TV를 본다
C 그러나 조금의 시간을 들여서도 책 읽는 것은 원하지 않는다

→ 요즘 많은 사람들이 TV 보는 것을 좋아한다. 그들은 매일 많은 시간을 쓰며 TV를 보지만 조금의 시간을 들여서도 책 읽는 것은 원하지 않는다.

现在 xiànzài 명 현재 | 电视 diànshì 명 텔레비전, TV | 每天 měitiān 명 매일 | 花 huā 동 (시간을) 쓰다, 사용하다 | 大量 dàliàng 명 대량 | 时间 shíjiān 명 시간 | 愿意 yuànyi 조동 ~하기를 원하다 | 一点儿 yìdiǎnr 수량 조금

ABC 现在很多人喜欢看电视，他们每天花大量的时间看电视，**但**不愿意花一点儿时间看书。

① B의 인칭대사 '他们'은 A에서 말한 'TV 보는 것을 좋아하는 많은 사람들'을 나타내므로 B는 A 뒤에 위치한다. (A → B)

② C의 전환관계 접속사 '但'은 상반되는 의미를 가진 두 문장 사이에 위치하므로, 문장의 의미상 '但'이 있는 C는 B 뒤에 위치해야 한다. (A → B → C)

9　A 找他帮忙
　　B 都不愿意
　　C 我们无论有什么困难

→ 我们无论有什么困难，都不愿意找他帮忙。

A 그에게 찾아가 도움을 청하다
B 원하지 않다
C 우리는 어떠한 어려움이 있더라도

→ 우리는 어떠한 어려움이 있더라도 그에게 찾아가 도움을 청하는 것은 원하지 않는다.

找 zhǎo 동 찾다 | 帮忙 bāngmáng 동 돕다 | 无论……，都…… wúlùn……, dōu…… ~을 막론하고 ~하다 | 愿意 yuànyi 조동 ~하기를 원하다 | 困难 kùnnan 명 어려움

CBA 我们无论有什么困难，都不愿意找他帮忙。

① '无论……, 都……'는 '~을 막론하고 ~하다'라는 의미를 나타내는 조건관계 접속사 구문이므로 C → B의 순서가 된다. (C → B)

② '无论……, 都……'는 앞 문장에서 '조건'을 제시하고, 뒤 문장에서는 '조건과 상관없이 변하지 않는 결과'를 제시하므로 문장의 결과인 A는 B 뒤에 위치해야 한다. (C → B → A)

10 A 好的工作
B 但是仍然找不到
C 尽管他做了各种努力

→ 尽管他做了各种努力，但是仍然找不到好的工作。

A 좋은 일
B 그러나 여전히 찾지 못했다
C 비록 그는 여러 노력을 했지만

→ 비록 그는 여러 노력을 했지만 여전히 좋은 일을 찾지 못했다.

工作 gōngzuò 명 일 | 尽管……, 但是…… jǐnguǎn……, dànshì…… 비록 ~하지만 그러나 ~하다 | 仍然 réngrán 부 여전히 | 各种 gèzhǒng 형 각종 | 努力 nǔlì 명 노력

CBA 尽管他做了各种努力，但是仍然找不到好的工作。

① '尽管……, 但是……'는 '비록 ~하지만 그러나 ~하다'라는 의미의 전환관계 접속사 구문이므로 C → B의 순서가 된다. (C → B)

② A의 '好的工作'는 B의 술어 '找不到'의 목적어가 되므로 A는 B 뒤에 위치해야 한다. (C → B → A)

11 A 就不能解决
B 假如你不能去的话
C 这个问题

→ 假如你不能去的话，这个问题就不能解决。

A 해결할 수 없다
B 만약 네가 갈 수 없다면
C 이 문제

→ 만약 네가 갈 수 없다면 이 문제는 해결할 수 없다.

解决 jiějué 동 해결하다 | 假如……, 就…… jiǎrú……, jiù…… 만약 ~이라면 곧 ~하다 | 问题 wèntí 명 문제

BCA 假如你不能去的话，这个问题就不能解决。

① B의 '假如'는 A의 '就'와 함께 '假如……, 就……'의 형식으로 '만약 ~이라면 곧 ~하다'라는 의미인 가정관계 접속사 구문을 만든다. 따라서 B → A의 순서가 된다. (B → A)

② C의 '这个问题'는 A의 동사 '解决'의 주어가 되므로 C는 A 앞에 위치해야 한다. (B → C → A)

12 A 除非他们
　　 B 我才能相信他们
　　 C 拿出证据来

　　A 그들이 ~해야만
　　B 나는 그들을 믿을 수 있다
　　C 증거를 제시하다

　→ 除非他们拿出证据来，我才能相信他们。
　→ 그들이 증거를 제시해야만 나는 그들을 믿을 수 있다.

除非……，才…… chúfēi……, cái…… ~해야만 ~하다 | **相信** xiāngxìn 图 믿다 | **拿出来** náchūlái 꺼내다 | **证据** zhèngjù 图 증거

ACB 除非他们拿出证据来，我才能相信他们。

① '除非……，才……'는 '~해야만 ~한다'라는 의미를 나타내는 조건관계 접속사 구문이므로 A → B의 순서가 된다. (A → B)

② A의 '他们'은 C의 '拿出证据来'의 주어가 되므로 A는 C 앞에 위치해야 한다. (A → C → B)

13 A 没时间
　　 B 虽然他工作很忙
　　 C 但是每天给女儿打电话

　　A 시간이 없다
　　B 비록 그는 일이 바쁘지만
　　C 그러나 매일 딸에게 전화를 한다

　→ 虽然他工作很忙没时间，但是每天给女儿打电话。
　→ 비록 그는 일이 바빠서 시간이 없지만 매일 딸에게 전화를 한다.

虽然……，但是…… suīrán……, dànshì…… 비록 ~하지만 그러나 ~하다 | **忙** máng 图 바쁘다 | **每天** měitiān 图 매일 | **女儿** nǚér 图 딸 | **打电话** dǎ diànhuà 전화를 하다

BAC 虽然他工作很忙没时间，但是每天给女儿打电话。

① 문장 가운데 '비록 ~하지만 그러나 ~하다'라는 의미를 가진 전환관계 접속사 구문 '虽然……，但是……'가 있으므로 B → C의 순서가 된다. (B → C)

② A의 '没时间'은 B의 '工作很忙'의 '결과'가 되므로 A는 B 뒤에 위치해야 한다. (B → A → C)

14 A 如果你有问题
　　 B 那么找他请帮忙
　　 C 不能解决

　　A 만약 너에게 문제가 있다면
　　B 그럼 그에게 찾아가 도움을 청해라
　　C 해결할 수 없다

　→ 如果你有问题不能解决，那么找他请帮忙。
　→ 만약 해결이 안 되는 문제가 있으면 그에게 찾아가 도움을 청해라.

如果……，那么…… rúguǒ……, nàme…… 만약 ~이라면 그럼 ~하다 | **问题** wèntí 图 문제 | **找** zhǎo 图 찾다 | **帮忙** bāngmáng 图 돕다 | **解决** jiějué 图 해결하다

ACB 如果你有问题不能解决，那么找他请帮忙。

① '如果……, 那么……'는 가정관계 접속사 구문으로 '만약 ~이라면 그럼 ~하다'라는 의미를 나타낸다. 따라서 A → B의 순서가 된다. (A → B)

② C의 동사 '解决'는 A의 명사 '问题'와 호응하여 '문제를 해결하다'라는 의미를 나타내므로 C는 A 뒤에 위치해야 한다. (A → C → B)

15 A 出国留学
    B 不管他们同意不同意
    C 反正我们也要

    → 不管他们同意不同意，反正我们也要出国留学。

    A 외국으로 유학 가다
    B 그들이 동의를 하든지 하지 않든지
    C 어쨌든 우리는 ~할 것이다

    → 그들이 동의를 하든 하지 않든 어쨌든 우리는 외국으로 유학을 갈 것이다.

出国 chūguó 통 출국하다 | 留学 liúxué 통 유학하다 | 不管……, 也…… bùguǎn……, yě…… ~을 막론하고 ~하다 | 同意 tóngyì 통 동의하다 | 反正 fǎnzhèng 부 어쨌든

BCA 不管他们同意不同意，反正我们也要出国留学。

① 문장 가운데 '~을 막론하고 ~하다'라는 의미를 가진 조건관계 접속사 구문 '不管……, 也……'가 있으므로 B → C의 순서가 된다. (B → C)

② C의 조동사 '要' 뒤에는 동사가 와야 하므로 A의 '出国留学'는 C 뒤에 위치해야 한다. (B → C → A)

3 인과, 목적, 연속관계 접속사 복문 배열하기 p.82

정답						
	1 CBA	2 ACB	3 BCA	4 BAC	5 BCA	6 BAC
	7 BCA	8 CAB	9 BCA	10 ACB	11 CAB	12 ACB
	13 BAC	14 CAB	15 ABC			

1   A 做好准备
    B 我们提前
    C 为了搞好工作

    → 为了搞好工作，我们提前做好准备。

    A 준비를 잘 하다
    B 우리는 사전에
    C 일을 잘 마치기 위해서

    → 일을 잘 마치기 위해서 우리는 사전에 준비를 잘 해야 한다.

准备 zhǔnbèi 동 준비하다 | 提前 tíqián 동 (시간을) 앞당기다 | 为了 wèile 접 ~을 위하여 | 搞 gǎo 동 ~을 하다

CBA 为了搞好工作，我们提前做好准备。

① B의 '我们'은 의미상 A의 '做好准备'의 주어가 되므로 B → A의 순서가 된다. (B → A)
② 목적관계 접속사 '为了'는 문장 맨 앞에 위치하여 뒤에 제시하는 행동에 대한 '목적'을 나타내므로 C는 문장 맨 앞에 와야 한다. (C → B → A)

2　A　教练说不能参加比赛　　　　　　A　코치가 시합에 참여할 수 없다고 말했다
　　 B　都失去了信心　　　　　　　　　B　모두 자신감을 잃었다
　　 C　以致队员　　　　　　　　　　　C　팀원들은 ~하게 되다

　　→ 教练说不能参加比赛，以致队员都失去　　→ 코치가 시합에 참여할 수 없다고 말해서 팀원들은 자신감을 잃었다.
　　　了信心。

教练 jiàoliàn 명 코치 | 参加 cānjiā 동 참여하다 | 比赛 bǐsài 명 시합 | 失去 shīqù 동 잃다 | 信心 xìnxīn 명 자신감 | 以致 yǐzhì 접 (부정적 결과를) 초래하다 | 队员 duìyuán 명 팀원

ACB 教练说不能参加比赛，以致队员都失去了信心。

① 인과관계 접속사 '以致'는 그 뒤에 어떤 원인에 대한 '부정적인 결과'를 나타내므로 문장의 의미상 C → B의 순서가 된다. (C → B)
② A는 결과에 대한 '원인'을 설명하는 문장이므로 의미상 문장 맨 앞에 위치해야 한다. (A → C → B)

3　A　一份理想的工作　　　　　　　　A　이상적인 직업
　　 B　他一毕业　　　　　　　　　　　B　그는 졸업하자마자
　　 C　就找到了　　　　　　　　　　　C　곧 찾았다

　　→ 他一毕业，就找到了一份理想的工作。　　→ 그는 졸업하자마자 이상적인 직업을 찾았다.

理想 lǐxiǎng 형 이상적이다 | 工作 gōngzuò 명 일 | 一……, 就…… yī……, jiù…… ~하자마자 곧 ~하다 | 毕业 bìyè 동 졸업하다 | 找 zhǎo 동 찾다

BCA 他一毕业，就找到了一份理想的工作。

① '一……, 就……'는 '~하자마자 곧 ~하다'라는 뜻의 연속관계 접속사 구문이므로 B → C의 순서가 된다. (B → C)
② A의 '工作'는 C의 동사 '找'의 목적어가 되므로 문장 맨 끝에 위치해야 한다. (B → C → A)

4 A 为的是提高
B 我努力学习
C 自己的汉语水平

→ 我努力学习，为的是提高自己的汉语水平。

A 향상시키기 위해서이다
B 나는 열심히 공부한다
C 자신의 중국어 실력

→ 내가 열심히 공부하는 것은 나의 중국어 실력을 향상시키기 위해서이다.

为的是 wèideshì 접 ~을 위해서이다 | 提高 tígāo 동 향상시키다 | 努力 nǔlì 동 노력하다 | 学习 xuéxí 동 공부하다 | 汉语 Hànyǔ 명 중국어 | 水平 shuǐpíng 명 수준

BAC 我努力学习，为的是提高自己的汉语水平。

① C의 '自己的汉语水平'은 A의 동사 '提高'의 목적어이므로 A → C의 순서가 된다. (A → C)
② 목적관계 접속사 '为的是' 앞에는 '목적'을 이루기 위한 '행동'을 설명하는 문장이 와야하므로 의미상 B는 문장 맨 앞에 위치해야 한다. (B → A → C)

5 A 再后悔了
B 既然她已经走了
C 就不要

→ 既然她已经走了，就不要再后悔了。

A 더 후회하다
B 그녀가 이미 떠났으니
C ~하지 마라

→ 그녀가 이미 떠났으니 더 이상 후회하지 말아라.

再 zài 부 다시 | 后悔 hòuhuǐ 동 후회하다 | 既然……, 就…… jìrán……, jiù…… 기왕 ~하게 된 바에야 ~하다

BCA 既然她已经走了，就不要再后悔了。

① 문장 가운데 인과관계 접속사 구문을 만드는 '既然'과 '就'가 보인다. '既然……, 就……'의 형식으로 '기왕 ~하게 된 바에야 ~하다'라는 뜻을 나타내므로 B → C의 순서가 된다. (B → C)
② '既然……, 就……'는 앞 문장에서 '결과(이미 실현되었거나 확정된 일)'를 제시하고, 뒤 문장에서 '주관적인 판단(권유)'을 나타내므로 문장의 의미상 권유를 나타내는 A는 문장 맨 끝에 위치해야 한다. (B → C → A)

6 A 先吃了两碗米饭
B 我太饿了
C 然后又吃了一个汉堡包

→ 我太饿了，先吃了两碗米饭，然后又吃了一个汉堡包。

A 먼저 밥 두 공기를 먹었다
B 나는 너무 배가 고프다
C 그런 후에 햄버거 한 개를 또 먹었다

→ 나는 너무 배가 고파서 먼저 밥 두 공기를 먹고 그런 후에 햄버거 한 개를 또 먹었다.

先……, 然后…… xiān……, ránhòu…… 먼저 ~하고 나서 그 후에 ~하다 | 碗 wǎn 양 그릇 | 米饭 mǐfàn 명 쌀밥 | 饿 è 형 배고프다 | 又 yòu 부 또 | 汉堡包 hànbǎobāo 명 햄버거

BAC 我太饿了，先吃了两碗米饭，然后又吃了一个汉堡包。

① A의 '先'은 C의 '然后'와 함께 '先……, 然后……'의 형식으로 '먼저 ~하고나서 그 후에 ~하다'라는 연속관계를 나타낸다. 따라서 A → C의 순서가 된다. (A → C)

② A와 C는 주어가 없으므로 첫 번째 문장이 될 수 없다. 따라서 주어 '我'가 있는 B가 첫 번째 문장이 된다. (B → A → C)

---

7 A 省得让父母担心　　　　　　　　　A 부모님이 걱정하지 않도록
　　B 你在动物园里　　　　　　　　　　B 너는 동물원 안에서
　　C 应该听话　　　　　　　　　　　　C 말을 잘 들어야 한다

→ 你在动物园里应该听话，省得让父母担心。　　→ 너는 부모님이 걱정하지 않도록 동물원 안에서 말을 잘 들어라.

省得 shěngde 접 ~하지 않도록 | 父母 fùmǔ 명 부모 | 担心 dānxīn 동 걱정하다 | 动物园 dòngwùyuán 명 동물원 | 应该 yīnggāi 조동 마땅히 ~해야 한다 | 听话 tīnghuà 동 말을 잘 듣다

BCA 你在动物园里应该听话，省得让父母担心。

① 문장의 의미상 B의 '你'는 C의 동사 '听话'의 주어이므로 B → C의 순서가 된다. (B → C)

② 목적관계 접속사 '省得'는 '목적을 위한 행동'과 '목적(바라지 않는 결과)' 사이에 위치하므로 A는 '목적을 위한 행동(应该听话)'인 C 뒤에 위치해야 한다. (B → C → A)

---

8 A 因而飞机　　　　　　　　　　　　A 그래서 비행기가
　　B 没有按时到达　　　　　　　　　　B 제시간에 도착하지 않았다
　　C 今天天气不好　　　　　　　　　　C 오늘은 날씨가 좋지 않다

→ 今天天气不好，因而飞机没有按时到达。　　→ 오늘은 날씨가 좋지 않아서 비행기가 제시간에 도착하지 않았다.

因而 yīn'ér 접 이리하여 | 飞机 fēijī 명 비행기 | 按时 ànshí 부 제때에 | 到达 dàodá 동 도착하다 | 天气 tiānqì 명 날씨

CAB 今天天气不好，因而飞机没有按时到达。

① 문장의 의미상 B의 동사 '到达'는 A의 명사 '飞机'의 술어가 되므로 A → B의 순서가 된다. (A → B)

② 인과관계 접속사 '因而' 앞에는 '원인'을 설명하는 문장이 와야하므로 C는 문장 맨 앞에 위치해야 한다. (C → A → B)

---

9 A 人们的心理也受到了一定的影响　　　A 사람들의 심리도 어느 정도 영향을 받았다
　　B 因为这场大地震　　　　　　　　　　B 이번 대지진으로 인해서
　　C 日本的经济受到了很大的影响　　　　C 일본의 경제는 엄청난 영향을 받았다

→ 因为这场大地震，日本的经济受到了很大的影响，人们的心理也受到了一定的影响。　　→ 이번 대지진으로 인해서 일본의 경제는 엄청난 영향을 받았고, 사람들의 심리도 어느 정도 영향을 받았다.

心理 xīnlǐ 명 심리 | 也 yě 부 역시 | 受到 shòudào 통 받다 | 一定 yídìng 형 어느 정도의 | 影响 yǐngxiǎng 명 영향 | 因为 yīnwèi 접 ~때문에 | 地震 dìzhèn 명 지진 | 日本 Rìběn 고유 일본 | 经济 jīngjì 명 경제

BCA 因为这场大地震，日本的经济受到了很大的影响，人们的心理也受到了一定的影响。

① A의 범위부사 '也'는 같은 술어를 갖고 있는 두 문장 가운데 두 번째 문장의 술어 앞에 위치하므로 C → A의 순서가 된다. (C → A)

② 인과관계 접속사 '因为'가 있는 B는 전체 문장의 '원인'을 설명하는 문장이므로 문장 맨 앞에 위치해야 한다. (B → C → A)

10 A 女朋友之所以
B 是因为她觉得心里难过
C 和别人结婚了

A 여자친구는 그래서
B 그녀는 마음이 괴로웠기 때문에
C 다른 사람과 결혼했다

→ 女朋友之所以和别人结婚了，是因为她觉得心里难过。

→ 여자친구는 마음이 괴로웠기 때문에 다른 사람과 결혼했다.

女朋友 nǚpéngyou 명 여자친구 | 之所以……，是因为…… zhīsuǒyǐ……, shìyīnwèi…… ~인 까닭은 ~때문이다 | 觉得 juéde 통 ~라고 느끼다 | 心里 xīnli 명 마음 | 难过 nánguò 형 괴롭다 | 别人 biérén 대 다른 사람 | 结婚 jiéhūn 통 결혼하다

ACB 女朋友之所以和别人结婚了，是因为她觉得心里难过。

① '之所以……，是因为……'는 인과관계 접속사 구문으로 '~인 까닭은 ~때문이다'라는 의미로 쓰인다. 따라서 A → B의 순서가 된다. (A → B)

② 인과관계 접속사 '之所以' 뒤에는 '결과'를 설명하는 문장이 위치하므로 C는 A 뒤에 와야 한다. (A → C → B)

11 A 既干净又安静
B 所以我非常满意
C 因为我的房间

A 깨끗하고 조용하다
B 그래서 나는 매우 만족한다
C 내 방은 ~하기 때문에

→ 因为我的房间既干净又安静，所以我非常满意。

→ 내 방은 깨끗하고 조용해서 나는 매우 만족한다.

既……又…… jì……yòu…… ~하기도 하고 ~하기도 하다 | 干净 gānjìng 형 깨끗하다 | 安静 ānjìng 형 조용하다 | 因为……，所以…… yīnwèi……, suǒyǐ…… 접 ~때문에 ~하다 | 满意 mǎnyì 통 만족하다 | 房间 fángjiān 명 방

CAB 因为我的房间既干净又安静，所以我非常满意。

① C의 '因为'는 B의 '所以'와 함께 '因为……，所以……'의 형식으로 '~때문에 ~하다'라는 의미의 인과관계를 나타낸다. 따라서 C → B의 순서가 된다. (C → B)

② 문장의 의미상 C의 명사 '房间'은 A의 주어가 되므로 A는 C 뒤에 위치해야 한다. (C → A → B)

12 A 我们先找个饭馆吃饭
　　B 接着做吧
　　C 一个小时后回来

→ 我们先找个饭馆吃饭，一个小时后回来接着做吧 。

A 우리 먼저 식당을 찾아 식사를 하고
B 이어서 하자
C 1시간 후에 돌아오다

→ 우리 먼저 식당을 찾아서 식사를 하고 1시간 후에 돌아와서 이어서 하자.

先……, 接着…… xiān…, jiēzhe… 먼저 ~하고 나서 이어서 ~하다 | 找 zhǎo 동 찾다 | 饭馆 fànguǎn 명 식당 | 回来 huílái 동 돌아오다

ACB 我们先找个饭馆吃饭，一个小时后回来接着做吧。

① '先……, 接着……'는 '먼저 ~하고 나서 이어서 ~하다'라는 의미의 연속관계 접속사 구문이므로 A → B의 순서가 된다. (A → B)
② C는 시간 순서상 '식사를 하고 난 후'의 상황이 되므로 A 뒤에 위치해야 한다. (A → C → B)

13 A 不努力学习
　　B 由于他平时
　　C 所以考不上大学了

→ 由于他平时不努力学习，所以考不上大学了。

A 열심히 공부하지 않는다
B 그는 평소에 ~했기 때문에
C 그래서 대학에 합격하지 못했다

→ 그는 평소에 열심히 공부하지 않았기 때문에 대학에 합격하지 못했다.

努力 nǔlì 동 노력하다 | 由于……, 所以…… yóuyú…, suǒyǐ… ~때문에 그래서 ~하다 | 平时 píngshí 명 평소 | 考不上 kǎobushàng 시험에 떨어지다 | 大学 dàxué 명 대학

BAC 由于他平时不努力学习，所以考不上大学了。

① '由于……, 所以……'는 '~때문에 그래서 ~하다'라는 의미를 나타내는 인과관계 접속사 구문이므로 B → C의 순서가 된다. (B → C)
② B의 인과관계 접속사 '由于' 뒤에는 '원인'을 설명하는 문장이 위치하므로 A는 B 뒤에 와야 한다. (B → A → C)

14 A 是因为我们没有采取
　　B 适当的措施
　　C 这种问题之所以发生

→ 这种问题之所以发生，是因为我们没有采取适当的措施。

A 우리가 취하지 않았기 때문이다
B 적절한 조치
C 이런 문제가 발생한 이유는

→ 이런 문제가 발생한 이유는 우리가 적절한 조치를 취하지 않았기 때문이다.

之所以……, 是因为…… zhīsuǒyǐ…, shìyīnwèi… ~인 까닭은 ~때문이다 | 采取 cǎiqǔ 동 취하다 | 适当 shìdàng 동 적합하다 | 措施 cuòshī 명 조치 | 问题 wèntí 명 문제 | 发生 fāshēng 발생하다

CAB 这种问题之所以发生，是因为我们没有采取适当的措施。

① '之所以……, 是因为……'는 '～인 까닭은 ～때문이다'라는 의미를 나타내는 인과관계 접속사 구문이므로 C → A 의 순서가 된다. (C → A)

② B의 명사 '措施'는 A의 동사 '采取'와 호응하여 '采取措施'의 형식으로 쓰여 '조치를 취하다'라는 의미를 나타내므로 B는 A 뒤에 위치해야 한다. (C → A → B)

15 A 由于大家的意见都不同
B 因此今天讨论了
C 很长时间

→ 由于大家的意见都不同，因此今天讨论了很长时间。

A 모두의 의견이 다 다르기 때문에
B 그래서 오늘 토론을 했다
C 오랜 시간 동안

→ 모두의 의견이 다 다르기 때문에 오늘은 오랜 시간 동안 토론을 했다.

由于……, 因此…… yóuyú……, yīncǐ…… ~때문에 ~하다 | 大家 dàjiā 때 모두 | 意见 yìjiàn 몡 의견 | 不同 bùtóng 혱 다르다 | 讨论 tǎolùn 동 토론하다

ABC 由于大家的意见都不同，因此今天讨论了很长时间。

① '由于……, 因此……'는 인과관계 접속사 구문으로 '～때문에 ～하다'라는 의미를 나타낸다. 따라서 A → B의 순서가 된다. (A → B)

② C의 '很长时间'은 B의 동사 '讨论' 뒤에 위치하여 동작이 일어난 시간의 양을 나타내는 '시량보어'가 되므로 C는 B 뒤에 위치해야 한다. (A → B → C)

4 중국어 문장의 흐름 p.91

정답						
	1 ABC	**2** CBA	**3** ACB	**4** CBA	**5** ACB	**6** ABC
	7 BCA	**8** BCA	**9** CBA	**10** CBA	**11** CAB	**12** CAB
	13 BAC	**14** CAB	**15** BCA			

1 A 今年的天气特别奇怪
B 立春以后
C 天气反而更冷了

→ 今年的天气特别奇怪，立春以后，天气反而更冷了。

A 올해 날씨가 매우 이상하다
B 입춘 이후에
C 날씨가 오히려 더 추워졌다

→ 올해 날씨가 매우 이상해서 입춘 이후에 날씨가 오히려 더 추워졌다.

今年 jīnnián 명 올해 | 天气 tiānqì 명 날씨 | 特别 tèbié 부 매우 | 奇怪 qíguài 형 이상하다 | 立春 lìchūn 명 입춘 | 反而 fǎn'ér 부 오히려 | 更 gèng 부 훨씬 | 冷 lěng 형 춥다

> **ABC** 今年的天气特别奇怪，立春以后，天气反而更冷了。
>
> ① 이 문장은 '올해 날씨(큰 범위) → 입춘 이후(작은 범위)'의 논리가 성립되므로 A → B의 순서가 된다. (A → B)
>
> ② C는 B 뒤에 위치하여 '立春以后'의 날씨가 어떠한지를 구체적으로 설명하는 문장이므로 문장 맨 끝에 위치해야 한다. (A → B → C)

2 A 后来她终于实现了这个梦想 | A 후에 그녀는 결국 이 꿈을 이루었다
    B 长大后她也没有放弃 | B 큰 후에도 그녀는 포기하지 않았다
    C 我妹妹小时候有一个当老师的梦想 | C 내 여동생은 어릴 때 선생님이 되고자 하는 꿈이 있었다

→ 我妹妹小时候有一个当老师的梦想，长大后她也没有放弃，后来她终于实现了这个梦想。 | → 내 여동생은 어릴 때 선생님이 되고자 하는 꿈이 있었는데, 크고 난 후에도 포기하지 않아서 후에 그녀는 결국 이 꿈을 이루었다.

后来 hòulái 부 그 후에 | 终于 zhōngyú 부 마침내 | 实现 shíxiàn 동 실현하다 | 梦想 mèngxiǎng 명 꿈 | 长大 zhǎngdà 동 성장하다 | 放弃 fàngqì 동 포기하다 | 妹妹 mèimei 명 여동생 | 小时候 xiǎoshíhou 명 어렸을 때 | 当 dāng 동 ~이 되다 | 老师 lǎoshī 명 선생님

> **CBA** 我妹妹小时候有一个当老师的梦想，长大后她也没有放弃，后来她终于实现了这个梦想。
>
> ① 문장 가운데 시간을 나타내는 표현 '小时候'와 '长大后'가 있으므로 시간상 C → B의 순서가 된다. (C → B)
>
> ② B는 A와 호응하여 '포기하지 않았기 때문에 꿈을 이루었다'는 의미의 '인과관계'를 나타내고 있으므로 B는 A 앞에 위치해야 한다. (C → B → A)

3 A 世界上的人有很多种 | A 세상에는 다양한 사람들이 있다
    B 总是受到别人的尊重 | B 항상 다른 이들의 존경을 받는다
    C 喜欢帮助别人的人 | C 남을 돕기 좋아하는 사람

→ 世界上的人有很多种，喜欢帮助别人的人总是受到别人的尊重。 | → 세상에는 다양한 사람들이 있는데 남을 돕기 좋아하는 사람은 항상 다른 이들의 존경을 받는다.

世界 shìjiè 명 세계 | 总是 zǒngshì 부 늘 | 受到 shòudào 동 받다 | 别人 biérén 대 다른 사람 | 尊重 zūnzhòng 동 존중하다 | 帮助 bāngzhù 동 돕다

> **ACB** 世界上的人有很多种，喜欢帮助别人的人总是受到别人的尊重。
>
> ① 이 문장은 '다양한 사람들(큰 개념, 추상적) → 남을 돕기 좋아하는 사람(작은 개념, 구체적)'의 논리가 성립되므로 A → C의 순서가 된다. (A → C)
>
> ② B의 '总是受到别人的尊重'의 대상은 C의 '喜欢帮助别人的人'이므로 B는 C 뒤에 위치해야 한다. (A → C → B)

4
A 就不会有明天的比赛了
B 如果他们输了
C 今天的比赛他们赢了

→ 今天的比赛他们赢了，如果他们输了，就不会有明天的比赛了。

A 내일 시합은 없을 것이다
B 만약 그들이 졌다면
C 오늘 시합은 그들이 이겼다

→ 오늘 시합은 그들이 이겼다. 만약 그들이 졌다면 내일 시합은 없었을 것이다.

如果……, 就…… rúguǒ……, jiù…… 만약 ~라면 곧 ~하다 | 比赛 bǐsài 명 시합 | 输 shū 동 패하다, 지다 | 赢 yíng 동 이기다

> **CBA** 今天的比赛他们赢了，如果他们输了，就不会有明天的比赛了。
> ① '如果……, 就……'는 '만약 ~라면 곧 ~하다'라는 뜻의 가정관계 접속사 구문이므로 B → A의 순서가 된다. (B → A)
> ② 문장 가운데 시간을 나타내는 표현 '今天'과 '明天'이 있으므로, 시간 순서상 '今天'이 있는 C는 문장 맨 앞에 위치해야 한다. (C → B → A)

5
A 韩国人很热情
B 每次遇到问题都有人帮助我
C 对外国人也很友好

→ 韩国人很热情，对外国人也很友好，每次遇到问题都有人帮助我。

A 한국사람은 매우 친절하다
B 매번 문제가 생길 때마다 나를 도와준다
C 외국인에게도 우호적이다

→ 한국사람은 매우 친절하고 외국인에게도 우호적이라 매번 (내게) 문제가 생길 때마다 나를 도와준다.

热情 rèqíng 형 친절하다 | 每次 měicì 매번 | 遇到 yùdào 동 만나다 | 问题 wèntí 명 문제 | 帮助 bāngzhù 동 돕다 | 外国人 wàiguórén 명 외국인 | 友好 yǒuhǎo 형 우호적이다

> **ACB** 韩国人很热情，对外国人也很友好，每次遇到问题都有人帮助我。
> ① 범위부사 '也'가 있는 C는 A의 주어 '韩国人'의 두 번째 특징을 설명하는 문장이므로, 문장의 의미상 A → C의 순서가 된다. (A → C)
> ② '한국사람은 친절하고 우호적이다(큰 개념) → 매번 문제가 생길 때마다 도와준다(작은 개념)'의 논리가 성립되므로 B는 문장 맨 끝에 위치해야 한다. (A → C → B)

6
A 以前猫是喜欢吃老鼠的
B 现在的猫都吃猫粮
C 看见老鼠也不吃了

→ 以前猫是喜欢吃老鼠的，现在的猫都吃猫粮看见老鼠也不吃了。

A 예전 고양이는 쥐 먹는 것을 좋아했다
B 요즘 고양이는 모두 사료를 먹는다
C 쥐를 보아도 먹지 않는다

→ 예전 고양이는 쥐 먹는 것을 좋아했으나 요즘 고양이는 모두 사료를 먹어서 쥐를 보아도 먹지 않는다.

以前 yǐqián 명 이전 | 猫 māo 명 고양이 | 老鼠 lǎoshǔ 명 쥐 | 粮 liáng 명 식량 | 看见 kànjiàn 동 보다

ABC 以前猫是喜欢吃老鼠的，现在的猫都吃猫粮看见老鼠也不吃了。

① 문장 가운데 시간명사 '以前'과 '现在'가 있으므로 시간상 A → B의 순서가 된다. (A → B)

② C는 '예전 상황에 대한 현재의 새로운 변화'를 설명하는 문장이므로 문장 맨 끝에 위치해야 한다. (A → B → C)

7 A 省得爸爸妈妈担心
　　B 到了中国以后
　　C 要多给家里打电话

→ 到了中国以后要多给家里打电话，省得爸爸妈妈担心。

A 아빠, 엄마가 걱정하지 않으시도록
B 중국에 도착한 후에
C 집에 전화를 자주 해라

→ 아빠, 엄마가 걱정하지 않으시도록 중국에 도착한 후에는 집에 전화를 자주 해라.

省得 shěngde 접 ~하지 않도록 | 担心 dānxīn 동 걱정하다 | 以后 yǐhòu 명 이후 | 打电话 dǎ diànhuà 전화를 걸다

BCA 到了中国以后要多给家里打电话，省得爸爸妈妈担心。

① 시간상 '중국에 도착한 후 전화를 하다'가 되므로 B → C의 순서가 된다. (B → C)

② 목적관계 접속사 '省得' 앞에는 '목적(바라지 않는 결과)'을 위한 '행동'을 설명하는 문장이 위치하므로 A는 문장 끝에 와야 한다. (B → C → A)

8 A 两个人觉得都很可惜
　　B 他们在一起工作了3年
　　C 现在要分手了

→ 他们在一起工作了3年，现在要分手了，两个人觉得都很可惜。

A 두 사람 모두 매우 아쉽다
B 그들은 3년 동안 함께 일했다
C 지금 헤어지려고 한다

→ 그들은 3년 동안 함께 일했는데 지금 헤어지려고 하니 두 사람 모두 매우 아쉽다.

可惜 kěxī 형 아쉽다 | 一起 yìqǐ 부 함께 | 工作 gōngzuò 동 일하다 | 分手 fēnshǒu 동 헤어지다

BCA 他们在一起工作了3年，现在要分手了，两个人觉得都很可惜。

① 문장 가운데 시간을 나타내는 표현 '工作了3年(과거)'과 '现在(현재)'가 있으므로 시간상 B → C의 순서가 된다. (B → C)

② A의 '很可惜'는 C의 '要分手了'의 '결과'이므로 문장의 의미상 A는 C 뒤에 위치해야 한다. (B → C → A)

9 A 结婚以前穿的那些衣服现在都穿不了了
　 B 结婚以后胖了很多
　 C 我的丈夫

　 → 我的丈夫结婚以后胖了很多，结婚以前穿的那些衣服现在都穿不了了。

A 결혼 전에 입었던 옷들을 입을 수 없다
B 결혼 후 살이 많이 쪘다
C 나의 남편

→ 나의 남편은 결혼 후 살이 많이 쪄서 결혼 전에 입었던 옷들을 입을 수가 없다.

结婚 jiéhūn 통 결혼하다 | 以前 yǐqián 몡 이전 | 穿 chuān 통 (옷을) 입다 | 衣服 yīfu 몡 옷 | 胖 pàng 형 뚱뚱하다 | 丈夫 zhàngfu 몡 남편

> **CBA** 我的丈夫结婚以后胖了很多，结婚以前穿的那些衣服现在都穿不了了。
> ① 문장 가운데 시간을 나타내는 표현 '结婚以后(과거)'와 '现在(현재)'가 있으므로 시간상 B → A의 순서가 된다. (B → A)
> ② C의 '我的丈夫'는 문장 전체의 주어가 되므로 문장 맨 앞에 위치해야 한다. (C → B → A)

10 A 在春节的时候，来观看的游客格外多
　　 B 每天都引来了大量的游客
　　 C 动物园里的熊猫

　　 → 动物园里的熊猫每天都引来了大量的游客，在春节的时候，来观看的游客格外多。

A 설날 때 보러오는 사람들이 특히 많다
B 매일 많은 여행객을 끌어들인다
C 동물원의 판다

→ 동물원의 판다는 매일 많은 여행객을 끌어들이는데 설날 때 판다를 보러 오는 사람들이 특히 많다.

春节 chūnjié 몡 설 | 观看 guānkàn 통 관람하다 | 游客 yóukè 몡 여행객 | 格外 géwài 분 특히 | 引来 yǐnlái 끌어들이다 | 大量 dàliàng 휑 많은 | 动物园 dòngwùyuán 몡 동물원 | 熊猫 xióngmāo 몡 판다

> **CBA** 动物园里的熊猫每天都引来了大量的游客，在春节的时候，来观看的游客格外多。
> ① 이 문장은 '매일(큰 개념) → 설날 때(작은 개념)'의 논리가 성립되므로 B → A의 순서가 된다. (B → A)
> ② 문장의 의미상 C의 '熊猫'는 전체 문장의 주어이므로 문장 맨 앞에 위치해야 한다. (C → B → A)

11 A 长江大概是6300公里
　　 B 比黄河长800公里
　　 C 长江是中国的第一长河

　　 → 长江是中国的第一长河，长江大概是6300公里，比黄河长800公里。

A 창장은 대략 6300킬로미터이다
B 황허보다 800킬로미터 길다
C 창장은 중국에서 가장 긴 강이다

→ 창장은 중국에서 가장 긴 강으로 대략 6300킬로미터이고 황허보다 800킬로미터 길다.

长江 Chángjiāng 고유 창장, 장강 | 大概 dàgài 분 대략 | 公里 gōnglǐ 양 킬로미터(km) | 黄河 Huánghé 고유 황허, 황하 | 第一 dìyī 제일이다 | 长 cháng 형 길다 | 河 hé 몡 강

CAB 长江是中国的第一长河，长江大概是6300公里，比黄河长800公里。

① 이 문장은 '창장은 중국에서 가장 긴 강이다(큰 개념, 추상적) → 창장은 6300킬로미터이다(작은 개념, 구체적)'의 논리가 성립되므로 C → A의 순서가 된다. (C → A)

② '창장은 6300킬로미터이다(큰 개념) → 황허보다 800킬로미터 길다(작은 개념)'의 논리가 성립되므로 B는 문장 맨 끝에 위치해야 한다. (C → A → B)

12 A 网络已经进入到每个家庭
B 它成为人们生活中不可缺少的东西
C 随着科学技术的发展

→ 随着科学技术的发展，网络已经进入到每个家庭，它成为人们生活中不可缺少的东西。

A 인터넷은 이미 모든 가정에 다 들어가 있다
B 그것은 사람들의 생활 속에 꼭 필요한 것이 되었다
C 과학기술이 발전함에 따라

→ 과학기술이 발전함에 따라 인터넷은 이미 모든 가정에 다 들어가 있다. 그것은 사람들의 생활 속에 꼭 필요한 것이 되었다.

网络 wǎngluò 명 인터넷 | 已经 yǐjing 부 이미 | 进入 jìnrù 동 들어가다 | 家庭 jiātíng 명 가정 | 成为 chéngwéi 동 ~으로 되다 | 生活 shēnghuó 명 생활 | 不可缺少 bùkěquēshǎo 꼭 필요하다 | 东西 dōngxi 명 물건 | 随着 suízhe 동 ~에 따라서 | 科学技术 kēxuéjìshù 명 과학기술 | 发展 fāzhǎn 명 발전

CAB 随着科学技术的发展，网络已经进入到每个家庭，它成为人们生活中不可缺少的东西。

① 이 문장은 사건의 발생순서에 따른 것으로, '과학기술이 발전함에 따라(선) → 인터넷은 이미 모든 가정에 다 들어가 있다(후)'의 논리가 성립되므로 C → A의 순서가 된다. (C → A)

② '인터넷은 이미 각 가정에 다 들어가 있다(선) → 인터넷은 사람들의 생활 속에 꼭 필요한 것이 되었다(후)'의 논리가 성립되므로 B는 문장 맨 끝에 위치해야 한다. (C → A → B)

13 A 但是他却没反应
B 我刚刚大声叫他
C 好像没听见我的声音

→ 我刚刚大声叫他，但是他却没反应，好像没听见我的声音。

A 그러나 그는 아무런 반응도 없었다
B 나는 방금 큰 소리로 그를 불렀다
C 아마 내 목소리를 못 들은 것 같다

→ 나는 방금 큰 소리로 그를 불렀는데 그는 아무런 반응도 없었다. 아마 내 목소리를 못 들은 것 같다.

但是 dànshì 접 그러나 | 却 què 부 오히려 | 反应 fǎnyìng 명동 반응(하다) | 刚刚 gānggāng 부 방금 | 大声 dàshēng 명 큰 소리 | 叫 jiào 동 부르다 | 好像 hǎoxiàng 부 마치 ~같다 | 听见 tīngjiàn 동 듣다 | 声音 shēngyīn 명 소리

BAC 我刚刚大声叫他，但是他却没反应，好像没听见我的声音。

① 시간 순서상 '나는 방금 큰 소리로 그를 불렀다(선) → 그는 아무런 반응도 없었다(후)'의 논리가 성립하므로 B → A의 순서가 된다. (B → A)

② C는 앞의 행동에 대한 이유를 추측하는 문장이므로 문맥상 문장 맨 끝에 위치해야 한다. (B → A → C)

14 A 只经过一个月左右
B 就决定结婚了
C 他们谈恋爱的时间很短

A 겨우 한 달 정도가 지났다
B 결혼하기로 결정했다
C 그들은 연애기간이 매우 짧다

→ 他们谈恋爱的时间很短，只经过一个月左右就决定结婚了。

→ 그들은 연애기간이 매우 짧다. 겨우 한 달 정도가 지났는데 결혼하기로 결정했다.

经过 jīngguò 통 (시간을) 보내다 | 左右 zuǒyòu 명 정도 | 决定 juédìng 통 결정하다 | 结婚 jiéhūn 통 결혼하다 | 谈恋爱 tánliàn'ài 연애하다 | 时间 shíjiān 명 시간 | 短 duǎn 형 짧다

CAB 他们谈恋爱的时间很短，只经过一个月左右就决定结婚了。

① 이 문장은 '그들은 연애기간이 매우 짧다(큰 개념, 추상적) → 겨우 한 달 정도가 지났다(작은 개념, 구체적)'의 논리가 성립되므로 C → A의 순서가 된다. (C → A)

② B의 시간부사 '就'는 시간 뒤에 위치하여 '시간이 짧음'을 나타내므로 B는 A 뒤에 와야 한다. (C → A → B)

15 A 去年买的衣服
B 我的儿子最近高了很多
C 现在都穿不上

A 작년에 산 옷
B 나의 아들은 최근에 키가 많이 커서
C 이제 모두 입을 수 없다

→ 我的儿子最近高了很多，现在都穿不上去年买的衣服。

→ 나의 아들은 최근에 키가 많이 커서 이제 작년에 산 옷을 모두 입을 수가 없다.

去年 qùnián 명 작년 | 衣服 yīfu 명 옷 | 儿子 érzi 명 아들 | 最近 zuìjìn 명 최근 | 穿不上 chuānbushàng 입을 수 없다

BCA 我的儿子最近高了很多，现在都穿不上去年买的衣服。

① A의 '去年买的衣服'는 C의 동사 '穿不上'의 목적어가 되므로 A는 C 뒤에 위치한다. (C → A)

② 사건의 발생 순서상 '나의 아들은 최근에 키가 많이 컸다(선) → 옷을 모두 입을 수 없다(후)'의 논리가 성립하므로 B는 문장 맨 앞에 위치해야 한다. (B → C → A)

Ⅲ. 단문 읽고 질문에 알맞은 답 고르기

1 글의 주제 파악하기 p. 102

정답								
1 D	2 D	3 C	4 A	5 B	6 B	7 C	8 D	
9 A	10 C	11 D	12 B	13 A	14 B	15 C		

---

1   我有一个面包，你有一个苹果，我们交换一下，结果面包苹果还是一个，但是如果我和你各有一个想法，我们互相交换，结果变成我们都有两个想法。

나에게 한 개의 빵이 있고, 너에게 한 개의 사과가 있어서 우리가 교환을 하면 결과적으로 빵과 사과는 여전히 한 개이다. 하지만 만약 나와 네가 각각 하나의 의견이 있어서 우리가 서로 교환을 하면 결과적으로 우리는 두 개의 의견을 가지게 된다.

★ 这段话说明什么?
  A 交换东西的重要性
  B 面包和苹果一样重要
  C 想法的重要性
  D 交流的重要性

★ 이 글은 무엇을 설명하는가?
  A 물건 교환의 중요성
  B 빵과 사과는 똑같이 중요하다
  C 의견의 중요성
  D 교류의 중요성

面包 miànbāo 몡 빵 | 苹果 píngguǒ 몡 사과 | 交换 jiāohuàn 동 교환하다 | 结果 jiéguǒ 몡 결과 | 想法 xiǎngfǎ 몡 생각, 의견 | 互相 hùxiāng 부 서로 | 变成 biànchéng 동 ~으로 되다 | 重要 zhòngyào 형 중요하다

D 시작 부분에 '面包, 苹果, 交换' 등의 단어가 나열되어 주제를 찾는 데 혼동을 줄 수 있다. 하지만 이 지문의 키워드인 '结果'를 찾으면 문제는 쉽게 풀린다. 여기서 '结果'는 앞서 제시한 어떤 조건이나 상황 아래에서 최종적으로 어떤 결말이 발생했음을 나타낸다. 앞 부분은 주제를 끄집어 내기 위한 도입 역할을 하고 '但是'로 분위기를 반전한 뒤 마지막 '结果'가 진짜 말하고자 하는 핵심 내용인 것이다. 따라서 정답은 D가 된다.

---

2   大熊猫是中国人最喜欢的动物之一。它的体形不像猫像熊，但是比一般的熊可爱，因为熊猫的四肢，肩膀，耳朵和眼圈是黑色的，其它地方是白色的，看起来很有意思。

판다는 중국인들이 가장 좋아하는 동물 중 하나이다. 판다의 체형은 고양이가 아니라 곰을 닮았는데, 그러나 일반적인 곰보다 귀엽다. 판다의 팔과 다리, 어깨, 귀와 눈가는 검은색이고 다른 부분은 흰색이기 때문에 매우 귀여워 보인다.

★ 上文说的是:
  A 熊猫不是熊
  B 熊猫不是猫
  C 熊猫很笨
  D 熊猫很可爱

★ 윗글이 이야기하는 것은:
  A 판다는 곰이 아니다
  B 판다는 고양이가 아니다
  C 판다는 매우 멍청하다
  D 판다는 매우 귀엽다

大熊猫 dàxióngmāo 명 판다 | 动物 dòngwù 명 동물 | 体形 tǐxíng 명 체형 | 像 xiàng 동 닮다 | 猫 māo 명 고양이 | 熊 xióng 명 곰 | 一般 yìbān 형 보통이다, 일반적이다 | 可爱 kě'ài 형 귀엽다 | 四肢 sìzhī 명 사지, 팔다리 | 肩膀 jiānbǎng 명 어깨 | 耳朵 ěrduo 명 귀 | 眼圈 yǎnquān 명 눈가 | 其它 qítā 대 그 외에, 기타 | 看起来 kànqǐlái 보아하니 | 有意思 yǒuyìsi 형 귀엽다 | 笨 bèn 형 멍청하다

D 동사 '像'은 '외형이 닮다, 비슷하다'라는 뜻으로, 판다의 외모가 곰을 닮았다는 의미이므로 A와 B는 답이 아니다. 보기 C의 내용은 본문에서 언급되지 않았다. 지문의 마지막 문장 '看起来很有意思'가 주제를 나타내는 핵심 문장이다. '有意思'는 어린아이, 동물에 쓰여 '可爱'의 의미를 나타내므로 정답은 D이다.

3   经济发展是社会发展很重要的条件，但是如果只重经济发展，不管环境的保护，那么被污染的环境使得社会发展的意义减少了。

경제 발전은 사회 발전의 중요한 조건이다. 그러나 만약 경제 발전만 중시하고 환경 보호를 신경 쓰지 않으면 오염된 환경은 사회 발전의 가치를 감소시킬 것이다.

★ 上文说的是：
  A 经济发展很重要
  B 社会发展很重要
  C 经济发展中要重视环境保护
  D 经济发展污染环境

★ 윗글이 이야기하는 것은:
  A 경제 발전은 매우 중요하다
  B 사회 발전은 매우 중요하다
  C 경제 발전 중 환경 보호를 중시해야 한다
  D 경제 발전은 환경을 오염시킨다

经济 jīngjì 명 경제 | 发展 fāzhǎn 명 발전 | 社会 shèhuì 명 사회 | 重要 zhòngyào 형 중요하다 | 条件 tiáojiàn 명 조건 | 重 zhòng 동 중시하다 | 不管 bùguǎn 접 ~을 막론하고 | 环境 huánjìng 명 환경 | 保护 bǎohù 명 보호 | 污染 wūrǎn 오염시키다 | 使得 shǐde 동 ~하게 하다 | 意义 yìyì 가치, 의미 | 减少 jiǎnshǎo 동 줄이다

C '被……使得……'는 '~로 하여금 ~하게 하다'라는 의미로, '被污染的环境使得社会发展的意义减少了'는 '오염된 환경이 사회 발전의 가치를 감소시킨다'라는 뜻이 된다. 즉, 경제를 발전시키는 가운데 환경 보호도 중시해야 한다는 사실을 설명하고 있으므로 정답은 C이다.

4   长江是在中国最长的河流，比黄河还要长，全长6211公里，自西向东流经11个省区，就像是一条巨龙一样。

창장은 중국에서 가장 긴 강으로, 황허보다 더 길다. 전체 길이가 6,211㎞로 서쪽에서부터 동쪽으로 11개의 성과 자치구를 지나는데, 마치 하나의 거대한 용과 같다.

★ 上文说的是：
  A 长江的特点
  B 中国的文化特点
  C 一条龙
  D 黄河的特点

★ 윗글이 이야기하는 것은:
  A 창장의 특징
  B 중국의 문화 특징
  C 한 마리의 용
  D 황허의 특징

长江 Chángjiāng 고유 창장, 장강 | 河流 héliú 명 강 | 黄河 Huánghé 고유 황허, 황하 | 全长 quáncháng 전체 길이 | 公里 gōnglǐ 양 킬로미터(㎞) | 自……向…… zì……xiàng…… ~에서부터 ~을 향하여 | 流经 liújīng (물줄기 등이 고정된 경로를) 지나다 | 省区 shěngqū 성과 자치구 | 像……一样 xiàng……yíyàng 마치 ~와 같다 | 巨龙 jùlóng 명 큰 용 | 特点 tèdiǎn 명 특징

A 문장 앞 부분의 '창장은 중국에서 가장 긴 강이다(长江是在中国最长的河流)'가 핵심 문장이다. 전체적으로 창장의 길이, 분포, 모양 등 특징에 대해 설명하고 있으므로 정답은 A이다.

5 现在互相联系很方便，可以打电话、发短信、电子邮件等等。打电话最直接，也最快；可是对方不方便接电话时，短信是个好主意；电子邮件的好处就是可以一次发过去很多信息，甚至是文件。

오늘날 서로 연락하는 것은 매우 편리하다. 전화도 할 수 있고, 문자메시지도 보낼 수 있고, 이메일을 보낼 수도 있다. 전화를 하는 것은 가장 직접적이고 또 가장 빠르다. 그러나 상대방이 전화를 받기 불편할 때는 문자메세지를 보내는 것이 좋다. 이메일의 장점은 한 번에 여러 정보를 보낼 수 있고 심지어 문서도 보낼 수 있다는 것이다.

★ 上面这段话说的是：
A 现在互相联系不方便
B 现在的联系方法
C 发短信最快
D 电子邮件最直接

★ 윗글이 이야기하는 것은:
A 오늘날 서로 연락하는 것은 불편하다
B 오늘날의 연락 방법
C 문자메세지를 보내는 것이 가장 빠르다
D 이메일이 가장 직접적이다

互相 hùxiāng 🔹 서로 | 联系 liánxì 🔹 연락하다 | 方便 fāngbiàn 🔹 편리하다 | 发 fā 🔹 보내다 | 短信 duǎnxìn 🔹 문자메시지 | 电子邮件 diànzǐyóujiàn 🔹 이메일 | 直接 zhíjiē 🔹 직접적인 | 对方 duìfāng 🔹 상대방 | 接 jiē 🔹 받다 | 主意 zhǔyi 🔹 방법, 생각 | 好处 hǎochu 🔹 장점 | 信息 xìnxī 🔹 정보, 소식 | 甚至 shènzhì 🔹 심지어 | 文件 wénjiàn 🔹 문서

B '오늘날 서로 연락하는 것은 매우 편리하다(现在互相联系很方便)'라고 했으므로 A는 답이 아니다. 또한 '전화를 하는 것이 가장 직접적이고 빠르다(打电话最直接，也最快)'라고 했으므로 C와 D도 답이 될 수 없다. 이 글은 전체적으로 '오늘날 사람들끼리 연락하는 방법'에 대해서 설명하고 있으므로 정답은 B이다.

6 一个国家的发展应该是全面的，包括政治，经济，军事，教育等等，只是某个方面的话是不够的，而且这些方面中最关键的是教育。

한 나라의 발전은 반드시 정치, 경제, 군사, 교육 등을 포함해서 전면적으로 되어야지, 단지 어떤 한 부분만으로는 충분하지 않다. 이들 중 가장 중요한 것은 교육이다.

★ 上面这段话说的是：
A 经济对国家发展最重要
B 教育对国家发展最重要
C 政治对国家发展最重要
D 军事对国家发展最重要

★ 윗글이 이야기하는 것은:
A 경제가 국가 발전에 가장 중요하다
B 교육이 국가 발전에 가장 중요하다
C 정치가 국가 발전에 가장 중요하다
D 군사가 국가 발전에 가장 중요하다

全面 quánmiàn 🔹 전면적이다 | 包括 bāokuò 🔹 포함하다 | 政治 zhèngzhì 🔹 정치 | 军事 jūnshì 🔹 군사 | 教育 jiàoyù 🔹 교육 | 某 mǒu 🔹 어떤 | 方面 fāngmiàn 🔹 방면 | 不够 búgòu 🔹 부족하다 | 关键 guānjiàn 🔹 관건

B 이 글은 전체적으로 '교육이 국가의 발전에 가장 중요한 요소'라는 사실을 설명하고 있다. '가장 중요한 것은(最关键的是)'이 본문의 키워드이다. 가장 중요한 것은 '교육'라고 했으므로 정답은 B이다.

7 十月的北京是最美丽的，因为北京的夏天太热，而冬天太冷，春天又经常有风沙。秋天的北京，气温不冷也不热，天很高，云很美，所以很多北京人喜欢秋天去爬山。

10월의 베이징은 가장 아름답다. 왜냐하면 베이징의 여름은 너무 덥고, 겨울은 너무 춥고, 봄은 또 자주 황사가 불기 때문이다. 가을의 베이징은 기온이 춥지도 덥지도 않고 하늘이 높으며 구름이 예쁘다. 그래서 매우 많은 베이징 사람들은 가을에 등산하는 것을 좋아한다.

★ 这段话说：
A 中国的气温
B 北京的夏天
C 北京的天气
D 北京的历史

★ 이 글이 이야기하는 것은:
A 중국의 기온
B 베이징의 여름
C 베이징의 날씨
D 베이징의 역사

美丽 měilì 혱 아름답다 | 夏天 xiàtiān 명 여름 | 热 rè 혱 덥다 | 冬天 dōngtiān 명 겨울 | 冷 lěng 혱 춥다 | 春天 chūntiān 명 봄 | 风沙 fēngshā 명 황사 | 秋天 qiūtiān 명 가을 | 气温 qìwēn 명 기온 | 云 yún 명 구름 | 爬山 páshān 통 등산하다 | 历史 lìshǐ 명 역사

C '气温'과 '夏天'에 대해 언급하긴 했지만 단편적인 사실만으로 답을 선택해서는 안 된다. 이 글은 전체적으로 '베이징의 날씨', 특히 '가을 날씨'에 대해서 설명하고 있으므로 정답은 C이다. D는 본문에 언급되지 않았다.

8 每个人可能喜欢看的书是不一样的，而且同一个人在不同的年龄时喜欢的书也不一样。我是孩子的时候，喜欢看故事书，因为故事书有意思；上大学后，喜欢看鼓励人的书，因为那时我更需要得到鼓励。现在我工作了，平时爱看跟真人真事有关的书，因为我要在成功的人或者失败的人身上学习他们的经验。

사람마다 좋아하는 책이 서로 다르고 같은 사람이라도 나이에 따라 좋아하는 책이 다르다. 나는 어릴 때 이야기책을 즐겨 보았는데, 이야기책이 재미있었기 때문이다. 대학에 들어간 후에는 사람을 격려하는 책을 즐겨 보았는데, 그때 나는 더 많은 격려가 필요했기 때문이다. 현재 나는 일을 하는데, 평소 실재 인물과 관련된 책을 즐겨 본다. 왜냐하면 나는 성공한 사람 혹은 실패한 사람들로부터 그들의 경험을 배우고자 하기 때문이다.

★ 这段话想告诉我们：
A 看书有意思
B 应该多看书
C 不同年龄可选择的书很多
D 不同年龄看的书不同

★ 이 글이 우리에게 말하고자 하는 것은:
A 독서는 재미있다
B 독서를 많이 해야 한다
C 나이에 따라 선택할 수 있는 책이 많다
D 나이에 따라 보는 책도 다르다

年龄 niánlíng 명 연령 | 故事书 gùshishū 명 이야기책 | 鼓励 gǔlì 통 격려하다 | 需要 xūyào 통 필요하다 | 得到 dédào 통 얻다 | 真人真事 zhēnrénzhēnshì 명 실재 인물과 사실 | 有关 yǒuguān 통 관계가 있다 | 成功 chénggōng 통 성공하다 | 失败 shībài 통 실패하다 | 经验 jīngyàn 명 경험 | 选择 xuǎnzé 통 선택하다

D 이 글은 '어릴 때', '대학에 들어간 후', '현재'를 예로 들어 연령대에 따라서 좋아하는 책이 달라진다는 사실을 설명하고 있다. '나이에 따라서 좋아하는 책이 다르다(在不同的年龄时喜欢的书也不一样)'라는 부분은 이 글의 주제를 나타내는 핵심 문장이다.

9　中国有很多的蔬菜名字里面都带"西"字或者"洋"字，这说明这些蔬菜最早不是产自中国，是从西洋传进来的。比如"西芹"就是西洋芹菜的意思。

중국의 많은 채소 이름에는 '서' 자 혹은 '양' 자가 들어간다. 이것은 이 채소들이 처음에는 중국에서 생산된 것이 아니라 서양에서 들어온 것임을 말해준다. 예를 들어 '서근(샐러리)'은 바로 서양의 미나리라는 뜻이다.

★ 上面这段话说明：

　A 中国很多蔬菜原产自外国
　B 中国人喜欢西洋蔬菜
　C 中国人爱起洋名
　D 中国的蔬菜都是西洋产的

★ 윗글이 설명하는 것은:

　A 중국의 많은 채소는 원래 외국에서 들여온 것이다
　B 중국인은 서양 채소를 좋아한다
　C 중국인들은 외국 이름을 짓는 것을 좋아한다
　D 중국의 채소는 모두 서양에서 생산하는 것이다

蔬菜 shūcài 명 채소 | 产 chǎn 동 생산하다 | 自 zì 개 ~에서부터 | 西洋 xīyáng 명 서양 | 传 chuán 동 전하다 | 比如 bǐrú 접 예를 들면 | 西芹 xīqín 명 샐러리 | 芹菜 qíncài 명 미나리 | 起名 qǐmíng 동 이름을 짓다

A '不是……, 是……' 구문은 '~이 아니라 ~이다'라는 의미를 강조한다. '不是产自中国，是从西洋传进来的'에서 알 수 있듯이 중국에서 생산된 것이 아니라 서양에서 들여온 것이라고 했으므로 정답은 A이다.

10　说话是一门艺术，你不能小看它。不同的情况说话的方法也不一样，急事，慢慢地说；大事，清楚地说；做不到的事，尽量不说；伤害人的事，绝对不说；开心的事，看情况说；别人的事，不乱说；自己的事，先对着自己说；现在的事，做了再说；将来的事，以后再说。

말을 하는 것은 하나의 예술이다. 당신은 그것을 우습게 여겨서는 안 된다. 각각 다른 상황에서는 말하는 방법도 다르다. 급한 일은 천천히 말하고, 큰 일은 명확하게 말하고, 할 수 없는 일은 되도록 말하지 말고, 다른 사람에게 상처 주는 일은 절대 말하지 말고, 기쁜 일은 상황을 보며 말하고, 다른 사람의 일은 함부로 말하지 말고, 자신의 일은 먼저 스스로에게 말하고, 현재의 일은 마치고 나서 말하고, 미래의 일은 나중에 말해야 한다.

★ 上文说明说话：

　A 内容很多
　B 很有意思
　C 有技巧
　D 有长短

★ 윗글에서 설명하는 말하기는:

　A 내용이 많다
　B 매우 재미있다
　C 기교가 있다
　D 길이가 있다

门 mén 양 과목, 가지 | 艺术 yìshù 명 예술 | 小看 xiǎokàn 동 얕보다 | 急事 jíshì 명 급한 일 | 清楚 qīngchu 형 분명하다 | 尽量 jǐnliàng 부 가능한 한 | 伤害 shānghài 동 해치다 | 绝对 juéduì 부 절대로 | 开心 kāixīn 형 기쁘다 | 乱 luàn 부 함부로 | 将来 jiānglái 명 미래 | 内容 nèiróng 명 내용 | 技巧 jìqiǎo 명 기교 | 长短 chángduǎn 명 길이

C 전체 의미를 파악해야 주제를 찾을 수 있는 문제이다. 보기의 내용이 본문에 언급되지는 않았지만 상황에 따라 다른 말하기 방법을 열거하고 있으므로 C가 정답임을 유추할 수 있다.

11　　社会是人和人组成的，所以人与人之间的关系非常重要，其中朋友对你的影响是很大的，因此选择朋友很重要。如果你有开朗乐观的朋友，那么你的性格也不会太悲观；如果你的朋友是整天抱怨生活，批评别人，对什么事情都不满意，那么时间一长，你也可能脾气变得很坏。因此，交朋友一定要小心，不要随便交朋友。有时候，如果想了解一个人，也可以通过他交的朋友了解他。

사회는 사람과 사람으로 이루어진다. 그래서 사람과 사람의 관계는 매우 중요하다. 그 가운데 친구가 당신에게 주는 영향은 대단히 크다. 따라서 친구를 선택하는 것은 굉장히 중요하다. 만약 당신에게 명랑하고 긍정적인 성격의 친구가 있다면, 당신의 성격 또한 심각하게 비관적일 수는 없을 것이다. 만약 당신의 친구가 하루 종일 삶을 원망하고, 다른 사람을 비판하고, 어떤 일에 대해서도 모두 불만을 갖고 있다면, (그와 함께하는) 시간이 길어지면 당신 역시 성격이 안 좋게 변할 것이다. 따라서 친구를 사귈 때는 반드시 조심해야 하고 아무렇게나 친구를 사귀면 안 된다. 어떤 때는 만약 한 사람에 대해 알고 싶다면 그가 사귄 친구를 통해서 그를 알 수도 있다.

★ 上文说明什么?
A 少交朋友
B 多交朋友
C 不交朋友
D 有选择交朋友

★ 윗글은 무엇을 설명하는가?
A 친구를 적게 사귀어야 한다
B 친구를 많이 사귀어야 한다
C 친구를 사귀지 말아야 한다
D 친구는 선택해서 사귀어야 한다

社会 shèhuì 명 사회 | 组成 zǔchéng 통 구성하다 | 之间 zhījiān 명 사이 | 关系 guānxi 명 관계 | 重要 zhòngyào 형 중요하다 | 其中 qízhōng 대 그 중 | 影响 yǐngxiǎng 명통 영향(을 주다) | 因此 yīncǐ 접 이리하여 | 选择 xuǎnzé 통 선택하다 | 开朗 kāilǎng 형 명랑하다 | 乐观 lèguān 형 낙관적이다 | 性格 xìnggé 명 성격 | 悲观 bēiguān 형 비관적이다 | 整天 zhěngtiān 하루 종일 | 抱怨 bàoyuàn 통 원망하다 | 批评 pīpíng 통 비판하다 | 满意 mǎnyì 통 만족하다 | 脾气 píqi 명 성격 | 坏 huài 형 나쁘다 | 小心 xiǎoxīn 통 조심하다 | 随便 suíbiàn 부 마음대로 | 了解 liǎojiě 통 이해하다 | 通过 tōngguò 통 ~을 통하다

D '친구를 사귈 때는 반드시 조심해야 하고 아무렇게나 친구를 사귀면 안 된다(交朋友一定要小心，不要随便交朋友)'라는 문장을 통해서 이 글의 주제가 '친구는 선택해서 사귀어야 한다'라는 것임을 알 수 있으므로 정답은 D이다.

12　　很久以前，有两个兄弟一起出门，他们各自都带着一个很重的行李，这样路上兄弟俩都累得走不动路。左手右手换来换去也不能解决问题，一会儿就是满身大汗。忽然，大哥停了下来，捡起路边的一根树干，然后把行李挂在树干上，兄弟俩人一前一后，挑着行李上路了，这样他们就觉得轻松了很多。

아주 예전에 어느 두 형제가 함께 집을 떠났는데 그들은 각자 매우 무거운 짐을 가지고 있었다. 길 위에서 형제는 너무 힘들어서 움직일 수가 없었다. 왼손, 오른손을 서로 번갈아 가면서 (짐을 들어도) 문제를 해결할 수가 없었고, 조금 있다가 바로 온 몸은 땀으로 흠뻑 젖었다. 갑자기 큰 형이 멈춰서더니 길가에 있는 나무 줄기 하나를 주워들고는 짐을 나무 줄기 위에 올렸다. 형제 둘은 앞뒤로 짐을 어깨에 메고 길을 걸었고 이렇게 해서 그들은 많이 편안해졌다.

★ 上文告诉我们:
A 兄弟之间的感情
B 合作很重要
C 需要换手
D 行李太重不好

★ 윗글이 우리에게 말하는 것은:
A 형제간의 감정
B 협력은 매우 중요하다
C 손을 반드시 바꿔줘야 한다
D 짐이 너무 무거우면 좋지 않다

久 jiǔ 형 오래되다 | 以前 yǐqián 명 예전 | 兄弟 xiōngdì 명 형제 | 出门 chūmén 동 집을 떠나 멀리 가다 | 各自 gèzì 명 각자 | 带 dài 동 휴대하다 | 重 zhòng 형 무겁다 | 行李 xíngli 명 짐 | 累 lèi 형 피곤하다 | 走不动 zǒubudòng 움직일 수 없다 | 换来换去 huànlaihuànqu 계속 바뀌다 | 解决 jiějué 동 해결하다 | 问题 wèntí 명 문제 | 一会儿 yíhuìr 명 잠시 | 满身大汗 mǎnshēndàhàn 온몸이 땀으로 흠뻑 젖다 | 忽然 hūrán 부 갑자기 | 停下来 tíngxiàlai 멈추다 | 捡 jiǎn 동 줍다 | 路边 lùbiān 길가 | 根 gēn 양 (막대) 자루 | 树干 shùgàn 명 나무 줄기 | 然后 ránhòu 접 그리고 나서 | 挂 guà 동 걸다 | 挑 tiāo 동 어깨에 메다 | 轻松 qīngsōng 형 편안하다 | 感情 gǎnqíng 명 감정 | 合作 hézuò 동 협력하다 | 需要 xūyào 동 필요하다

B 이 글은 '형제 둘은 앞뒤로 짐을 어깨에 메고 길을 걸었고 이렇게 해서 그들은 많이 편안해졌다(兄弟俩人一前一后, 挑着行李上路了, 这样他们就觉得轻松了很多)'라는 문장을 통해서 '혼자서는 감당하기 힘든 일이라 할지라도 서로 협력하면 훨씬 쉬워진다'라는 사실을 설명하고 있으므로 정답은 B이다.

13 管孩子不要总是批评他们"傻", "笨", 这样会让孩子渐渐觉得自己就是又笨又傻。家长在管教孩子的过程中应该尽可能地鼓励孩子, 发现他们的长处, 让他们能够慢慢对自己很有信心, 这样孩子的潜力就会发挥出来, 越来越进步。

아이를 지도할 때 아이들에게 항상 '미련하다', '멍청하다'라고 꾸중을 해서는 안 된다. 이렇게 하는 것은 아이들 스스로 자신을 점점 미련하고 멍청하다고 느끼게 만든다. 학부모는 아이를 지도하는 과정에서 반드시 가능한 한 아이를 격려해주고, 그들의 장점을 발견하여 그들로 하여금 점점 자신에 대해서 자신감을 갖도록 해줘야 한다. 이렇게 하면 아이의 잠재력이 발휘되고 점점 더 발전한다.

★ 这段话说明:

A 鼓励很重要
B 家长不要管孩子
C 家长一定不能批评孩子
D 管教应该严厉

★ 이 글이 설명하는 것은:

A 격려는 매우 중요하다
B 학부모는 아이를 지도하지 말아야 한다
C 학부모는 절대 아이를 비판하면 안 된다
D 아이를 지도할 때는 엄격해야 한다

管 guǎn 동 지도하다, 관리하다 | 总是 zǒngshì 부 늘 | 批评 pīpíng 동 비판하다 | 傻 shǎ 형 미련하다 | 笨 bèn 형 멍청하다 | 渐渐 jiànjiàn 부 점점 | 家长 jiāzhǎng 명 학부모 | 管教 guǎnjiào 동 교육시키다 | 过程 guòchéng 명 과정 | 尽可能 jǐnkěnéng 부 가능한 한 | 鼓励 gǔlì 동 격려하다 | 发现 fāxiàn 동 발견하다 | 长处 chángchu 명 장점 | 能够 nénggòu 동 충분히 ~할 수 있다 | 信心 xìnxīn 명 자신감 | 潜力 qiánlì 명 잠재력 | 发挥 fāhuī 동 발휘하다 | 越来越 yuèláiyuè 점점 더 | 进步 jìnbù 동 발전하다 | 严厉 yánlì 형 엄하다

A 이 글은 격려가 아이들에게 미치는 긍정적인 영향에 대해서 설명하고 있다. '학부모는 아이를 지도하는 과정에서 반드시 가능한 한 아이를 격려해주어야 한다(家长在管教孩子的过程中应该尽可能地鼓励孩子)'가 이 글의 주제를 나타내는 문장이므로 정답은 A이다. 지속적으로 '미련하다, 멍청하다'라고 꾸중을 해서는 안 된다고 했지 절대 비판해서는 안 된다는 말이 아니므로 C는 답이 아니다.

14 颜色和人的心理有很大的关系。研究表明, 一般情况下, 红色表示快乐, 热情, 能使人情绪热烈; 绿色代表和平, 使人安静平和; 蓝色则是给人清爽舒适的感觉, 让人心胸开朗。总之, 各种颜色都会一定程度影响人的情绪, 使人的心理发生变化。

색상은 사람의 심리와 큰 관련이 있다. 연구에 따르면 일반적인 상황에서 빨간색은 기쁨, 열정을 나타내고 사람의 정서를 열정적으로 만든다. 녹색은 평화를 대표하며 사람으로 하여금 침착하고 평화롭게 만든다. 파란색은 사람에게 시원하고 편안한 느낌을 주고 사람의 마음을 즐겁게 한다. 총괄적으로 말해서 각각의 색상은 어느 정도 사람의 기분에 영향을 주고 사람의 심리 변화를 가져온다.

★ 这段话表明颜色：
A 跟人没关系
B 影响心情
C 有象征意义
D 影响性格

★ 이 글에서 말하는 색상은:
A 사람과는 관련이 없다
B 기분에 영향을 준다
C 상징적인 의미가 있다
D 성격에 영향을 준다

颜色 yánsè 명 색상 | 心理 xīnlǐ 명 심리 | 关系 guānxi 동 관련되다 | 研究 yánjiū 명 연구 | 表明 biǎomíng 동 표명하다 | 一般 yìbān 형 일반적이다 | 情况 qíngkuàng 명 상황 | 红色 hóngsè 명 빨간색 | 表示 biǎoshì 동 나타내다 | 快乐 kuàilè 즐겁다 | 热情 rèqíng 열정적이다 | 情绪 qíngxù 명 기분 | 热烈 rèliè 열렬하다 | 绿色 lǜsè 명 녹색 | 代表 dàibiǎo 동 대표하다 | 和平 hépíng 평화 | 安静 ānjìng 형 조용하다 | 平和 pínghé 평온하다 | 蓝色 lánsè 명 파란색 | 清爽 qīngshuǎng 형 맑고 상쾌하다 | 舒适 shūshì 형 편하다 | 感觉 gǎnjué 명 느낌 | 心胸 xīnxiōng 명 마음 | 开朗 kāilǎng 즐겁다 | 总之 zǒngzhī 접 총괄적으로 말해서 | 程度 chéngdù 명 정도 | 变化 biànhuà 명 변화 | 象征 xiàngzhēng 동 상징하다 | 意义 yìyì 명 의미 | 性格 xìnggé 명 성격

B 이 문제는 글의 전체적인 내용을 통해서 글의 주제를 묻는 문제이다. 이 글은 전체적으로 '서로 다른 색상이 사람의 정서와 기분에 미치는 영향'에 대해서 설명하고 있다. 문장 맨 앞의 '색상은 사람의 심리와 큰 관련이 있다(颜色和人的心理有很大的关系)'가 이 글의 주제를 나타내는 문장이므로 정답은 B이다.

15 中国有很多的外国公司，里面有中国人也有不少外国人，所以也带来了文化上的不同。比如，开会的时候，中国人喜欢听人说，而自己不大愿意发表意见，因为这是中国人担心说错话的文化。还有中国人不喜欢直接批评别人，这是不愿意对方不好意思。但是外国人就很不在乎这个，说话直接，如果发现什么不好的就直接表明自己的意见。

중국에는 매우 많은 외국 회사가 있고 그 안에는 중국인과 적지 않은 외국인이 있다. 그래서 문화의 차이를 가지고 온다. 예를 들어 회의를 할 때 중국인들은 다른 사람의 말을 듣는 것을 좋아하고 자신의 의견을 말하는 것은 별로 원하지 않는다. 왜냐하면 중국인들은 말을 하다가 실수할 것을 걱정하는 문화가 있기 때문이다. 또한 중국인들은 직설적으로 다른 사람을 비판하는 것을 좋아하지 않는다. 이것은 다른 사람을 민망하게 만들고 싶지 않아서이다. 그러나 외국인들은 이것을 신경 쓰지 않고 말을 직설적으로 하는데, 만약 무엇인가 잘못된 것을 발견하면 바로 자신의 의견을 표현한다.

★ 上面说的是：
A 外国人喜欢批评别人
B 中国人开会认真
C 中国和外国的文化差别
D 外国人不喜欢发言

★ 윗글에서 이야기하는 것은:
A 외국인은 다른 사람을 비판하는 것을 좋아한다
B 중국인은 회의를 할 때 열심히 한다
C 중국과 외국의 문화 차이
D 외국인은 발언하는 것을 좋아하지 않는다

外国公司 wàiguógōngsī 명 외국 회사 | 带来 dàilái 가져오다 | 文化 wénhuà 명 문화 | 不同 bùtóng 형 다르다 | 开会 kāihuì 동 회의를 하다 | 发表 fābiǎo 동 발표하다 | 意见 yìjiàn 명 의견 | 担心 dānxīn 동 걱정하다 | 直接 zhíjiē 형 직접적인 | 批评 pīpíng 동 비판하다 | 对方 duìfāng 명 상대방 | 不好意思 bùhǎoyìsi 민망하다 | 不在乎 búzàihu 마음에 두지 않다 | 表明 biǎomíng 동 나타내다 | 认真 rènzhēn 형 열심히 하다 | 差别 chābié 명 차이 | 发言 fāyán 동 발언하다

C 이 글은 회의할 때를 예로 들어 중국인과 외국인의 문화적 차이에 대해서 설명하고 있다. '그 안에는 중국인과 적지 않은 외국인이 있다. 그래서 문화의 차이를 가지고 온다(里面有中国人也有不少外国人，所以也带来了文化上的不同)'라는 문장에서도 답을 유추할 수 있다. 따라서 정답은 C이다.

2 내용 일치(직접 제시형) p.113

정답	1 D	2 B	3 C	4 A	5 C	6 C	7 B	8 A
	9 D	10 C	11 A	12 D	13 B	14 D	15 A	

1 明天是我爸爸的生日。为了爸爸高兴，我想给爸爸买生日礼物。可是我不知道到底要买什么。

내일은 우리 아빠의 생일이다. 아빠를 기쁘게 해드리기 위해서 나는 아빠에게 드릴 생일선물을 사고 싶다. 그러나 나는 도대체 무엇을 사야 할지 모르겠다.

★ 根据这段话，我们可以知道:
  A 明天是我的生日
  B 我已经买了礼物
  C 今天爸爸很高兴
  D 我要买生日礼物

★ 이 글에 근거하여 우리가 알 수 있는 것은:
  A 내일은 나의 생일이다
  B 나는 이미 선물을 샀다
  C 오늘 아빠가 매우 기쁘다
  D 나는 생일선물을 사려고 한다

明天 míngtiān 명 내일 | 生日 shēngrì 명 생일 | 为了 wèile 개 ~하기 위해서 | 礼物 lǐwù 명 선물 | 到底 dàodǐ 부 도대체

D A, B는 본문과 일치하지 않고 C는 본문에서 언급하지 않은 내용이므로 역시 답이 될 수 없다. '나는 아빠에게 드릴 생일선물을 사고 싶다(我想给爸爸买生日礼物)'라는 문장으로 보아 정답이 D임을 알 수 있다.

2 这个周末我想去上海玩儿。可是因为这个周末想去上海的人很多，去上海的火车票已经没有了。我只能选择坐飞机。

이번 주말에 나는 상하이에 놀러 가고 싶다. 그러나 이번 주말에 상하이에 가려는 사람이 너무 많아서 상하이에 가는 기차표는 이미 매진이다. 나는 비행기를 선택할 수 밖에 없다.

★ 我怎么去上海?
  A 骑自行车
  B 坐飞机
  C 坐火车
  D 坐船

★ 나는 어떻게 상하이에 가는가?
  A 자전거를 타고
  B 비행기를 타고
  C 기차를 타고
  D 배를 타고

周末 zhōumò 명 주말 | 玩儿 wánr 동 놀다 | 火车票 huǒchēpiào 명 기차표 | 只能 zhǐnéng 동 ~할 수밖에 없다 | 选择 xuǎnzé 동 선택하다 | 飞机 fēijī 명 비행기 | 骑 qí 동 (자전거를) 타다 | 自行车 zìxíngchē 명 자전거 | 船 chuán 명 배

B '상하이에 가는 기차표는 이미 매진이다(去上海的火车票已经没有了)'라고 했으므로 C는 답이 될 수 없고, 마지막 문장 '나는 비행기를 선택할 수 밖에 없다(我只能选择坐飞机)'를 보아 정답이 B임을 알 수 있다.

Ⅲ-2. 내용 일치(직접 제시형)

3   现在很多中国人不喜欢住在城市，他们觉得城市里交通不方便，空气不好，但是我觉得生活在城市里挺方便的。

요즘 많은 중국사람들은 도시에 사는 것을 좋아하지 않는데, 그들은 도시가 교통이 불편하고 공기가 나쁘다고 생각한다. 하지만 나는 도시에서 생활하는 것이 매우 편리하다고 생각한다.

★ 我为什么喜欢城市生活？
A 人很多
B 交通方便
C 生活方便
D 空气好

★ 나는 왜 도시 생활을 좋아하는가?
A 사람이 매우 많아서
B 교통이 편리해서
C 생활이 편리해서
D 공기가 좋아서

住 zhù 동 살다, 거주하다 | 城市 chéngshì 명 도시 | 觉得 juéde 동 ~라고 느끼다 | 交通 jiāotōng 명 교통 | 方便 fāngbiàn 형 편리하다 | 空气 kōngqì 명 공기 | 生活 shēnghuó 동 생활하다 | 挺 tǐng 부 매우

C B, D는 본문과 일치하지 않는 내용이고 A는 본문에서 언급하지 않은 내용이다. 화자는 '도시에서 생활하는 것이 매우 편리하다고 생각한다(我觉得生活在城市里挺方便的)'라고 했으므로 정답은 C이다.

4   人老了以后或者不幸福的时候，总喜欢回忆过去，想过去发生过的快乐的事。但是年轻人总看未来，对未来很有信心。

사람은 늙거나 행복하지 않을 때 늘 과거를 회상하며 과거에 있었던 즐거운 일을 생각하는 것을 좋아한다. 하지만 젊은 사람들은 늘 미래를 바라보고 미래에 대한 자신감으로 충만하다.

★ 年轻人是怎么样的？
A 对未来很有信心
B 对未来没有信心
C 总是想过去发生过的快乐的事
D 喜欢回忆过去

★ 젊은 사람들은 어떠한가?
A 미래에 대해 매우 자신이 있다
B 미래에 대해 자신이 없다
C 늘 과거에 있었던 즐거운 일을 생각한다
D 과거를 회상하는 것을 좋아한다

或者 huòzhě 접 혹은 | 幸福 xìngfú 형 행복하다 | 回忆 huíyì 동 회상하다 | 过去 guòqù 명 과거 | 快乐 kuàilè 형 즐겁다 | 年轻人 niánqīngrén 명 젊은 사람 | 未来 wèilái 명 미래 | 信心 xìnxīn 명 자신감

A C, D는 '늙은 사람'과 '행복하지 않은 사람'의 특징이므로 답이 될 수 없다. 본문의 마지막 '젊은 사람들은 늘 미래를 바라보고 미래에 대한 자신감으로 충만하다(年轻人总看未来，对未来很有信心)'라는 문장을 통해 정답이 A임을 알 수 있다.

5   以前中国人都喜欢喝茶，很少有人喜欢喝咖啡，但是现在年轻人越来越喜欢喝咖啡了，我也很喜欢，不过和咖啡比起来，我还是更喜欢喝茶。

예전에 중국인들은 모두 차 마시는 것을 좋아했고, 극소수의 사람들만 커피 마시는 것을 좋아했다. 그러나 현재 젊은 사람들은 점점 더 커피 마시는 것을 좋아한다. 나도 매우 좋아하지만 커피와 비교하자면 나는 여전히 차 마시는 것을 더 좋아한다.

★ 我更喜欢的是：
A 喝水   B 喝咖啡
C 喝茶   D 喝酒

★ 내가 더 좋아하는 것은:
A 물 마시는 것   B 커피 마시는 것
C 차 마시는 것   D 술 마시는 것

喝 hē 동 마시다 | 茶 chá 명 차 | 咖啡 kāfēi 명 커피 | 年轻人 niánqīngrén 명 젊은 사람 | 越来越 yuèláiyuè 부 점점 더 | 不过 búguò 접 그러나 | 比起来 bǐqǐlái 비교해보면 | 还是 háishi 부 ~하는 편이 더 좋다 | 更 gèng 부 훨씬

C 전환관계 접속사 '不过' 뒤의 문장이 핵심 문장이다. 화자는 '커피와 비교하자면 여전히 차 마시는 것을 더 좋아한다(和咖啡比起来，我还是更喜欢喝茶)'라고 했으므로 정답은 C이다.

6　　减肥不仅仅是为了身材好看，更是为了健康，所以减肥的正确方法是合理饮食加运动，而不是常常饿肚子。

다이어트는 단순히 몸매가 예뻐지려고 하는 것이 아니라 더욱이 건강을 위한 것이다. 따라서 다이어트의 올바른 방법은 적절한 식사와 운동을 하는 것이지 항상 굶는 것이 아니다.

★ 减肥的主要目的：
A　身材好看
B　找男朋友
C　身体健康
D　省钱

★ 다이어트의 주된 목적은:
A 몸매가 예뻐지려고
B 남자친구를 찾으려고
C 건강한 몸을 위해서
D 돈을 아끼려고

减肥 jiǎnféi 동 다이어트하다 | 不仅仅 bùjǐnjǐn 단순히 ~가 아닌 | 为了 wèile 개 ~을 위해서 | 身材 shēncái 명 몸매 | 好看 hǎokàn 형 예쁘다, 보기 좋다 | 健康 jiànkāng 명 건강 | 正确 zhèngquè 형 정확하다 | 方法 fāngfǎ 명 방법 | 合理 hélǐ 형 합리적이다 | 饮食 yǐnshí 동 음식을 먹고 마시다 | 加 jiā 동 더하다 | 运动 yùndòng 동 운동하다 | 饿肚子 èdùzi 굶다 | 省钱 shěngqián 돈을 아끼다

C '是……，更是……'는 '~이고 더욱이 ~이다'의 의미로 앞 문장에서 설명한 사실에 대하여 뒤 문장에서 그 정도를 더욱 강조할 때 사용한다. '다이어트는 단순히 몸매가 예뻐지려고 하는 것이 아니라 더욱이 건강을 위한 것이다(减肥不仅仅是为了身材好看，更是为了健康)'라는 문장을 통해서 다이어트를 하는 주된 목적이 '건강을 위해서'라는 것임을 알 수 있으므로 정답은 C이다.

7　　很多人是有病才去医院，没病不去医院，可是我没病的时候也一样去医院，不是看病，是检查身体。如果经常检查身体，就会减少生病的机会。

많은 사람들은 아파야만 병원에 가고 아프지 않으면 병원에 가지 않는다. 그러나 나는 아프지 않아도 병원에 가는데, 진료를 받으러 가는 것이 아니라 건강 검진을 하러 가는 것이다. 만약 자주 건강 검진을 하면 병이 날 기회를 줄일 수 있다.

★ 我是怎么做的？
A　有病才去医院
B　常去检查身体
C　生病不去医院
D　没病不去医院

★ 나는 어떻게 하는가?
A 아파야만 병원에 간다
B 자주 가서 건강 검진을 한다
C 아파도 병원에 가지 않는다
D 아프지 않으면 병원에 가지 않는다

病 bìng 명 병 | 医院 yīyuàn 명 병원 | 看病 kànbìng 동 치료하다 | 检查 jiǎnchá 동 검사하다 | 减少 jiǎnshǎo 동 줄이다 | 生病 shēngbìng 동 병이 나다 | 机会 jīhuì 명 기회

B 전환관계를 나타내는 접속사 '可是' 뒤의 문장이 핵심 문장이다. 화자는 '나는 아프지 않아도 병원에 가는데, 진료가 아니라 건강 검진을 하기 위해서이다(我没病的时候也一样去医院，不是看病，是检查身体)'라고 했으므로 정답이 B임을 알 수 있다.

8 这家店专门出售各式餐具的，不但品种很多，而且价格也比较合适。自己家使用很不错，赠送朋友也是很好的礼品，因此这家店的东西受人欢迎。

이 가게는 전문적으로 각종 식기를 판매한다. 종류가 다양할 뿐만 아니라 가격도 비교적 적절하다. 자신의 집에서 사용하기에도 좋고 친구에게 주기에도 좋은 선물이다. 그래서 이 가게의 물건은 사람들에게 인기가 있다.

★ 这家店的餐具怎么样?
A 价钱合理
B 颜色太花
C 品种不多
D 很便宜

★ 이 가게의 식기는 어떠한가?
A 가격이 합리적이다
B 색상이 너무 화려하다
C 종류가 많지 않다
D 매우 싸다

店 diàn 명 상점, 가게 | 专门 zhuānmén 부 전문적으로 | 出售 chūshòu 동 팔다 | 各式 gèshì 명 갖가지 | 餐具 cānjù 명 식기 | 品种 pǐnzhǒng 명 종류 | 价格 jiàgé 명 가격 | 合适 héshì 형 적당하다 | 使用 shǐyòng 동 사용하다 | 不错 búcuò 형 좋다 | 赠送 zèngsòng 동 증정하다 | 礼品 lǐpǐn 명 선물 | 受欢迎 shòu huānyíng 환영을 받다, 인기 있다 | 价钱 jiàqian 명 가격 | 合理 hélǐ 형 합리적이다 | 颜色 yánsè 명 색상 | 花 huā 형 화려하다

A B는 본문에서 언급하지 않은 내용이고 C는 본문의 내용과 일치하지 않는다. '가격도 비교적 적절하다(价格也比较合适)'라는 문장을 통해서 이 가게 물건의 가격은 싸지도 비싸지도 않고 합리적임을 알 수 있다. 따라서 정답은 A이다.

9 小朋友去动物园看猴子喜欢把自己带去的饼干，香蕉，花生什么的给猴子吃。管理员叔叔告诉小朋友，喂猴子应该用动物园做好卖的，别的食物可能会对猴子有危险性。

어린 아이들은 동물원에 원숭이를 보러 갈 때 자신이 가지고 간 과자, 바나나, 땅콩 등을 원숭이에게 주는 것을 좋아한다. 관리자 아저씨는 아이들에게 원숭이에게 먹을 것을 줄 때는 반드시 동물원에서 만들어서 파는 것을 주어야 하고, 다른 음식은 원숭이에게 위험할 수 있다고 알려주었다.

★ 给动物园的猴子应该喂什么?
A 香蕉   B 花生
C 饼干   D 动物园做的

★ 동물원의 원숭이에게는 반드시 무엇을 먹여야 하는가?
A 바나나   B 땅콩
C 과자   D 동물원에서 만든 것

小朋友 xiǎopéngyou 어린 아이들 | 动物园 dòngwùyuán 명 동물원 | 猴子 hóuzi 명 원숭이 | 带去 dàiqù 가지고 가다 | 饼干 bǐnggān 명 과자 | 香蕉 xiāngjiāo 명 바나나 | 花生 huāshēng 명 땅콩 | 什么的 shénmede 때 등등 | 管理员 guǎnlǐyuán 명 관리자 | 叔叔 shūshu 명 아저씨 | 告诉 gàosu 동 말하다 | 喂 wèi 동 먹이를 주다 | 食物 shíwù 명 음식물 | 危险性 wēixiǎnxìng 명 위험성

D '饼干, 香蕉, 花生'은 모두 동물원에서 만든 음식이 아니므로 원숭이에게 먹여서는 안 될 음식이다. 따라서 A, B, C는 답이 될 수 없다. '원숭이에게 먹을 것을 줄 때는 반드시 동물원에서 만들어서 파는 것을 주어야 한다(喂猴子应该用动物园做好卖的)'라고 했으므로 정답은 D이다.

10   每个人小时候都是梦想很大很美丽的，可是长大以后，人就变得现实了，梦想早就没有了。这就是成长的代价。

모든 사람들의 어릴 적 꿈은 매우 크고 아름답다. 하지만 어른이 된 후에는 현실적으로 변하여 꿈은 일찌감치 없어진다. 이것이 바로 성장의 대가이다.

★ 长大后会有什么变化?
A 越来越美丽
B 越来越不现实
C 没有梦想
D 梦想更大

★ 어른이 된 후에는 어떤 변화가 있는가?
A 점점 더 아름다워진다
B 점점 더 현실적이지 못해진다
C 꿈이 없어진다
D 꿈이 더 커진다

梦想 mèngxiǎng 명 꿈 | 美丽 měilì 형 아름답다 | 长大 zhǎngdà 동 자라다 | 变得 biànde ~로 되다 | 现实 xiànshí 형 현실적이다 | 早就 zǎojiù 일찌감치 | 成长 chéngzhǎng 동 성장하다 | 代价 dàijià 명 대가

C A는 본문에서 언급하지 않은 내용이고 B와 D는 본문과 반대되는 내용이다. 본문에서는 '어른이 된 후에는 현실적으로 변하여 꿈은 일찌감치 없어진다(长大以后，人就变得现实了，梦想早就没有了)'라고 했으므로 정답은 C이다.

11   人和人最好不要比较，因为如果比较的话，对于失败的人来说，容易更没有信心更痛苦；对于成功的人来说，也会有压力，因为肯定还会有比他们更优秀的。如果说比较有什么好处的话就是让自己看清楚自己的优缺点，使自己可以改进。

사람과 사람은 서로 비교하지 않는 것이 좋다. 만약 비교를 하게 되면 실패한 사람은 더 자신감이 없어지고 고통스러워지기 쉽고, 성공한 사람도 스트레스를 받을 수 있다. 왜냐하면 분명 누군가는 그들보다 훨씬 뛰어날 수 있기 때문이다. 만약 비교가 어떤 장점이 있다면 그것은 바로 자신이 스스로의 장단점을 정확히 볼 수 있어서 자신을 개선시킬 수 있다는 것이다.

★ 比较有什么好处?
A 改进自己
B 容易了解别人
C 容易成功
D 给别人压力

★ 비교는 어떤 장점이 있는가?
A 자신을 개선시킬 수 있다
B 쉽게 다른 사람을 이해할 수 있다
C 쉽게 성공할 수 있다
D 다른 사람에게 스트레스를 줄 수 있다

比较 bǐjiào 동 비교하다 | 对于……来说 duìyú……láishuō ~에게 있어서 | 失败 shībài 동 실패하다 | 容易 róngyì 형 ~하기 쉽다 | 信心 xìnxīn 자신감 | 痛苦 tòngkǔ 동 고통스럽다 | 成功 chénggōng 동 성공하다 | 压力 yālì 명 스트레스 | 肯定 kěndìng 부 분명히 | 优秀 yōuxiù 형 우수하다 | 好处 hǎochu 명 장점 | 看清楚 kànqīngchu 정확히 보다 | 优缺点 yōuquēdiǎn 명 장단점 | 使 shǐ 동 ~하게 하다 | 改进 gǎijìn 동 개선하다 | 了解 liǎojiě 동 알다, 이해하다

A B, C는 본문에서 언급하지 않은 내용이고 D는 비교의 '단점'을 설명하는 문장이다. '만약 비교가 어떤 장점이 있다면 자신이 스스로의 장단점을 정확히 볼 수 있어서 자신을 개선시킬 수 있다는 것이다(如果说比较有什么好处的话就是让自己看清楚自己的优缺点，使自己可以改进)'라는 문장을 통해서 정답이 A임을 알 수 있다.

12   穷人的孩子早当家，这是说，家庭困难的孩子可能很早就进入社会，开始挣钱养家，因此可能比起那些条件好的孩子更早成熟。对于穷孩子，社会经历可能是他们唯一的财富。

★ 穷人家的孩子是怎么样的?

A 经历不足
B 没有自己的家
C 有很多财富
D 更早成熟

'가난한 집 아이는 일찍 가정을 책임진다'라는 말은 가정 형편이 어려운 아이는 매우 일찍 사회에 진출해서 돈을 벌어 가정을 부양하기 시작한다는 의미이다. 이로 인해 조건이 좋은 집의 아이보다 훨씬 일찍 성숙한다. 가난한 아이에게 있어 사회 경험은 아마도 그들의 유일한 재산일 것이다.

★ 가난한 집의 아이들은 어떠한가?

A 경험이 부족하다
B 자신의 집이 없다
C 매우 많은 재산을 가지고 있다
D 훨씬 일찍 성숙한다

穷人 qióngrén 명 가난한 사람 | 当家 dāngjiā 동 집안일을 도맡다 | 家庭 jiātíng 명 가정 | 困难 kùnnan 형 곤란하다 | 进入 jìnrù 동 진입하다 | 社会 shèhuì 명 사회 | 挣钱 zhèngqián 동 돈을 벌다 | 养家 yǎngjiā 동 가정을 부양하다 | 条件 tiáojiàn 명 조건 | 成熟 chéngshú 동 성숙하다 | 经历 jīnglì 명 경험 | 唯一 wéiyī 형 유일한 | 财富 cáifù 명 재산 | 不足 bùzú 형 부족하다

D A, B, C는 본문의 내용과 일치하지 않으므로 답이 될 수 없다. 가난한 집 아이들은 일찍부터 사회에 진출해서 가정을 부양하기 때문에 '조건이 좋은 집의 아이보다 훨씬 일찍 성숙한다(比起那些条件好的孩子更早成熟)'라고 했으므로 정답은 D이다.

13   一个人要人怎么对自己，首先应该怎么对人；你想得到别人的爱，首先你应该先爱别人。如果一个人只想他人要怎么对自己好，自己又不想好好对别人，这样是得不到别人真正的爱的。

★ 一个人想得到别人的爱，自己应该怎么做?

A 自己先爱自己
B 先爱别人
C 等别人爱了再爱
D 先告诉别人

다른 사람이 자신을 어떻게 대하기 원한다면 먼저 다른 사람을 그렇게 대해야 한다. 다른 사람의 사랑을 받고 싶다면 당신이 먼저 다른 사람을 사랑해야 한다. 만약 다른 사람이 자신에게 잘 해주기를 원하면서 자신은 다른 사람에게 잘하고 싶어하지 않는다면, 이렇게는 다른 사람의 진정한 사랑을 얻을 수 없다.

★ 다른 사람의 사랑을 받기 원한다면 자신은 어떻게 해야 하는가?

A 자신이 먼저 자신을 사랑해야 한다
B 먼저 다른 사람을 사랑해야 한다
C 다른 사람이 먼저 사랑하기를 기다린 후 사랑한다
D 먼저 다른 사람에게 말한다

对 duì 동 대하다 | 首先 shǒuxiān 명 우선 | 得到 dédào 동 얻다 | 先 xiān 부 먼저 | 得不到 débudào 얻지 못하다 | 真正 zhēnzhèng 형 진정한

B A, C, D는 모두 본문의 내용과 일치하지 않는다. 본문에서는 '다른 사람의 사랑을 받고 싶다면 당신이 먼저 다른 사람을 사랑해야 한다(你想得到别人的爱，首先你应该先爱别人)'라고 말하고 있으므로 정답은 B이다.

14　　对于幼儿来说，爬是一件非常重要的事情，因为爬不但使孩子全身得到运动，而且对孩子智力的提高也有好处，所以专家说，孩子越早会爬越有利，是以后站立行走的基础。

유아에게 있어서 기어오르는 것은 매우 중요한 일이다. 왜냐하면 기어오르는 것은 아이에게 전신 운동을 할 수 있게 해줄 뿐만 아니라 아이의 지능을 높이는 데도 좋기 때문이다. 그래서 전문가들은 아이가 기어오르는 것을 일찍 습득하면 할수록 더 좋으며, 이것은 나중에 서서 걷는 것의 기초가 된다고 말한다.

★ 孩子会爬有什么好处?
　A　会早走　　　B　长得快
　C　吃得多　　　**D　提高智力**

★ 아이가 기어오르는 것은 어떤 좋은 점이 있는가?
　A 일찍 걸을 수 있다　　B 빨리 성장한다
　C 많이 먹는다　　　　**D 지능이 높아진다**

幼儿 yòu'ér 명 유아 | 爬 pá 동 기어오르다 | 使 shǐ 동 ~하게 하다 | 全身 quánshēn 명 전신 | 得到 dédào 동 얻다 | 运动 yùndòng 명 운동 | 智力 zhìlì 명 지능 | 提高 tígāo 동 높이다 | 好处 hǎochu 명 장점 | 专家 zhuānjiā 명 전문가 | 越……越…… yuè……yuè…… ~하면 할수록 더 ~하다 | 有利 yǒulì 형 유익하다 | 站立 zhànlì 동 서다 | 行走 xíngzǒu 동 걷다 | 基础 jīchǔ 명 기초

D 기어오르는 것은 '아이의 지능을 높이는 데 좋다(对孩子智力的提高也有好处)'라고 했으므로 정답은 D이다. B, C는 모두 본문의 내용과 일치하지 않고, 기어오르는 것은 일찍 걸을 수 있는 것이 아니라 서서 걷는 것의 기초가 된다고 했으므로 A도 답이 될 수 없다.

15　　春风和秋风为了比能力就吵了起来，谁都觉得自己更强。最后他们决定这样比，看谁能最先脱下人们的衣服，谁就胜利。秋风为了让人们快脱衣服，使劲吹，结果人们因为觉得冷反而把衣服穿得更多；春风则不同，他慢慢吹，花开了树叶绿了，人们渐渐觉得天气热了起来，于是开始脱下身上的衣服。这样，春天就获胜了。

봄 바람과 가을 바람은 서로 자기의 능력이 세다며 싸우기 시작했다. 최후에 그들은 사람들의 옷을 먼저 벗기는 자가 이기는 식으로 대결하기로 결정했다. 가을 바람은 사람들의 옷을 벗기기 위해 힘껏 바람을 불었다. 결과 사람들은 춥다고 느껴서 오히려 옷을 더 많이 입었다. 봄 바람은 이와는 다르게 천천히 바람을 불었는데 꽃이 피고 나뭇잎이 푸르러졌다. 사람들은 점점 날씨가 따뜻해졌다고 느꼈고 입고 있던 옷을 벗기 시작했다. 이렇게 해서 봄 바람이 승리했다.

★ 春风和秋风为什么比赛?
　A　想比能力
　B　想看人们脱衣服
　C　无聊
　D　想天气凉快

★ 봄 바람과 가을 바람은 왜 시합을 했는가?
　A 능력을 겨루려고
　B 사람들이 옷을 벗는 것을 보고 싶어서
　C 심심해서
　D 날씨가 시원해지기를 원해서

春风 chūnfēng 명 봄 바람 | 秋风 qiūfēng 명 가을 바람 | 能力 nénglì 명 능력 | 吵 chǎo 동 (말로) 다투다 | 强 qiáng 형 강하다 | 决定 juédìng 동 결정하다 | 脱下 tuōxià 벗다, 벗기다 | 胜利 shènglì 동 승리하다 | 使劲 shǐjìn 동 힘을 쓰다 | 吹 chuī (바람을) 불다 | 反而 fǎn'ér 오히려 | 则 zé 오히려 | 树叶 shùyè 명 나뭇잎 | 渐渐 jiànjiàn 부 점점 | 于是 yúshì 접 그래서 | 获胜 huòshèng 동 승리를 얻다 | 无聊 wúliáo 형 심심하다 | 凉快 liángkuai 형 시원하다

A 맨 처음 문장이 핵심 문장이다. '봄 바람과 가을 바람은 서로 자기의 능력이 세다며 싸우기 시작했다(春风和秋风为了比能力就吵了起来，谁都觉得自己更强)'라는 문장을 통해서 이들이 시합을 한 이유가 '서로의 능력을 겨루기 위해서'임을 알 수 있으므로 정답은 A이다.

3 내용 일치(간접 제시형) p.124

정답								
	1 C	2 A	3 B	4 C	5 B	6 B	7 D	8 B
	9 A	10 C	11 D	12 C	13 D	14 C	15 A	

1 现在在一些主要的公共场所对安全是越来越重视了，很多地方的进出都需要经过安全检查，也就是"安检"。比如<u>搭乘飞机、坐地铁、看球赛……甚至有些宾馆都开始要安检了</u>。

현재 주요 공공장소는 안전을 점점 더 중요시 여기고 있어서 많은 장소의 출입은 모두 안전검사를 거쳐야 하는데 이것이 바로 '안전검사'이다. 예를 들어 <u>비행기를 탑승하거나 지하철을 타거나 시합을 관람할 때, 심지어 몇몇의 호텔들도 안전검사를 시작했다.</u>

★ 下面提到的场所中目前还不需要安检的是:

A 机场   B 宾馆
C 公共汽车站 D 体育场

★ 다음 제시한 장소 중 현재 안전검사를 요하지 않는 곳은:

A 공항   B 호텔
C 버스정류장 D 체육관

주요 zhǔyào 형 주요하다 | 公共场所 gōnggòngchǎngsuǒ 명 공공장소 | 安全 ānquán 형 안전하다 | 重视 zhòngshì 통 중요시 여기다 | 进出 jìnchū 통 출입하다 | 需要 xūyào 통 필요하다 | 经过 jīngguò 통 지나가다 | 安全检查 ānquánjiǎnchá 안전검사 | 搭乘 dāchéng 통 탑승하다 | 飞机 fēijī 명 비행기 | 地铁 dìtiě 명 지하철 | 球赛 qiúsài 시합 | 甚至 shènzhì 심지어 | 宾馆 bīnguǎn 명 호텔 | 机场 jīchǎng 명 공항 | 公共汽车站 gōnggòngqìchēzhàn 명 버스정류장 | 体育场 tǐyùchǎng 명 체육관

C '비행기를 탑승하거나 지하철을 타거나 시합을 관람할 때, 심지어 몇몇의 호텔들도 안전검사를 시작했다(搭乘飞机、坐地铁、看球赛……甚至有些宾馆都开始要安检了)'라는 문장을 통해서 '공항, 호텔, 체육관'은 모두 현재 안전검사를 요하는 장소임을 알 수 있다. '버스정류장'은 본문에 언급되지 않았으므로 정답은 C이다.

2 现在的中国已经开始重视对环境的保护，例如，普遍使用节能灯具；<u>为了节省汽油，电动车也越来越受到欢迎；每年的植树节很多人参加种树；普通人平时注意节约用水</u>，不乱丢垃圾。

현재 중국은 이미 환경보호를 중요시 여기기 시작했다. 예를 들어 보편적으로 에너지 절감 조명 기구를 사용하고, <u>휘발유를 아끼기 위해서 전동차 역시 점점 인기를 얻고 있다. 매년 식목일에는 많은 사람들이 나무 심기에 참여한다. 일반 사람들은 평소에 물 절약에 주의하고</u> 함부로 쓰레기를 버리지 않는다.

★ 上文没提到的做法是:

A 节约用纸   B 节约用水
C 节省汽油   D 种树

★ 윗글에서 언급하지 않은 방법은:

A 종이 절약   B 물 절약
C 휘발유 절약   D 나무 심기

重视 zhòngshì 통 중요시 여기다 | 环境 huánjìng 명 환경 | 保护 bǎohù 통 보호 | 例如 lìrú 예를 들면 | 普遍 pǔbiàn 형 보편적이다 | 使用 shǐyòng 통 사용하다 | 节能 jiénéng 통 에너지를 절약하다 | 灯具 dēngjù 명 조명 기구 | 节省 jiéshěng 통 절약하다 | 汽油 qìyóu 명 휘발유 | 电动车 diàndòngchē 명 전동차 | 植树节 zhíshùjié 명 식목일[중국은 3월 12일] | 参加 cānjiā 통 참여하다 | 种树 zhòngshù 나무를 심다 | 普通人 pǔtōngrén 명 일반인 | 平时 píngshí 명 평소 | 注意 zhùyì 통 주의하다 | 节约 jiéyuē 통 절약하다 | 乱 luàn 분 함부로 | 丢 diū 통 버리다 | 垃圾 lājī 명 쓰레기 | 纸 zhǐ 명 종이

A '휘발유를 아끼기 위해서 전동차 역시 점점 인기를 얻고(为了节省汽油，电动车也越来越受到欢迎)', '매년 식목일에 많은 사람들이 나무 심기에 참여하며(每年的植树节很多人参加)', '일반 사람들은 평소에 물 절약에 주의한다(普通人平时注意节约用水)'라고 했으므로 B, C, D 모두 환경보호를 위한 방법임을 알 수 있다. 종이 사용을 절약한다는 내용은 본문에서 언급되지 않았으므로 정답은 A이다.

---

3   北京烤鸭是中国有名的饮食，很多外国人也非常喜欢北京烤鸭，来北京一定要去正宗的"全聚德"吃，因为全聚德的烤鸭每一只都有一个号码，它告诉吃的人，这是第几只烤鸭。

베이징 카오야는 중국의 유명한 음식이다. 많은 외국인들 역시 베이징 카오야를 매우 좋아해서 베이징에 오면 반드시 정통 '취앤쥐더'에 가서 먹기를 원한다. 취앤쥐더의 카오야는 각 마리마다 번호가 있기 때문에 먹는 사람에게 이것이 몇 번째 카오야인지를 알려준다.

★ 全聚德是:
  A 宾馆的名字   **B 饭馆的名字**
  C 烤鸭的名字   D 厨师的名字

★ 취앤쥐더는:
  A 호텔의 이름   **B 음식점의 이름**
  C 카오야의 이름   D 요리사의 이름

北京烤鸭 Běijīngkǎoyā [고유] 베이징 카오야[베이징 오리구이] | 有名 yǒumíng [형] 유명하다 | 饮食 yǐnshí [명] 음식 | 正宗 zhèngzōng [형] 정통의 | 全聚德 Quánjùdé [고유] 취앤쥐더[베이징의 유명한 오리구이 음식점 이름] | 号码 hàomǎ [명] 번호 | 宾馆 bīnguǎn [명] 호텔 | 名字 míngzi [명] 이름 | 饭馆 fànguǎn [명] 식당 | 厨师 chúshī [명] 요리사

B 질문에 고유명사가 제시되면 그 뜻을 몰라서 당황할 수 있다. 하지만 단어의 뜻을 모른다 할지라도 앞뒤 문맥을 통해서 그 의미를 유추할 수 있으니 자신감을 가지고 침착하게 문제를 해결해야 한다. 이 문제 역시 '베이징에 오면 반드시 정통 '취앤쥐더'에 가서 먹기를 원한다(来北京一定要去正宗的"全聚德"吃)'라는 문장을 통해서 '全聚德'가 '베이징 카오야를 파는 음식점'이라는 사실을 알 수 있으므로 정답은 B이다.

---

4   现在很多人只说他人喜欢听的话，其实这样有时候并不一定能得到他人的喜爱，而且也不能交到真朋友，因为真诚是交友的基础。

현재 많은 사람들은 다른 사람이 듣기 좋아하는 말만 한다. 사실상 이렇게 하는 것은 어떤 때는 다른 사람의 호감을 얻지 못할 수도 있으며 게다가 진정한 친구를 사귈 수 없다. 왜냐하면 진실은 친구를 사귀는 토대가 되기 때문이다.

★ 怎样才能得到真朋友?
  A 多做事   B 多说好听的话
  C 说真实的感情 D 不说话

★ 어떻게 해야 진정한 친구를 얻을 수 있는가?
  A 일을 많이 한다   B 듣기 좋은 말을 많이 한다
  C 진실된 감정을 말한다 D 말을 하지 않는다

其实 qíshí [부] 사실 | 不一定 bùyídìng [부] 반드시 ~한 것은 아니다 | 得到 dédào [동] 얻다 | 喜爱 xǐài [동] 좋아하다 | 真诚 zhēnchéng [형] 진실하다 | 交友 jiāoyǒu [동] 친구를 사귀다 | 基础 jīchǔ [명] 기초 | 真实 zhēnshí [형] 진실하다

C 본문에서 B는 진정한 친구를 사귀는 방법이 아니라고 설명하고 있고 A와 D는 본문에서 언급하지 않은 내용이다. '진실은 친구를 사귀는 토대가 된다(真诚是交友的基础)'라는 문장을 통해서 진정한 친구를 사귀기 위해서는 '상대방에게 진실된 감정을 말해야 한다'라는 사실을 알 수 있으므로 정답은 C이다.

5　我奶奶特别喜欢喝茶。她喝茶的时候不喜欢在茶里放糖或者蜂蜜。她只喜欢茶的自然味道。

우리 할머니는 차 마시는 것을 매우 좋아한다. 그녀는 차를 마실 때 차 안에 설탕이나 꿀을 넣는 것을 싫어한다. 그녀는 오직 차의 자연 그대로의 순수한 맛만을 좋아한다.

★ 奶奶喜欢的茶是：
　A 放糖的茶
　B 什么都不放的茶
　C 放蜂蜜的茶
　D 放牛奶的茶

★ 할머니가 좋아하는 차는:
　A 설탕을 넣은 차
　B 아무 것도 넣지 않은 차
　C 꿀을 넣은 차
　D 우유를 넣은 차

奶奶 nǎinai 몡 할머니 ｜ 茶 chá 몡 차 ｜ 放 fàng 동 넣다 ｜ 糖 táng 몡 설탕 ｜ 蜂蜜 fēngmì 몡 꿀 ｜ 自然 zìrán 형 자연의 ｜ 味道 wèidao 몡 맛 ｜ 牛奶 niúnǎi 몡 우유

B A와 C는 '할머니가 좋아하지 않는 차'라고 했으며 D는 본문에서 언급하지 않은 내용이다. '그녀는 오직 차의 자연 그대로의 순수한 맛만을 좋아한다(她只喜欢茶的自然味道)'라는 문장을 통해서 할머니가 좋아하는 차는 '차 안에 아무 것도 넣지 않은 차'임을 알 수 있으므로 정답은 B이다.

6　这个作家长得很好，学历很高，但是书写的不怎么样。我看过他的好几十本书，但是内容都没有意思。

이 작가는 매우 잘생겼고 학력도 높다. 하지만 책은 잘 못쓴다. 나는 그가 쓴 몇 십 권의 책을 읽어 봤는데 내용은 모두 재미없다.

★ 关于这个作家，我们可以知道：
　A 不好看　　**B 写了很多书**
　C 性格好　　D 书写的很好

★ 이 작가와 관련하여 우리가 알 수 있는 것은:
　A 못생겼다　　**B 많은 책을 썼다**
　C 성격이 좋다　　D 책을 아주 잘쓴다

作家 zuòjiā 몡 작가 ｜ 长 zhǎng 동 생기다 ｜ 学历 xuélì 몡 학력 ｜ 不怎么样 bùzěnmeyàng 별로이다 ｜ 内容 nèiróng 몡 내용 ｜ 没有意思 méiyǒuyìsi 재미없다 ｜ 性格 xìnggé 몡 성격

B A와 D는 본문의 내용과 일치하지 않으며 C는 본문에서 언급하지 않은 내용이다. '나는 그가 쓴 몇 십 권의 책을 읽어 보았다(我看过他的好几十本书)'라는 문장을 통해서 그가 '많은 책을 썼다'라는 사실을 알 수 있으므로 정답은 B이다.

7　今天我想和男朋友一起去百货商店买件衣服。可是到了百货商店，因为我最近太胖了，没有对我合适的衣服。男朋友对我说："你应该减肥！"。

오늘 나는 남자친구와 함께 백화점에 가서 옷을 한 벌 사려고 했다. 그런데 백화점에 가보니 내가 요즘 너무 살이 쪄서 나에게 어울리는 옷이 없었다. 남자친구는 나에게 "살 좀 빼!"라고 말했다.

★ 根据这段话，我们可以知道：
　A 商店里的衣服都不好看
　B 他们买了很多衣服
　C 男朋友最近太胖了
　D 没买到衣服

★ 이 글을 근거로 우리가 알 수 있는 것은:
　A 상점의 옷은 모두 예쁘지 않다
　B 그들은 매우 많은 옷을 샀다
　C 남자친구는 요즘 너무 뚱뚱해졌다
　D 옷을 사지 못했다

百货商店 bǎihuòshāngdiàn 몡 백화점 | 胖 pàng 톙 뚱뚱하다 | 合适 héshì 톙 알맞다 | 减肥 jiǎnféi 동 다이어트하다, 살 빼다

D A와 B는 본문과 일치하지 않는 내용이며 최근에 살이 많이 찐 사람은 '나'라고 했으므로 C 역시 답이 될 수 없다. '나에게 어울리는 옷이 없었다(没有对我合适的衣服)'라는 문장을 통해서 '오늘 그들은 옷을 사지 못했다'라는 사실을 알 수 있으므로 정답은 D이다.

8 以前过年大家都要吃好吃的，穿新衣服，现在吃和穿不是太重要了，很多的人过年就是要玩儿些新鲜的东西，看一些平时看不到的风景，于是就"出去"过节。

예전에는 새해를 맞을 때 모두 맛있는 것을 먹고 새로운 옷을 입기를 원했는데 지금은 먹고 입는 것은 그다지 중요하지 않다. 많은 사람들은 새해를 맞으며 새로운 것을 즐기기를 원하고 평소에 볼 수 없었던 풍경을 보기 원한다. 그래서 '외출'로 새해를 맞는다.

★ 上文中的出去是什么意思？
  A 出去吃饭
  B 出去旅游
  C 出去买衣服
  D 不过节

★ 위 문장 가운데 '외출'은 무슨 의미인가?
  A 나가서 밥을 먹는다
  B 나가서 여행을 한다
  C 나가서 옷을 산다
  D 명절을 쇠지 않는다

过年 guònián 동 설을 쇠다 | 玩儿 wánr 동 놀다 | 新鲜 xīnxiān 톙 신선하다 | 平时 píngshí 몡 평소 | 看不到 kànbudào 보지 못하다 | 风景 fēngjǐng 몡 풍경 | 过节 guòjié 동 명절을 보내다 | 旅游 lǚyóu 동 여행하다

B 이 문제는 문장에서 쓰인 '出去'의 비유적인 의미를 묻는 문제이다. 사람들은 설에 '평소에 볼 수 없었던 풍경을 보기 원해서 '외출'로 새해를 맞는다(看一些平时看不到的风景，于是就"出去"过节)'라는 문장으로 보아 '出去'는 현대 중국인들의 설을 쇠는 방식을 표현한 것으로, '여행을 간다'라는 의미임을 알 수 있다.

9 性格不太好的人不一定让人讨厌，但是因为他们经常容易发脾气，所以大家都不太愿意跟他们在一起，他们就不容易交到朋友。

성격이 별로 좋지 않은 사람들이 반드시 다른 사람을 짜증나게 하는 것은 아니다. 그러나 그들은 자주 쉽게 화를 내기 때문에 모두 그들과 함께 있는 것을 원하지 않는다. 그래서 그들은 친구 사귀기가 쉽지 않다.

★ 性格不太好的人是：
  A 容易发脾气
  B 让人讨厌
  C 让人发脾气
  D 喜欢交朋友

★ 성격이 별로 좋지 않은 사람은:
  A 쉽게 화를 낸다
  B 사람을 짜증나게 한다
  C 사람을 화나게 한다
  D 친구 사귀기를 좋아한다

性格 xìnggé 몡 성격 | 不一定 bùyídìng 면 반드시 ~인 것은 아니다 | 讨厌 tǎoyàn 동 싫어하다 | 容易 róngyì 톙 쉽게 ~하다 | 发脾气 fā píqì 화내다 | 愿意 yuànyi 조동 ~을 원하다 | 在一起 zàiyìqǐ 함께 있다 | 交 jiāo 동 (사람을) 사귀다

A '不一定'은 '반드시 ~인 것은 아니다'의 의미로 '부분 부정'을 나타내므로(不一定让人讨厌) B는 답이 될 수 없고 C, D는 본문에서 언급하지 않은 내용이다. '그들은 자주 쉽게 화를 낸다(他们经常容易发脾气)'라고 했으므로 정답은 A이다.

10　一分钱一分货，说的是价钱和东西的关系。但是有的时候也可以用很便宜的价钱买到很好的东西。比如，换季的时候贵的衣服会打折，这样就可以用少的钱买到贵的商品。

'싼 게 비지떡이다'는 가격과 물건의 관계를 말한다. 그러나 어떤 때는 매우 저렴한 가격으로 좋은 물건을 살 수 있다. 예를 들어 계절이 바뀔 때는 비싼 옷도 할인을 할 수 있으므로 이렇게 하면 적은 돈으로 비싼 상품을 살 수 있다.

★ 好的东西是：
A 非常贵
B 不打折
C 有时候会便宜
D 很便宜

★ 좋은 물건은:
A 매우 비싸다
B 할인을 하지 않는다
C 어떤 때는 쌀 수도 있다
D 매우 싸다

一分钱一分货 yìfēnqiányìfēnhuò 싼 게 비지떡이다 | 价钱 jiàqian 명 가격 | 关系 guānxi 명 관계 | 换季 huànjì 계절이 바뀌다 | 打折 dǎzhé 동 할인하다 | 商品 shāngpǐn 명 상품

C '一分钱一分货'만 보고 A를 선택하는 실수를 해서는 안 된다. 문장 가운데 전환관계 접속사가 나오면 그 뒤 문장에 주의해야 한다. 이 문장 역시 '但是' 뒤의 문장이 전체 글의 핵심 문장이다. '그러나 어떤 때는 매우 저렴한 가격으로 좋은 물건을 살 수 있다(但是有的时候也可以用很便宜的价钱买到很好的东西)'라는 문장을 통해서 좋은 물건이 항상 비싼 것은 아니며 어떤 때는 아주 저렴하다는 사실을 알 수 있으므로 정답은 C이다.

11　对吃我很懂，但是我一点也不会做，你最好不要问我做菜的事，问我爱人吧，他可是专门干这个的，想知道这方面的事直接问他就行了。

나는 먹는 것은 매우 잘하는데 음식을 만드는 것은 조금도 하지 못한다. 나에게는 음식 만드는 일에 대해서 묻지 말고 나의 남편에게 물어봐라. 그는 전문적으로 이것을 하는 사람이니 이쪽 방면의 일을 알고 싶으면 바로 그에게 물어보면 된다.

★ 我的爱人是干什么的？
A 服务员　　B 老师
C 演员　　　D 厨师

★ 나의 남편은 어떤 일을 하는가?
A 종업원　　B 교사
C 배우　　　D 요리사

懂 dǒng 동 이해하다 | 一点 yìdiǎn 수량 조금 | 最好 zuìhǎo 부 제일 좋기는 | 做菜 zuòcài 동 음식을 만들다 | 爱人 àiren 명 남편, 부인 | 专门 zhuānmén 부 전문적으로 | 干 gàn 동 하다 | 直接 zhíjiē 부 직접 | 服务员 fúwùyuán 명 종업원 | 演员 yǎnyuán 명 배우 | 厨师 chúshī 요리사

D 화자는 '나에게는 음식 만드는 일에 대해 묻지 말고 전문적으로 이것을 하는 남편에게 물으라(你最好不要问我做菜的事，问我爱人吧，他可是专门干这个的)'고 말하고 있으므로 남편의 직업이 '요리사'임을 알 수 있다. 따라서 정답은 D이다.

12　我最近买了新车，可是买回来就后悔了，不是车本身不好，是因为去哪儿停车都让人头疼，不是停满了就是不让停，找半天也不知道停在哪儿好。

나는 최근에 새 차를 샀는데 사가지고 집에 와서 후회를 했다. 차 자체가 좋지 않아서가 아니라 어디에 주차를 해야 할지 머리가 아팠기 때문이다. 주차할 곳이 꽉 찼거나 주차를 못하게 해서 한참을 찾아 다녀도 어디에 주차를 해야 할지 모르겠다.

★ 我后悔买车的原因:
  A 车本身不好
  B 车停不住
  C 停车太难
  D 开车头疼

★ 내가 차를 사고 후회하는 이유는:
  A 차 자체가 좋지 않아서
  B 차가 멈추지 않아서
  C 주차하기가 너무 힘들어서
  D 운전하기가 골치 아파서

后悔 hòuhuǐ 동 후회하다 | 本身 běnshēn 명 (사람이나 물건) 자체 | 停车 tíngchē 동 주차하다 | 头疼 tóuténg 형 골치 아프다 | 不是……就是…… búshì……jiùshì…… ~이거나 ~이다 | 满 mǎn 형 가득하다 | 半天 bàntiān 명 한참 | 不住 búzhù 멈추지 않다 | 难 nán 형 어렵다 | 开车 kāichē 동 운전하다

C 인과관계 접속사 '因为'는 그 뒤에 '원인'을 설명하는 문장이 온다. '어디에 주차를 해야 할지 머리가 아팠기 때문이다(因为去哪儿停车都让人头疼)'라는 문장을 통해서 차를 구입하고 후회하는 이유가 '주차' 때문임을 알 수 있으므로 정답은 C 이다.

13 成功的人一般都有这样的特点: 拥有希望, 不怕吃苦, 一直努力, 不断学习。有了这些特点就离成功不远了, 这跟人的年龄没有什么关系。

성공하는 사람들은 일반적으로 이러한 특징이 있다. 희망을 갖고 있고 고생하는 것을 두려워하지 않고 계속 노력하며 끊임없이 공부한다. 이러한 특징을 가지고 있다면 성공에서 멀지 않은 것이다. 이것은 사람의 나이와는 아무 관계가 없다.

★ 什么样的人会成功?
  A 年轻的人   B 年纪大的人
  C 有特点的人   **D 不断努力的人**

★ 어떤 사람이 성공할 수 있는가?
  A 젊은 사람   B 나이가 많은 사람
  C 특징이 있는 사람 **D 끊임없이 노력하는 사람**

成功 chénggōng 동 성공하다 | 一般 yìbān 형 일반적이다 | 特点 tèdiǎn 명 특징 | 拥有 yōngyǒu 동 소유하다 | 希望 xīwàng 명 희망 | 怕 pà 동 두려워하다 | 吃苦 chīkǔ 동 고생하다 | 一直 yìzhí 부 줄곧 | 努力 nǔlì 동 노력하다 | 不断 búduàn 부 부단히, 끊임없이 | 离 lí 개 ~로 부터 | 远 yuǎn 형 멀다 | 年龄 niánlíng 명 연령 | 关系 guānxi 명 관계 | 年纪 niánjì 명 나이

D 본문에서 '이것은 사람의 나이와는 아무 관계가 없다(这跟人的年龄没有什么关系)'라고 했으므로 A와 B는 답이 될 수 없고, C는 본문에서 언급하지 않은 내용이다. '성공하는 사람은 계속해서 노력하는 특징이 있다(成功的人一般都有这样的特点: 一直努力)'라고 했으므로 정답이 D임을 알 수 있다.

14 有一个年轻人找到一个成功者, 他向成功者请教成功的方法。于是, 成功者拿出三个大小不一样的苹果, 然后说, 这三个苹果代表大小不同的成功, 你怎么选择呢? 年轻人听完后想也没想就拿起一个最大的苹果开始吃, 而成功者则是拿起最小的那个苹果吃。很快, 成功者就吃完了那个最小的苹果, 并且拿起剩下的那个苹果开始吃, 同时对年轻人说, 你看我还是吃得比你多吧。年轻人听后才能知道, 原来成功的秘密就是不要只看眼前的东西, 那样会让你失去得更多。

어떤 젊은이가 성공한 사람을 찾아갔다. 그는 성공한 사람에게 성공할 수 있는 방법을 가르쳐 달라고 했다. 그래서 성공한 사람은 각각 크기가 다른 3개의 사과를 가지고 온 후 "이 3개의 사과는 크기가 다른 성공을 대표한다. 당신은 어떤 선택을 할 것인가?"라고 물었다. 젊은이는 듣고 나서 생각도 하지 않고 바로 가장 큰 사과를 먹기 시작했다. 그러나 성공한 사람은 가장 작은 사과를 먹었다. 성공한 사람은 매우 빠르게 그 작은 사과를 다 먹고 나서 남은 사과를 들고 먹기 시작하며 젊은이에게 "보시오. 내가 당신보다 더 많이 먹지 않소!"라고 말했다. 젊은이는 듣고 나서야 성공의 비밀은 단지 눈 앞의 것만을 보지 말아야 한다는 것을 알았다. 그렇게 하면 더 많은 것을 잃게 만든다.

★ 成功者为什么先吃最小的苹果?
  A 小的好吃
  B 大的被年轻人吃了
  C 快吃完再吃另一个
  D 小的好看

★ 성공한 사람은 왜 가장 작은 사과를 먼저 먹었는가?
  A 작은 것이 맛있어서
  B 큰 것은 젊은이가 먹어서
  C 빨리 먹고 다른 하나를 또 먹으려고
  D 작은 것이 예뻐서

> 成功者 chénggōngzhě 명 성공한 사람 | 请教 qǐngjiào 동 물어보다 | 拿出 náchū 동 꺼내다 | 大小 dàxiǎo 명 크기 | 苹果 píngguǒ 명 사과 | 代表 dàibiǎo 동 대표하다 | 选择 xuǎnzé 동 선택하다 | 剩下 shèngxià 동 남다 | 原来 yuánlái 부 알고 보니 | 秘密 mìmì 명 비밀 | 眼前 yǎnqián 명 눈 앞 | 失去 shīqù 동 잃다

C A, B, D는 모두 본문의 내용과 일치하지 않으므로 답이 될 수 없다. '성공한 사람은 매우 빠르게 그 작은 사과를 다 먹고 나서 남은 사과를 들고 먹기 시작했다(很快，成功者就吃完了那个最小的苹果，并且拿起剩下的那个苹果开始吃)'라는 문장을 통해 성공한 사람이 가장 작은 사과를 먹은 이유는 '남은 사과 하나를 더 먹기 위해서'임을 알 수 있으므로 정답은 C이다.

15 爸爸老了，常常忘事情。有一天他告诉我，13号是他朋友的生日，让我提醒他，去那个朋友家看看。我告诉爸爸，今天已经15号了，那是前天的事情。爸爸很难过，说："我忘了去看朋友！"。我告诉爸爸："您已经去过了！"。

아버지께서 연세가 많아지시니 종종 일들을 잊어버리신다. 어느 날은 나에게 13일이 아버지 친구분의 생일이라며 나에게 친구분을 보러 친구분 댁에 가도록 알려달라고 말씀하셨다. 나는 아버지께 오늘이 이미 15일이고 그 일은 이미 그저께 일이라고 말씀드렸다. 아버지께서는 굉장히 괴로워하시며 "내가 친구 보러 가는 것을 잊어버리다니!"라고 말씀하셨다. 나는 아버지께 "아버지는 이미 다녀오셨어요!"라고 말씀드렸다.

★ 朋友的生日是:
  A 前天
  B 今天
  C 明天
  D 后天

★ 친구의 생일은:
  A 그저께
  B 오늘
  C 내일
  D 모레

> 忘 wàng 동 잊다 | 事情 shìqing 명 일 | 提醒 tíxǐng 동 일깨우다 | 前天 qiántiān 명 그저께 | 难过 nánguò 형 고통스럽다 | 后天 hòutiān 명 모레

A '13일이 아버지 친구분의 생일이다(13号是他朋友的生日)'라는 문장과 '오늘은 이미 15일이다(今天已经15号了)'라는 문장을 통해서 친구의 생일은 '그저께'임을 알 수 있으므로 정답은 A이다.

IV. 모의고사

1 모의고사 1 p.128

정답

1 B	2 C	3 D	4 F	5 E	6 B	7 E	8 A	9 F	10 C
11 CAB		12 BAC		13 CAB		14 CBA		15 BCA	
16 ABC		17 BCA		18 CAB		19 BCA		20 ABC	
21 C	22 C	23 B	24 C	25 D	26 D	27 B	28 B	29 C	30 C
31 D	32 D	33 D	34 B	35 C	36 B	37 C	38 D	39 D	40 D

1~5

- **A** 曾经 céngjīng 🔤 일찍이
- **B** 浪费 làngfèi 🔤 낭비하다
- **C** 比赛 bǐsài 🔤 시합
- **D** 迟到 chídào 🔤 지각하다
- **E** 非常 fēicháng 🔤 매우
- **F** 后悔 hòuhuǐ 🔤 후회하다

1 多吃点儿吧，我们点了这么多菜，别(**B** 浪费)了。

많이 드세요. 우리 음식을 이렇게 많이 주문했으니 (**B** 낭비하면) 안 돼요.

点 diǎn 🔤 주문하다 | 这么 zhème 🔤 이렇게 | 菜 cài 🔤 음식 | 别 bié 🔤 ~하지 마라

B 빈칸 앞에 부정부사 '别'가 있으므로 빈칸에는 동사가 와야 한다. 앞 문장에서 '음식을 많이 시켰다'고 했으므로 문맥상 빈칸에는 동사 '浪费'가 들어가는 것이 가장 적합하다.

2 你看了昨晚的(**C** 比赛)了吗?

당신 어제 저녁 (**C** 시합)을 봤나요?

昨晚 zuówǎn 🔤 어제 저녁

C 빈칸 앞에 구조조사 '的'가 있으므로 빈칸에는 명사가 와야 한다. 또한 빈칸에는 동사 '看'과 어울리는 명사가 와야 하므로 명사 '比赛'가 들어가는 것이 가장 적합하다.

3 我们学校9:00开始上课，我今天早上8点起床了，所以(**D** 迟到)了半个小时。

우리 학교는 9시에 수업을 시작하는데 나는 오늘 아침 8시에 일어났다. 그래서 30분 (**D** 지각했다).

学校 xuéxiào 명 학교 | 开始 kāishǐ 동 시작하다 | 上课 shàngkè 동 수업하다 | 起床 qǐchuáng 동 일어나다 | 小时 xiǎoshí 명 시간

D 빈칸 뒤에 동태조사 '了'가 있으므로 빈칸에는 동사가 와야 한다. 이 문장은 '인과관계'의 문장으로 앞에서 '원인'을 제시하고, 빈칸이 있는 문장은 그에 따른 '결과'를 설명하는 문장이므로 문맥상 빈칸에는 동사 '迟到'가 들어가는 것이 가장 적합하다.

4 香港的环境真不错，我真(**F** 后悔)大学毕业没来这儿工作。

홍콩의 환경은 너무 좋다. 나는 대학교를 졸업한 후에 이곳에 와서 일하지 않은 것을 정말 (**F** 후회한다).

香港 Xiānggǎng 고유 홍콩 | 环境 huánjìng 명 환경 | 不错 búcuò 형 좋다 | 毕业 bìyè 동 졸업하다 | 工作 gōngzuò 동 일하다

F 빈칸 앞에 정도부사 '真'이 있고 빈칸 뒤에 문장이 이어지고 있으므로 빈칸에는 동사가 와야 한다. 빈칸 뒤의 문장은 '후회하는 내용'을 설명하는 문장이므로 빈칸에는 동사 '后悔'가 들어가는 것이 가장 적합하다.

5 西安是一个有很长历史的城市，这个城市里有很多(**E** 非常)有名的建筑。

시안은 긴 역사를 가진 도시이다. 이 도시에는 (**E** 매우) 많은 유명한 건축물이 있다.

西安 Xīān 고유 시안, 서안 | 历史 lìshǐ 명 역사 | 城市 chéngshì 명 도시 | 有名 yǒumíng 형 유명하다 | 建筑 jiànzhù 명 건축물

E 빈칸 뒤에 형용사 '有名'이 있으므로 빈칸에는 이와 어울리는 부사가 와야 한다. 보기 중 형용사 '有名'과 어울리는 단어는 정도부사 '非常'뿐이므로 정답은 E이다.

6~10

A 天气 tiānqì 명 날씨
B 文件 wénjiàn 명 문서
C 提前 tíqián 동 (시간을) 앞당기다
D 商量 shāngliang 동 상의하다
E 一定 yídìng 부 반드시
F 互相 hùxiāng 부 서로

6 A: 你把昨天开会的内容发电子邮件给我吧。
B: 好的，可是那个(**B** 文件)太大了，电子邮件可能发不过去。

A: 어제 회의한 내용을 나에게 이메일로 보내주세요.
B: 알겠습니다. 그런데 그 (**B** 문서)가 너무 커서 어쩌면 이메일로는 보낼 수 없을 것 같아요.

开会 kāihuì 통 회의를 하다 | 内容 nèiróng 명 내용 | 电子邮件 diànzǐyóujiàn 명 이메일 | 发不过去 fābúguòqù 보내지지 않는다

B 빈칸에는 양사 '个'로 셀 수 있는 명사가 들어가야 한다. 보기 중 양사 '个'로 셀 수 있는 명사는 '文件'이다.

7 A: 你是怎么减肥成功的?
B: 少吃多运动，不吃晚饭，但是最关键是(**E 一定**)要坚持。

A: 당신은 어떻게 다이어트에 성공했나요?
B: 적게 먹고 운동을 많이 하고 저녁은 먹지 않았어요. 하지만 가장 중요한 것은 (**E 반드시**) 꾸준히 해야 한다는 거예요.

减肥 jiǎnféi 통 다이어트하다 | 成功 chénggōng 통 성공하다 | 关键 guānjiàn 명 관건, 키포인트 | 坚持 jiānchí 지속하다

E 빈칸 뒤에 조동사 '要'가 있으므로 빈칸에는 부사가 올 수 있다. 보기 중 조동사 '要'와 어울리는 단어는 어기부사 '一定'이다.

8 A: 你听明天的天气预报了吗? 明天(**A 天气**) 怎么样啊?
B: 明天和今天一样，你就放心地出去玩儿吧!

A: 당신 내일 일기예보를 들었나요? 내일 (**A 날씨**)는 어떤가요?
B: 내일은 오늘과 똑같아요. 안심하고 놀러 가세요!

天气预报 tiānqìyùbào 명 일기예보 | 一样 yíyàng 형 같다 | 放心 fàngxīn 통 안심하다 | 玩儿 wánr 통 놀다

A 빈칸은 문장의 주어 자리이므로 '怎么样'과 호응하는 명사가 들어가야 한다. 보기 중 '怎么样'과 어울리는 단어는 명사 '天气'이다.

9 A: 感谢你们对我的帮助!
B: 那么客气干什么，你也帮过我们，我们(**F 互相**)帮助。

A: 도와줘서 고마워요!
B: 뭘 그렇게 예의를 차리고 그래. 너도 우리를 도와준 적이 있잖아. (**F 서로**) 돕는 거지.

感谢 gǎnxiè 통 감사하다 | 帮助 bāngzhù 명 도움 | 那么 nàme 데 그렇게 | 客气 kèqi 형 예의를 차리다 | 帮 bāng 통 돕다

F 빈칸은 주어 '我们'과 술어 '帮助' 사이에 있으므로 부사가 들어가야 한다. 보기 중 동사 '帮助'와 어울리는 단어는 상태부사 '互相'이다.

10 A: 我们今天8点到你家，怎么样?
B: 8点太晚了，你们可以(**C 提前**)一点儿来吗?

A: 우리 오늘 8시에 당신 집에 도착하려고 하는데 어때요?
B: 8시는 너무 늦어요. 조금 (**C 앞당겨서**) 올 수 있나요?

到 dào 동 도착하다 | 晚 wǎn 형 늦다 | 一点儿 yìdiǎnr 수량 조금

C 빈칸은 조동사 '可以'와 수량사 '一点儿' 사이에 있으므로 동사가 와야 한다. 앞뒤 문맥상 '조금 더 일찍 오는 것이 가능한지'를 묻는 내용이 와야 하므로 빈칸에는 동사 '提前'이 들어가는 것이 가장 적합하다.

11 A 而且妹妹
B 也长得不错
C 姐姐不但长得好看

A 여동생도
B 예쁘게 생겼다
C 언니가 예쁘게 생겼을 뿐만 아니라

→ 姐姐不但长得好看，而且妹妹也长得不错。
→ 언니가 예쁘게 생겼을 뿐만 아니라 여동생도 예쁘게 생겼다.

不但……, 而且…… búdàn……, érqiě…… ~할 뿐만 아니라 게다가 ~하다 | 妹妹 mèimei 명 여동생 | 长 zhǎng 동 생기다 | 不错 búcuò 형 좋다 | 姐姐 jiějie 명 누나, 언니

CAB 姐姐不但长得好看，而且妹妹也长得不错。

① '不但……, 而且……'는 '~할 뿐만 아니라 게다가 ~하다'라는 뜻을 나타내는 점층관계 접속사이다. 따라서 C → A의 순서가 된다. (C → A)

② B의 범위부사 '也'는 A의 접속사 '而且'와 호응하여 '~도 역시 ~하다'의 의미를 나타내므로 B는 A 뒤에 위치해야 한다. (C → A → B)

12 A 然而由于家庭条件，他没能当上
B 他从小就想当演员
C 因而他决定一定要找一个演员结婚

A 그러나 가정형편 때문에 되지 못했다
B 그는 어려서부터 배우가 되고 싶었다
C 그래서 그는 반드시 배우와 결혼하겠다고 결정했다

→ 他从小就想当演员，然而由于家庭条件，他没能当上，因而他决定一定要找一个演员结婚。
→ 그는 어려서부터 배우가 되고 싶었다. 그러나 가정형편 때문에 되지 못했다. 그래서 그는 반드시 배우와 결혼하겠다고 결정했다.

然而 rán'ér 접 그러나 | 由于 yóuyú 접 ~때문에 | 家庭条件 jiātíngtiáojiàn 명 가정형편 | 当上 dāngshàng ~이 되다 | 从小 cóngxiǎo 어릴 때부터 | 演员 yǎnyuán 명 배우 | 因而 yīn'ér 접 그래서 | 决定 juédìng 동 결정하다 | 结婚 jiéhūn 동 결혼하다

BAC 他从小就想当演员，然而由于家庭条件，他没能当上，因而他决定一定要找一个演员结婚。

① A의 전환관계 접속사 '然而'은 의미가 상반되는 두 개의 문장 사이에 위치하여 '상황의 전환'을 설명하므로 문장의 의미상 A는 B 뒤에 위치한다. (B → A)

② C의 인과관계 접속사 '因而'은 A의 '由于'와 함께 '由于……因而'의 형식으로 '~때문에 그래서 ~하다'라는 의미의 인과관계를 나타낼 때 사용되므로 A → C의 순서가 된다. (B → A → C)

13 A 一方面想游览北京的名胜古迹
B 另一方面也想看看多年不见的老朋友
C 这次到北京来

→ 这次到北京来，一方面想游览北京的名胜古迹，另一方面也想看看多年不见的老朋友。

A 한편으로는 베이징의 명승고적을 구경하고 싶었고
B 또 한편으로는 몇 년간 못 만난 오랜 친구들을 만나고 싶었다
C 이번에 베이징에 온 것은

→ 이번에 베이징에 온 것은 한편으로는 베이징의 명승고적을 구경하고 싶었고, 또 한편으로는 몇 년간 못 만난 오랜 친구들을 만나고 싶어서이다.

一方面……, 另一方面…… yīfāngmiàn……, lìngyīfāngmiàn…… 한편으로는 ~하고 또 한편으로는 ~하다 | 游览 yóulǎn 동 관광하다 | 名胜古迹 míngshènggǔjì 명 명승고적 | 老朋友 lǎopéngyou 명 오랜 친구

CAB 这次到北京来，一方面想游览北京的名胜古迹，另一方面也想看看多年不见的老朋友。

① '一方面……, 另一方面……'은 '한편으로는 ~하고 또 한편으로는 ~하다'라는 뜻을 나타내는 병렬관계 접속사 구문이므로 A → B의 순서가 된다. (A → B)

② C는 '두 가지 목적을 위한 행동'을 설명하는 문장이므로 의미상 문장 맨 앞에 위치해야 한다. (C → A → B)

14 A 把工作推给别人
B 也决不愿意
C 我宁可自己多做些

→ 我宁可自己多做些，也决不愿意把工作推给别人。

A 일을 다른 사람에게 미루다
B 절대 ~하고 싶지 않다
C 나는 차라리 내가 더 했으면 했지

→ 나는 차라리 내가 더 했으면 했지 일을 다른 사람에게 미루고 싶진 않다.

推给 tuīgěi 동 남에게 떠넘기다 | 决 jué 부 절대로 | 愿意 yuànyi 조동 ~하기를 바라다 | 宁可……, 也不…… nìngkě……, yěbù…… 차라리 ~할지언정 ~하지는 않겠다 | 些 xiē 수량 조금

CBA 我宁可自己多做些，也决不愿意把工作推给别人。

① 문장 중 '차라리 ~할지언정 ~하지는 않겠다'라는 뜻의 선택관계 접속사 구문인 '宁可……, 也不……'가 있으므로 C → B의 순서가 된다. (C → B)

② B 뒤에는 '원하지 않는 내용'을 설명하는 문장이 와야 하므로 A는 문장 맨 끝에 위치해야 한다. (C → B → A)

15 A 所以很多人喜欢找他帮忙
B 王刚很年轻
C 但是比同龄人经历的事情更多

→ 王刚很年轻，但是比同龄人经历的事情更多，所以很多人喜欢找她帮忙。

A 그래서 많은 사람들은 그에게 도움 청하는 것을 좋아한다
B 왕강은 매우 젊다
C 그러나 같은 나이의 사람들보다 경험한 것이 훨씬 많다

→ 왕강은 매우 젊지만 같은 나이의 사람들보다 경험한 것이 훨씬 많아서 많은 사람들은 그에게 도움 청하는 것을 좋아한다.

帮忙 bāngmáng 동 돕다 | 年轻 niánqīng 형 젊다 | 同龄人 tónglíngrén 명 나이가 같은 사람 | 经历 jīnglì 동 경험하다 | 事情 shìqing 명 일

BCA 王刚很年轻，但是比同龄人经历的事情更多，所以很多人喜欢找她帮忙。

① C의 전환관계 접속사 '但是'는 상반되는 의미를 가진 두 문장 사이에 위치하므로 의미상 C는 B 뒤에 와야 한다. (B → C)

② A의 인과관계 접속사 '所以' 뒤에는 앞에서 제시한 원인에 대한 '결과'를 설명하는 문장이 위치하므로 문장의 의미상 A는 문장 맨 끝에 와야 한다. (B → C → A)

16 A 这篇文章的内容很有意思
　　B 不管是真的还是假的
　　C 我也要打印几份给朋友看看

→ 这篇文章的内容很有意思，不管是真的还是假的我也要打印几份给朋友看看。

A 이 글의 내용이 매우 재미있다
B 진짜든 거짓이든
C 나는 몇 부를 복사해서 친구들에게 보여주고 싶다

→ 이 글의 내용이 매우 재미있어서 진짜든 거짓이든 나는 몇 부를 복사해서 친구들에게 보여주고 싶다.

篇 piān 몡 편 | 文章 wénzhāng 몡 글 | 内容 nèiróng 몡 내용 | 有意思 yǒuyìsi 혱 재미있다 | 不管……也…… bùguǎn……yě…… ~을 막론하고 ~하다 | 真的 zhēnde 진짜 | 还是 háishi 젭 아니면 | 假的 jiǎde 몡 거짓 | 打印 dǎyìn 동 복사하다 | 份 fèn 몡 부

ABC 这篇文章的内容很有意思，不管是真的还是假的我也要打印几份给朋友看看。

① '不管……也……'는 '~을 막론하고 ~하다'라는 뜻을 나타내는 조건관계 접속사 구문이므로 B → C의 순서가 된다. (B → C)

② A는 행동에 대한 '이유'를 설명하는 문장이므로 의미상 문장 맨 앞에 위치해야 한다. (A → B → C)

17 A 因而成绩一直不错
　　B 大伟又很聪明
　　C 又很努力

→ 大伟又很聪明又很努力，因而成绩一直不错。

A 그래서 성적이 줄곧 좋았다
B 따웨이는 매우 똑똑하고
C 노력까지 해서

→ 따웨이는 매우 똑똑하고 노력까지 해서 성적이 줄곧 좋다.

成绩 chéngjì 몡 성적 | 一直 yìzhí 틘 줄곧 | 不错 búcuò 혱 좋다 | 又……又…… yòu……yòu…… ~하기도 하고 ~하기도 하다 | 聪明 cōngming 혱 똑똑하다 | 努力 nǔlì 동 노력하다

BCA 大伟又很聪明又很努力，因而成绩一直不错。

① '~하기도 하고 ~하기도 하다'라는 뜻의 고정격식 '又……又……'는 '두 개의 상태가 동시에 존재함'을 나타낸다. B에는 문장의 주어 '大伟'가 있으므로 C는 B 뒤에 위치해야 한다. (B → C)

② A의 인과관계 접속사 '因而'은 앞에서 설명한 원인에 따른 '결과'를 설명하므로 문장의 의미상 A는 문장 맨 끝에 위치해야 한다. (B → C → A)

18　A 与其吃减肥药
　　　B 不如每天运动
　　　C 如果要减肥

　　→ 如果要减肥与其吃减肥药不如每天运动。

A 다이어트 약을 먹느니
B 매일 운동을 하는 것이 낫다
C 만약 다이어트를 하고 싶다면

→ 만약 다이어트를 하고 싶다면 다이어트 약을 먹느니 매일 운동을 하는 것이 낫다.

与其……不如…… yǔqí……bùrú…… ~하느니 ~하는 편이 낫다 | 减肥 jiǎnféi 동 다이어트하다 | 药 yào 명 약 | 运动 yùndòng 동 운동하다

CAB 如果要减肥与其吃减肥药不如每天运动。

① '与其……不如……'는 '~하느니 ~하는 편이 낫다'라는 의미의 선택관계 접속사 구문이므로 A → B의 순서가 된다. (A → B)

② C의 접속사 '如果'는 전체 상황의 '가정'을 나타내므로 의미상 문장 맨 앞에 위치해야 한다. (C → A → B)

19　A 也不在乎
　　　B 他非常用功学习
　　　C 以至周边的吵闹声

　　→ 他非常用功学习，以至周边的吵闹声也不在乎。

A 신경 쓰지 않는다
B 그는 매우 열심히 공부한다
C 때문에 주위의 시끄러운 소리도

→ 그는 매우 열심히 공부하기 때문에 주위의 시끄러운 소리도 신경 쓰지 않는다.

不在乎 búzàihu 동 신경 쓰지 않다 | 用功 yònggōng 동 열심히 공부하다 | 以至 yǐzhì 접 ~까지 ~하게 하다 | 周边 zhōubiān 명 주변 | 吵闹 chǎonào 형 시끄럽다 | 声 shēng 명 소리

BCA 他非常用功学习，以至周边的吵闹声也不在乎。

① C의 인과관계 접속사 '以至' 뒤에는 앞 절에서 제시한 어떤 원인에 대한 '결과'를 설명하는 문장이 와야 하므로 문장의 의미상 A는 C 뒤에 위치한다. (C → A)

② B의 '他'는 전체 문장의 주어가 되므로 B는 문장 맨 앞에 위치해야 한다. (B → C → A)

20　A 你快点儿
　　　B 给家里打个电话
　　　C 省得父母担心

　　→ 你快点儿给家里打个电话，省得父母担心。

A 너는 빨리
B 집에 전화를 해라
C 부모님이 걱정하시지 않도록

→ 부모님이 걱정하시지 않도록 빨리 집에 전화를 해라.

快 kuài 부 빨리 | 打电话 dǎ diànhuà 전화를 하다 | 省得 shěngde 접 ~하지 않도록 | 担心 dānxīn 동 걱정하다

ABC 你快点儿给家里打个电话, 省得父母担心。

① A의 '你'는 B의 술어 '打个电话'의 주어가 되므로 A는 B 앞에 위치한다. (A → B)
② C의 목적관계 접속사 '省得' 뒤에는 앞 행동에 대한 '목적(바라지 않는 결과)'을 나타내는 문장이 와야 하므로, 문장의 의미상 C는 문장 맨 끝에 위치해야 한다. (A → B → C)

---

21 有人说，旅游就是离开自己已经烦了的地方去别人已经烦了的地方。这话还是很有意义的，太熟悉的地方会让人觉得没有新鲜感和美感，换个地方就可能发现新的美。因此，美不美倒不是地方的问题，而是对你有没有新鲜感。

누군가 말하기를 여행이란 자신이 이미 진저리 난 장소를 떠나 다른 사람이 이미 진저리 난 장소로 가는 것이라고 했다. 이 말은 굉장히 의미가 있는데, 너무 익숙한 장소는 사람으로 하여금 신선함과 아름다움이 없다고 느끼게 만들며 장소를 바꾸면 새로운 아름다움을 발견할 수 있다는 것이다. 따라서 아름답고 아름답지 못한 것은 장소의 문제가 아니라 당신에게 있어 신선함이 있느냐 없느냐이다.

★ 上面这段话里的"烦了的地方"指的是什么样的地方？
 A 太有美感　　　B 太有新鲜感
 C 太熟悉　　　D 太有意义

★ 윗글에서 '진저리 난 장소'가 가리키는 것은 어떤 곳인가?
 A 매우 아름다운 곳　　B 매우 신선한 곳
 C 매우 익숙한 곳　　D 매우 의미 있는 곳

旅游 lǚyóu 통 여행하다 | 离开 líkāi 통 떠나다 | 烦 fán 형 진저리 나다 | 地方 dìfang 명 장소 | 意义 yìyì 명 의미 | 熟悉 shúxī 형 익숙하다 | 新鲜感 xīnxiāngǎn 신선한 느낌 | 美感 měigǎn 아름다운 느낌 | 换 huàn 통 바꾸다 | 发现 fāxiàn 통 발견하다 | 因此 yīncǐ 접 이로 인해 | 不是……，而是…… búshì……, érshì…… ~가 아니라 ~이다

C '너무 익숙한 장소는 사람으로 하여금 신선함과 아름다움이 없다고 느끼게 만든다(太熟悉的地方会让人觉得没有新鲜感和美感)'라는 문장을 보아 너무 익숙한 장소란 '이미 진저리 난 장소(已经烦了的地方)'임을 알 수 있으므로 정답은 C이다.

---

22 中山公园晚上有音乐会，看演出的人恐怕不会少，我想可能会堵车，所以你们最好提前一点出来。

중산공원에서 저녁에 음악회가 있어서 공연을 보는 사람이 아마 적지 않을 것 같다. 내가 생각할 때 아마 차가 막힐 것 같으니 너희는 조금 일찍 나오는 것이 좋겠다.

★ 我为什么要他们提前出来？
 A 去公园玩
 B 去听音乐
 C 担心堵车
 D 去看演出

★ 나는 왜 그들이 앞당겨 나오기를 원하는가?
 A 공원에 놀러 가려고
 B 음악을 들으러 가려고
 C 차가 막히는 것이 걱정되어서
 D 공연을 보러 가려고

中山公园 Zhōngshāngōngyuán 지명 중산공원 | 音乐会 yīnyuèhuì 명 음악회 | 演出 yǎnchū 명 공연 | 可能 kěnéng 부 아마도 | 堵车 dǔchē 통 차가 막히다 | 最好 zuìhǎo 제일 좋기는 | 提前 tíqián 통 (시간을) 앞당기다 | 担心 dānxīn 통 걱정하다

C A, B, D는 모두 그들이 시간을 앞당겨서 출발하는 이유가 아니다. '내가 생각할 때 아마 차가 막힐 것 같으니 너희는 조금 일찍 나오는 것이 좋겠다(我想可能会堵车，所以你们最好提前一点出来)'라는 문장을 보아 정답이 C임을 알 수 있다.

23   昨天的放弃有时候会带来今天的选择，今天的选择又常常会决定明天的结果。所以很多时候我们要学会放弃，好的放弃能赢得好的未来。

어제의 포기가 때로는 오늘의 선택을 가져올 수도 있다. 또한 오늘의 선택은 항상 내일의 결과를 결정한다. 그래서 많은 경우 우리는 포기하는 것을 배워야 하며, 좋은 포기는 좋은 미래를 얻을 수 있게 한다.

★ 放弃的好处是：
A 不用选择　　B 可以新的选择
C 得到胜利　　D 让别人开心

★ 포기의 좋은 점은:
A 선택할 필요가 없다　　B 새로운 선택을 할 수 있다
C 승리를 얻는다　　D 다른 사람을 기쁘게 한다

放弃 fàngqì 명동 포기(하다) | 有时候 yǒushíhou 때로는 | 带来 dàilái 동 가져오다 | 选择 xuǎnzé 명 선택 | 决定 juédìng 동 결정하다 | 结果 jiéguǒ 명 결과 | 学会 xuéhuì 동 습득하다 | 赢得 yíngdé 동 얻다 | 未来 wèilái 명 미래 | 好处 hǎochu 명 장점 | 得到 dédào 동 얻다 | 胜利 shènglì 명 승리 | 开心 kāixīn 즐겁다

B 이 문제의 핵심 문장은 맨 앞에 있다. '어제의 포기가 때로는 오늘의 선택을 가져올 수도 있다(昨天的放弃有时候会带来今天的选择)'라는 문장을 통해 정답이 B임을 알 수 있다.

24   小李给他客户打电话的时候，怎么也联系不上，非常着急。我看了看发现，小李原来是把他客户的手机号码少拨了一位。

샤오리가 그의 고객에게 전화를 하는데 어떻게 해도 연락이 되지 않아서 매우 조급했다. 내가 그 모습을 보다가 샤오리가 고객의 전화번호를 하나 빼고 눌렀다는 것을 발견했다.

★ 小李为什么联系不上？
A 忘了电话号码　　B 客户太忙
C 没拨对号　　D 拨了自己的号

★ 샤오리는 왜 연락이 되지 않았는가?
A 전화번호를 잊어버려서　　B 고객이 너무 바빠서
C 정확한 번호를 누르지 않아서　　D 자신의 번호를 눌러서

客户 kèhù 명 고객 | 联系 liánxì 동 연락하다 | 着急 zháojí 동 조급해하다 | 发现 fāxiàn 동 발견하다 | 原来 yuánlái 부 알고 보니 | 手机号码 shǒujīhàomǎ 명 휴대전화 번호 | 拨 bō 동 누르다 | 位 wèi 자리

C A, B, D는 모두 본문에서 언급되지 않은 내용이다. 마지막 문장 '샤오리가 고객의 전화번호를 하나 빼고 눌렀다(小李原来是把他客户的手机号码少拨了一位)'를 통해서 그가 '정확한 번호를 누르지 않았음(没拨对号)'을 알 수 있다.

25   老虎是世界上最凶猛的猫科动物。在山林里活动，肉食为主，成年虎一般长约240-290厘米，体重达120-230公斤，毛色黄黑相间。

호랑이는 세계에서 가장 용맹한 고양이과 동물이다. 산림에서 활동하고 육식을 주식으로 하며, 성인이 된 호랑이는 일반적으로 약 240~290센티미터까지 자란다. 체중은 120~230킬로그램에 달하며 털 색상은 황색과 검은색으로 뒤섞여 있다.

★ 有关老虎，正确的是：
A 就是猫
B 黄色的
C 体长不到240厘米
D 体重超过120公斤

★ 호랑이와 관련하여 정확한 것은:
A 고양이이다
B 황색이다
C 몸 길이는 240센티미터가 안 된다
D 체중은 120킬로그램을 넘는다

老虎 lǎohǔ 圆 호랑이 | 世界 shìjiè 圆 세계 | 凶猛 xiōngměng 圆 용맹하다 | 猫科 māokē 圆 고양이과 | 动物 dòngwù 圆 동물 | 山林 shānlín 圆 산림 | 活动 huódòng 圆 활동하다 | 肉食 ròushí 圆 육식 | 为主 wéizhǔ 圆 ~을 위주로 하다 | 成年 chéngnián 圆 성년(어른) | 一般 yībān 圆 일반적이다 | 长 cháng 圆 길이 | 约 yuē 圆 약 | 厘米 límǐ 圆 센티미터(cm) | 体重 tǐzhòng 圆 체중 | 达 dá 圆 ~에 달하다 | 公斤 gōngjīn 圆 킬로그램(kg) | 毛 máo 圆 털 | 黄 huáng 圆 노랗다 | 黑 hēi 圆 검다 | 相间 xiāngjiàn 圆 서로 뒤섞이다

D '고양이과 동물(猫科动物)', '약 240~290센티미터(长约240-290厘米)', '황색과 검은 색이 뒤섞여 있다(毛色黄黑相间)'라는 문장을 보면 A, B, D는 답이 될 수 없다. '체중은 120~230킬로그램에 달한다(体重达120-230公斤)'라는 문장으로 보아 호랑이의 체중은 120킬로그램이 넘는다는 사실을 알 수 있으므로 정답은 D이다.

26 我有一个朋友突然辞职了，大家都很奇怪，他的公司是大公司，他怎么只干了一个月就不干了？他解释说："公司再大收入再高，可是每天总是做着自己觉得没意思的事情，还不如在家呢。"

내 친구 한 명이 갑자기 회사를 그만 두어서 모두들 매우 이상하게 생각했다. 그의 회사는 대기업인데 그는 왜 겨우 한 달 동안만 일하고 그만 두었을까? 그는 "회사가 아무리 크고 월급이 많더라도 매일 자신이 재미없다고 생각하는 일을 하고 있으니 집에 있는 것이 낫다." 라고 말했다.

★ 他为什么辞职?
A 还想更大的公司
B 还想更高的收入
C 没时间在家
D 没意思

★ 그는 왜 일을 그만 두었는가?
A 더 큰 회사를 원해서
B 더 많은 수입을 원해서
C 집에 있을 시간이 없어서
D 재미가 없어서

突然 tūrán 圆 갑자기 | 辞职 cízhí 圆 사직하다 | 大家 dàjiā 団 모두 | 奇怪 qíguài 圆 이상하다 | 大公司 dàgōngsī 圆 대기업 | 干 gàn 圆 하다 | 解释 jiěshì 圆 설명하다 | 收入 shōurù 圆 수입 | 总是 zǒngshì 圆 늘 | 没意思 méiyìsi 圆 재미없다 | 不如 bùrú 圆 ~만 못하다

D '不如'는 그 뒤에 '선택'을 나타내는 문장이 온다. '매일 자신이 재미없다고 생각하는 일을 하고 있으니 집에 있는 것이 낫다(每天总是做着自己觉得没意思的事情，还不如在家呢)'라는 문장을 통해서 친구가 일을 그만 둔 이유가 '재미가 없어서'임을 알 수 있다. 따라서 정답은 D이다.

27 不是做什么样的事情都是自己喜欢的，碰到自己不喜欢甚至厌烦的事情，也应该保持愉快的心情去做好它，这是一个人有责任感有耐心的表现。

어떤 일을 하든지 모두 자신이 좋아하는 일을 하게 되는 것은 아니다. 자신이 좋아하지 않는, 심지어 싫어하는 일을 만나게 되더라도 마땅히 기쁜 마음으로 그것을 완수해야 한다. 이것이 책임감과 인내심을 가지고 있다는 표현인 것이다.

★ 做不喜欢的工作时的态度应该:
A 想着愉快的事
B 有责任心
C 不做
D 有心情时再做

★ 좋아하지 않는 일을 할 때의 태도는 마땅히:
A 즐거운 일을 생각하며 한다
B 책임감을 갖는다
C 하지 않는다
D 기분이 날 때 한다

碰到 pèngdào 통 만나다 | 甚至 shènzhì 부 심지어 | 厌烦 yànfán 통 귀찮아하다 | 保持 bǎochí 통 유지하다 | 愉快 yúkuài 형 기분이 좋다 | 心情 xīnqíng 명 기분 | 责任感 zérèngǎn 명 책임감 | 耐心 nàixīn 명 참을성 | 表现 biǎoxiàn 명 표현

B '자신이 좋아하지 않는, 심지어 싫어하는 일을 만나게 되더라도 마땅히 기쁜 마음으로 그것을 완수해야 한다(碰到自己不喜欢甚至厌烦的事情，也应该保持愉快的心情去做好它)'라는 문장을 통해서 '좋아하지 않는 일 역시 책임감을 가지고 완수해야 한다'라는 것이 이 글의 주제임을 알 수 있다. 따라서 정답은 B이다.

28   现在的黄河是黄土色，但是古代并不是这样的。在古代，黄河还是很透名干净的。后来由于周围的环境被人破坏了，生态环境持续恶化，大量的黄土被冲到河里，于是河水就变成现在这样。

현재의 황하는 황토색이다. 그러나 고대에는 결코 이렇지 않았다. 고대에 황하는 투명하고 깨끗했다. 후에 주변 환경이 사람에 의해 파괴되고 생태 환경은 계속 악화되어서 대량의 황토가 강으로 유입되었다. 그래서 강물이 현재의 이러한 모습이 되었다.

★ 黄河变色的原因是：
A 历史太长　　**B 工业发展**
C 农业发展　　D 古人破坏

★ 황하의 색이 변한 원인은:
A 역사가 너무 길어서　　**B 공업이 발전해서**
C 농업이 발전해서　　D 고대인이 파괴해서

黄河 Huánghé 고유 황허, 황하 | 黄土色 huángtǔsè 명 황토색 | 古代 gǔdài 명 고대 | 并 bìng 부 결코 | 透名 tòumíng 형 투명하다 | 干净 gānjìng 형 깨끗하다 | 后来 hòulái 부 그 뒤에 | 由于 yóuyú 접 ~때문에 | 周围 zhōuwéi 명 주위 | 环境 huánjìng 명 환경 | 被 bèi 당하다 | 破坏 pòhuài 통 파괴하다 | 生态 shēngtài 명 생태 | 持续 chíxù 통 지속하다 | 恶化 èhuà 통 악화하다 | 大量 dàliàng 명 대량 | 黄土 huángtǔ 명 황토 | 冲 chōng 통 투입되다 | 河 hé 명 강 | 于是 yúshì 접 이리하여 | 变成 biànchéng 통 ~으로 변하다 | 历史 lìshǐ 명 역사 | 工业 gōngyè 명 공업 | 农业 nóngyè 명 농업 | 古人 gǔrén 명 옛 사람, 고대인

B '후에 주변 환경이 사람에 의해 파괴되었다(后来由于周围的环境被人破坏了)'라는 문장과 '대량의 황토가 강으로 유입되었다(大量的黄土被冲到河里)'라는 문장을 통해서 강물이 황색으로 변화된 이유는 '사람에 의한 공업 발전'이라는 사실을 유추할 수 있으므로 정답은 B이다.

29   孩子用筷子时有时会拿来玩儿，比如，敲碗，敲盘子，有时甚至拿筷子指人，这些都是非常不好的习惯，而且给人不礼貌的感觉。

아이들은 젓가락을 사용할 때 때때로 그것을 가지고 논다. 예를 들어 그릇을 두드리거나 접시를 두드리거나 어떤 때는 심지어 젓가락을 들어 사람을 가리킨다. 이러한 것들은 모두 매우 안 좋은 습관이고 다른 사람에게 예의가 없다는 느낌을 준다.

★ 孩子用筷子应该：
A 敲碗
B 敲桌子
C 有礼貌
D 指人

★ 아이들은 젓가락을 사용할 때 마땅히:
A 그릇을 두드려야 한다
B 테이블을 두드려야 한다
C 예의가 있어야 한다
D 사람을 가리켜야 한다

孩子 háizi 명 아이 | 筷子 kuàizi 명 젓가락 | 有时 yǒushí 어떤 때는 | 拿来 nálai 통 가져오다 | 玩儿 wánr 통 놀다 | 比如 bǐrú 접 예를 들면 | 敲 qiāo 통 두드리다 | 碗 wǎn 명 그릇 | 盘子 pánzi 명 접시 | 甚至 shènzhì 부 심지어 | 指 zhǐ 통 가리키다 | 习惯 xíguàn 명 습관 | 礼貌 lǐmào 형 예의가 있다 | 感觉 gǎnjué 명 느낌 | 桌子 zhuōzi 명 테이블

C A, B, D는 모두 젓가락을 사용할 때 하지 말아야 할 행동으로 든 예이다. 이 글은 전체적으로 '아이들이 젓가락을 사용할 때는 반드시 예의를 지켜야 한다'라는 사실을 설명하고 있으므로 정답은 C이다.

30 在面试房间外面的走道里有个孩子摔倒了，一个面试的年轻人看到后就跑过去扶起了孩子。正巧这一切都被这个公司的经理看见了，于是他被录用了。录用的理由是：关心他人是服务行业的必要素质。

면접실 밖의 복도에 어떤 아이가 넘어졌다. 한 젊은 면접생은 그것을 보고 바로 달려가서 아이를 일으켜 세웠다. 마침 이 모든 것을 이 회사의 책임자가 보게 되었고 그래서 그는 회사에 채용되었다. 채용이 된 이유는 타인에게 관심을 갖는 것은 서비스업에서 반드시 필요한 자질이기 때문이었다.

★ 他为什么被录用?
  A 因为有孩子
  B 长得好看
  C 因为会关心他人
  D 因为他服务好

★ 그는 왜 채용되었는가?
  A 아이가 있기 때문에
  B 잘 생겨서
  C 다른 사람에게 관심을 베풀 줄 알아서
  D 서비스 태도가 좋아서

面试 miànshì 몡 면접시험 | 外面 wàimiàn 몡 바깥 | 走道 zǒudào 몡 복도 | 摔倒 shuāidǎo 통 넘어지다 | 年轻人 niánqīngrén 몡 젊은 사람 | 扶起 fúqǐ 통 부축하여 일으키다 | 正巧 zhèngqiǎo 閉 마침 | 一切 yíqiè 몡 모든 것 | 公司 gōngsī 몡 회사 | 经理 jīnglǐ 몡 책임자 | 录用 lùyòng 통 채용하다 | 理由 lǐyóu 몡 이유 | 关心 guānxīn 통 관심을 갖다 | 他人 tārén 몡 다른 사람 | 服务 fúwù 몡 서비스 | 行业 hángyè 몡 직업 | 必要 bìyào 혱 필요로 하다 | 素质 sùzhì 몡 자질

C 본문에 보이는 단어 '孩子'와 '服务' 때문에 A나 D를 답으로 선택하는 실수를 할 수 있다. 하지만 A, B, D는 모두 본문에서 언급한 내용이 아니다. '채용이 된 이유는 타인에게 관심을 갖는 것은 서비스업에서 반드시 필요한 자질이기 때문이었다(录用的理由是：关心他人是服务行业的必要素质)'라는 문장을 통해서 정답이 C임을 알 수 있다.

31 我想买新房子了，先得把旧房子卖掉，可是登了一个月的广告，也没有人给我打来电话，难道没有人要买我的房子吗? 最后我才发现，原来是我自己的问题，广告上我的手机号码少写了一个数字。

나는 새집을 사고 싶어서 먼저 옛날 집을 팔아야 했다. 그러나 한 달 동안 광고를 냈는데 나에게 전화를 하는 사람이 없었다. 설마 내 집을 사고 싶은 사람이 없다는 말인가? 후에 알고 보니 나의 문제였다는 것을 발견했다. 광고에 내 휴대전화 번호 숫자가 하나 빠졌던 것이다.

★ 没人买房子的原因是:
  A 房子太旧   B 我没电话
  C 没有广告   **D 号码错了**

★ 집을 사려는 사람이 없었던 원인은:
  A 집이 너무 낡아서   B 내가 전화가 없어서
  C 광고를 하지 않아서 **D 번호가 잘못 되어서**

房子 fángzi 몡 집 | 先 xiān 閉 먼저 | 得 děi 조동 ~해야 한다 | 旧 jiù 혱 오래되다 | 卖掉 màidiào 팔아버리다 | 登 dēng 통 기재하다 | 广告 guǎnggào 몡 광고 | 难道 nándào 閉 설마 ~란 말인가? | 发现 fāxiàn 통 발견하다 | 原来 yuánlái 閉 알고 보니 | 手机号码 shǒujīhàomǎ 휴대전화 번호 | 数字 shùzì 몡 숫자 | 错 cuò 혱 틀리다

D B, C는 본문의 내용과 반대되는 내용이고 A는 본문을 통해서 알 수 없는 내용이다. '광고에 내 휴대전화 번호 숫자가 하나 빠졌던 것이다(广告上我的手机号码少写了一个数字)'라는 문장을 통해서 정답이 D임을 알 수 있다.

32 今天是信息社会，我们每天能看到各种各样的信息，广告，新闻，电视什么的，想躲也躲不了。因此，<u>选择就非常重要</u>，因为我们的时间都是有限的，不可能什么信息都接受。

요즘은 정보사회이다. 우리는 매일 각종 정보, 광고, 뉴스, TV 등을 보게 되는데 피하고 싶어도 피할 수 없다. 따라서 <u>선택이 매우 중요하다</u>. 왜냐하면 우리의 시간은 유한하기 때문에 모든 정보를 다 받아들일 수는 없다.

★ 对信息该怎么做?
 A 什么都看
 B 什么都不看
 C 躲起来
 D 有选择

★ 정보에 대해서 어떻게 해야 하는가?
 A 무엇이든지 봐야 한다
 B 어떤 것도 보지 말아야 한다
 C 피해야 한다
 D 선택을 해야 한다

信息 xìnxī 명 정보 | 社会 shèhuì 명 사회 | 各种各样 gèzhǒnggèyàng 형 각종의 | 广告 guǎnggào 명 광고 | 新闻 xīnwén 명 뉴스 | 电视 diànshì 명 TV | 什么的 shénmede 대 등등 | 躲 duǒ 동 숨다 | 因此 yīncǐ 접 이 때문에 | 选择 xuǎnzé 명 선택 | 重要 zhòngyào 형 중요하다 | 有限 yǒuxiàn 형 제한되다 | 接受 jiēshòu 동 받아들이다

D 인과관계 접속사 '因此' 뒤에는 앞에서 언급한 내용에 대한 '결론(판단)'을 설명하는 문장이 온다. 따라서 '因此' 뒤의 문장은 글의 핵심 문장이 되는 경우가 많다. 이 문제 역시 '因此' 뒤의 '선택이 매우 중요하다(选择就非常重要)'라는 문장을 통해서 정답이 D임을 알 수 있다.

33 树木对环境的影响非常大。<u>树木可以给空气提供水分增加湿度</u>，还可以净化环境，因此我们都要好好保护树木，使我们的环境更好。

나무가 환경에 주는 영향은 매우 크다. <u>나무는 공기에 수분을 제공하여 습도를 높여주고</u> 환경을 정화시켜준다. 따라서 우리는 나무를 잘 보호함으로써 우리의 환경을 더욱 좋게 만들어야 한다.

★ 树木对环境的作用是：
 A 降温   B 增加雨水
 C 改变土壤 **D 空气加湿**

★ 나무가 환경에 미치는 영향은:
 A 온도를 내린다   B 비의 양을 늘린다
 C 토양을 변화시킨다 **D 공기의 습도를 높인다**

树木 shùmù 명 나무 | 环境 huánjìng 명 환경 | 影响 yǐngxiǎng 명 영향 | 空气 kōngqì 명 공기 | 提供 tígōng 동 제공하다 | 水分 shuǐfèn 명 수분 | 增加 zēngjiā 동 증가하다 | 湿度 shīdù 명 습도 | 净化 jìnghuà 동 정화하다 | 保护 bǎohù 동 보호하다 | 降温 jiàngwēn 동 온도를 내리다 | 改变 gǎibiàn 동 바꾸다 | 土壤 tǔrǎng 명 토양 | 加 jiā 동 더하다 | 湿 shī 형 습하다

D A, B, C는 본문에서 언급하지 않은 내용이다. '나무는 공기에 수분을 제공하여 습도를 높여준다(树木可以给空气提供水分增加湿度)'라는 문장을 통해서 정답이 D임을 알 수 있다.

34 有些人看书是看过什么就相信什么；有些人看书是自己先信什么然后看什么，这两种方法都有一定的问题，<u>前面一种不能使我们养成边看边思考的习惯</u>；后面一种会让我们的知识面变得窄。

어떤 사람은 보는 책마다 그 내용을 다 믿고 어떤 사람은 자신이 믿는 것을 본다. 이 두 가지 방법은 모두 어느 정도 문제가 있다. <u>앞의 경우는 우리로 하여금 책을 보며 사고하는 습관을 기르지 못하게 하고</u> 뒤의 경우는 지식의 폭을 좁아지게 만든다.

★ 关于上文什么才是好的看书方法?
A 先看后想
B 边看边想
C 想好再看
D 边看边读

★ 위의 문장과 관련하여 어떤 것이 독서할 때의 좋은 방법인가?
A 먼저 보고 후에 생각한다
B 보면서 생각한다
C 생각을 하고 나서 본다
D 보면서 읽는다

相信 xiāngxìn 동 믿다 | 前面 qiánmiàn 명 앞 | 养成 yǎngchéng 동 양성하다 | 边……边…… biān……biān…… ~하면서 ~하다 | 思考 sīkǎo 동 사고하다 | 习惯 xíguàn 명 습관 | 知识 zhīshi 명 지식 | 窄 zhǎi 형 좁다 | 读 dú 동 읽다

B 본문은 독서를 할 때의 좋지 않은 태도를 설명하고 있다. '앞의 경우는 우리로 하여금 책을 보며 사고하는 습관을 기르지 못하게 한다(前面一种不能使我们养成边看边思考的习惯)'라는 문장을 통해서 '책을 보면서 동시에 사고하는 습관(边看边思考的习惯)'은 '독서를 하는 좋은 습관'이라는 것을 알 수 있으므로 정답은 B이다.

35~36

现在很多年轻人找工作时，并不知道自己应该找什么样的工作。我觉得应该这样考虑：首先，必须是你喜欢的行业，每天做自己喜欢的事情才有意思，如果自己都不喜欢的话，还能做好吗？其次，必须是你能够做的事，也就是你的能力和条件适合做这份工作，如果做不了就不要为难自己，硬要做很容易出差错。所以适合自己的是最好的，至于收入、工作地点等等，并不是最重要的。

요즘 매우 많은 젊은이들은 일을 찾을 때 자신이 어떤 일을 찾아야 하는지를 생각하지 않는다. 나는 이런 고려를 해야 한다고 생각한다. 먼저 당신이 좋아하는 일이어야 한다. 매일 자신이 좋아하는 일을 해야만 재미가 있다. 만약 자신도 좋아하지 않는다면 일을 잘 할 수 있겠는가? 그 다음으로는 반드시 당신이 할 수 있는 일이어야 한다. 당신의 능력과 조건이 이 일을 하는 데 적합해야 한다는 것이다. 만약 할 수 없다면 스스로를 곤란하게 하지 말아라. 무리하게 하면 쉽게 실수를 할 수 있다. 그래서 자신에게 적합한 것이 가장 좋은 것이다. 수입, 일하는 장소 등은 결코 가장 중요한 것이 아니다.

35 ★ 这段话说明应该找什么样的工作?
A 收入好的   B 有意思的
C 适合自己的   D 有发展的

★ 이 문장은 어떤 일을 찾아야 한다고 설명하고 있는가?
A 수입이 좋은 일   B 재미있는 일
C 자신에게 적합한 일   D 발전 가능성이 있는 일

36 ★ 这段话没有提到的是:
A 收入   B 年龄
C 工作地点   D 自身能力条件

★ 이 문장에서 언급하지 않은 것은:
A 수입   B 연령
C 일하는 장소   D 자신의 능력 조건

年轻人 niánqīngrén 명 젊은 사람 | 考虑 kǎolǜ 동 고려하다 | 首先 shǒuxiān 명 우선 | 必须 bìxū 부 반드시 | 行业 hángyè 명 직업 | 其次 qící 명 그 다음 | 能够 nénggòu 조동 ~할 수 있다 | 能力 nénglì 명 능력 | 条件 tiáojiàn 명 조건 | 适合 shìhé 형 적합하다 | 为难 wéinán 동 괴롭히다 | 硬 yìng 부 억지로 | 容易 róngyì 동 ~하기 쉽다 | 差错 chācuò 명 실수 | 至于 zhìyú 개 ~에 대해서 | 收入 shōurù 명 수입 | 地点 dìdiǎn 명 장소 | 年龄 niánlíng 명 나이 | 自身 zìshēn 명 자신

35 C A, B, D는 모두 본문에서 설명한 '좋은 일'이 아니므로 답이 될 수 없다. '반드시 당신이 할 수 있는 일이어야 한다. 당신의 능력과 조건이 이 일을 하는 데 적합해야 한다는 것이다(必须是你能够做的事，也就是你的能力和条件适合做这份工作)'라는 문장을 통해서 정답이 C임을 알 수 있다.

36 B '能力和条件', '收入', '工作地点'은 모두 본문에 언급된 내용이다. B는 본문에서 언급하지 않았으므로 정답은 B이다.

37~38

　　有个人实在是太胖了，他非常想减肥。于是他就问医生应该如何治疗。医生告诉他，每天跑8公里，坚持跑一年就能减掉40公斤。一年以后，那个胖的人给医生打电话说："医生，我按照你说的去做了，结果真的是瘦了下来。不过，我现在离家已经有3000多公里了，我怎么回家呢？"

　　정말 너무 뚱뚱한 사람이 있었는데 그는 다이어트를 매우 하고 싶었다. 그래서 그는 의사에게 어떻게 치료해야 할 지를 물었다. 의사는 그에게 매일 8킬로미터 뛰는 것을 1년 동안 유지하면 40킬로그램이 빠질 것이라고 말했다. 1년 후, 그 뚱뚱한 사람은 의사에게 전화를 해서 "의사선생님, 내가 당신의 말대로 했는데 정말 살이 빠졌습니다. 그런데 저는 집으로부터 이미 3000여 킬로미터를 떠나왔습니다. 제가 어떻게 집으로 돌아가야 할까요?"라고 말했다.

37 ★ 那个人做了什么？
　A 去很远的地方找医生
　B 搬家
　C 跑步减肥
　D 回家

★ 그 사람은 무엇을 했는가?
　A 의사를 찾아 먼 곳으로 갔다
　B 이사를 했다
　C 뛰어서 다이어트를 했다
　D 집에 돌아갔다

38 ★ 他一年后出了什么问题？
　A 找不到家
　B 找不到医生
　C 没有减下来
　D 离家太远

★ 1년 후 그에게 어떤 문제가 생겼는가?
　A 집을 찾을 수 없었다
　B 의사를 찾을 수 없었다
　C 살을 빼지 못했다
　D 집에서 너무 멀어졌다

> 实在 shízài 🖲 정말 | 胖 pàng 🖲 뚱뚱하다 | 减肥 jiǎnféi 🖲 다이어트하다 | 医生 yīshēng 🖲 의사 | 如何 rúhé 🖲 어떻게 | 治疗 zhìliáo 🖲 치료하다 | 跑 pǎo 🖲 뛰다 | 公里 gōnglǐ 🖲 킬로미터(km) | 坚持 jiānchí 🖲 유지하다 | 公斤 gōngjīn 🖲 킬로그램(kg) | 按照 ànzhào 🖲 ~에 따라서 | 结果 jiéguǒ 🖲 결과 | 瘦 shòu 🖲 마르다 | 离 lí 🖲 ~로부터 | 回家 huíjiā 🖲 집으로 돌아가다 | 远 yuǎn 🖲 멀다 | 搬家 bānjiā 🖲 이사하다 | 跑步 pǎobù 🖲 달리기하다

37 C A, B, D는 본문을 통해 알 수 없는 내용이다. '의사는 그에게 매일 8킬로미터 뛰는 것을 1년 동안 유지하면 40킬로그램이 빠질 것이라고 말했다(医生告诉他，每天跑8公里，坚持跑一年就能减掉40公斤)'와 '내가 당신의 말대로 했다(我按照你说的去做了)'라는 문장을 통해서 그가 다이어트를 위해 달리기를 했다는 것을 알 수 있으므로 정답은 C이다.

38 D '저는 집으로부터 이미 3000여 킬로미터를 떠나왔습니다. 제가 어떻게 집으로 돌아가야 할까요?(我现在离家已经有3000多公里了，我怎么回家呢？)'라는 문장을 통해서 '그가 집에서 너무 멀어졌음'을 알 수 있으므로 정답은 D이다.

39~40

　　就要春节了，老王很着急回家过节。他把自己的车加满油，开得飞快，心里好像已经回到家一样。可是车到了一个丁字路口正巧碰到了警察，警察让老王停车。老王下车后向警察道歉："实在对不起，我开得太快了。"警察笑着说："不是不是，是你飞得太低了。"

　　곧 있으면 설이다. 라오왕은 설을 쇠러 고향에 내려 가느라 매우 조급했다. 그는 자신의 차에 기름을 가득 채우고 날아가듯 빠르게 운전을 했다. 마음은 이미 집에 도착한 것 같았다. 그런데 차가 삼거리에 도착했을 때 경찰을 만났고 경찰은 라오왕에게 차를 멈추라고 했다. 라오왕은 차에서 내린 후 경찰관에게 미안함을 표시하며 "정말 죄송합니다. 제가 너무 빠른 속도로 운전을 했습니다."라고 말했다. 경찰은 웃으며 "아니에요. 아니에요. 당신은 너무 낮게 날은 겁니다."라고 말했다.

39 ★ 老王为什么开快车?
　　A 因为春节　　B 因为害怕警察
　　C 因为想要飞　**D 因为急着回家**

★ 라오왕은 왜 빠른 속도로 운전을 했는가?
　A 설이라서　　　B 경찰이 무서워서
　C 날아가고 싶어서　**D 조급히 집에 가느라고**

40 ★ 警察是什么态度?
　　A 赞扬　　B 批评
　　C 高兴　　**D 讽刺**

★ 경찰은 어떤 태도인가?
　A 칭찬하다　　B 비판하다
　C 기뻐하다　　**D 풍자하다**

就要 jiùyào 🖲 곧 | 春节 chūnjié 🕮 설 | 着急 zháojí 🖲 조급해하다 | 回家 huíjiā 🖲 집으로 돌아가다 | 过节 guòjié 🖲 명절을 보내다 | 加满 jiāmǎn 🖲 가득 채우다 | 油 yóu 🕮 기름 | 开 kāi 🖲 운전하다 | 飞快 fēikuài 🔶 재빠르다 | 丁字路口 dīngzìlùkǒu 🕮 삼거리 | 正巧 zhèngqiǎo 🖲 마침 | 碰到 pèngdào 🖲 만나다 | 警察 jǐngchá 🕮 경찰 | 停车 tíngchē 🖲 차량을 정차하다 | 道歉 dàoqiàn 🖲 사과하다 | 实在 shízài 🖲 정말 | 飞 fēi 🖲 날다 | 低 dī 🔶 낮다 | 害怕 hàipà 🖲 두려워하다 | 赞扬 zànyáng 🖲 칭찬하다 | 批评 pīpíng 🖲 비판하다 | 讽刺 fěngcì 🖲 풍자하다

39 D '라오왕은 설을 쇠러 고향에 내려 가느라 매우 조급했고 날아가듯 빠르게 운전을 했다(老王很着急回家过节, 开得飞快)'라는 문장을 통해서 라오왕이 과속운전을 한 이유가 '고향 집에 빨리 가고 싶어서'임을 알 수 있다. 따라서 정답은 D이다.

40 D 과속운전을 한 라오왕에게 경찰은 '당신은 정말 너무 빨리 달렸습니다'라는 뜻으로 '날아서 간다'는 표현에 빗대어 '아니에요, 당신은 너무 낮게 난 겁니다(不是不是, 是你飞得太低了)'라고 비꼬듯 풍자하며 말하고 있으므로 정답은 D이다.

2 모의고사 2　p. 136

정답									
1 A	2 C	3 F	4 D	5 B	6 F	7 A	8 C	9 B	10 D
11 CBA		12 ABC		13 BCA		14 ACB		15 ABC	
16 CAB		17 BAC		18 CAB		19 CBA		20 ABC	
21 A	22 D	23 B	24 D	25 D	26 D	27 C	28 B	29 C	30 A
31 D	32 C	33 B	34 C	35 C	36 D	37 C	38 D	39 D	40 C

1~5

A 参加 cānjiā 🖲 참가하다, 참석하다
B 赚 zhuàn 🖲 (돈을) 벌다
C 普通 pǔtōng 🔶 평범하다
D 一直 yìzhí 🖲 줄곧
E 至少 zhìshǎo 🖲 최소한
F 辅导 fǔdǎo 🖲 지도하다

1 我不是不想(**A 参加**)老师的婚礼。我实在是没空。

나는 선생님의 결혼식에 (**A 참석하고**) 싶지 않은 것이 아니라 정말 시간이 없다.

想 xiǎng 조동 ~하고 싶다 | 婚礼 hūnlǐ 명 결혼식 | 实在 shízài 부 정말 | 空 kòng 명 틈, 여유시간

A 빈칸 앞에 조동사 '想'이 있으므로 빈칸에는 동사가 와야 한다. 동사 '参加'는 명사 '婚礼'와 호응하여 '参加婚礼(결혼식에 참석하다)'의 형식으로 자주 쓰이므로 기억해두자.

2 这条裙子看上去式样很(**C** 普通)，可是一穿在你身上就很好看。

이 치마는 보기에는 디자인이 매우 (**C** 평범한 것) 같은데 네가 입으니 매우 예쁘다.

裙子 qúnzi 명 치마 | 看上去 kànshàngqu 보아하니 | 式样 shìyàng 명 디자인 | 一……就…… yī……jiù…… ~하니 ~하다 | 好看 hǎokàn 형 예쁘다, 보기 좋다

C 빈칸 앞에 정도부사 '很'이 있으므로 빈칸에는 형용사가 들어갈 수 있다. 보기 중 명사 '式样'과 어울리는 단어는 형용사 '普通'이다.

3 老师，我的发音不好，想请您(**F** 辅导)，行不行？

선생님, 제 발음이 안 좋아서 선생님께 (**F** 지도를 받고) 싶은데 가능할까요?

发音 fāyīn 명 발음 | 请 qǐng 동 청하다 | 行 xíng 형 좋다, 괜찮다

F '발음이 안 좋아서 선생님께 (무엇)을 부탁하고 싶다'라는 문장이므로 빈칸에는 문맥상 동사 '辅导'가 들어가는 것이 가장 적합하다.

4 我(**D** 一直)想养一只狗，可是听说家里养狗对小孩子不好。

나는 (**D** 줄곧) 강아지 한 마리를 기르고 싶었다. 하지만 집에서 강아지를 기르는 것이 아이들에게 좋지 않다고 들었다.

养 yǎng 동 (동물을) 기르다 | 只 zhī 양 마리 | 狗 gǒu 명 개 | 听说 tīngshuō 동 듣자하니 | 小孩子 xiǎoháizi 명 어린 아이

D 빈칸 뒤에 조동사 '想'이 있으므로 빈칸에는 부사가 올 수 있다. 보기 중 의미상 빈칸에 어울리는 단어는 시간부사 '一直'이다.

5 我(**B** 赚)钱不多，所以总是怕别人问我收入的问题。

나는 (**B** 버는) 돈이 많지 않아서 늘 다른 사람이 나에게 수입 문제를 물어볼까 두렵다.

赚钱 zhuànqián 동 돈을 벌다 | 总是 zǒngshì 부 항상 | 怕 pà 동 걱정하다 | 收入 shōurù 명 수입 | 问题 wèntí 명 문제

B 빈칸은 술어 자리이므로 동사가 올 수 있다. 동사 '赚'은 명사 '钱'과 호응하여 '赚钱(돈을 벌다)'의 형식으로 사용되므로 정답은 B이다.

6~10

A 票 piào 몡 표

B 堵车 dǔchē 동 차가 막히다

C 马上 mǎshàng 튀 곧

D 附近 fùjìn 몡 부근, 근처

E 介绍 jièshào 동 소개하다

F 紧张 jǐnzhāng 형 급박하다, 빠듯하다

6 A: 两天的时间太(**F 紧张**)了。老师，能不能延长一天?
B: 不抓紧的话，一个月也做不好。

A: 이틀의 시간은 너무 (**F 빠듯해요**). 선생님, 하루 더 연장해주시면 안 될까요?
B: 서둘러 하지 않는다면 한 달에도 끝낼 수 없어.

时间 shíjiān 몡 시간 | 延长 yáncháng 동 연장하다 | 抓紧 zhuājǐn 동 서둘러 하다 | 做不好 zuòbuhǎo 끝낼 수 없다

F 빈칸 앞에 정도부사 '太'가 있으므로 빈칸에는 형용사가 들어갈 수 있다. 형용사 '紧张'은 명사 '时间'과 함께 호응하여 '时间紧张(시간이 촉박하다)'의 형식으로 사용되므로 정답은 F이다.

7 A: 我这里有两张音乐会的(**A 票**)，你有时间一起去吗?
B: 我当然有时间!

A: 나한테 음악회 (**A 표**) 두 장이 있는데 당신 나와 같이 갈 시간이 있나요?
B: 저야 당연히 시간이 있지요!

张 zhāng 양 장 | 音乐会 yīnyuèhuì 몡 음악회 | 一起 yìqǐ 튀 함께 | 当然 dāngrán 튀 당연히

A 빈칸 앞에 구조조사 '的'가 있으므로 빈칸에는 명사가 와야 한다. 보기 중 양사 '张'과 어울리는 단어는 명사 '票'이다.

8 A: 你的汉语怎么样? 我想请你翻译几个句子!
B: 当然没问题，但是你要稍等一下，我出去一下，(**C 马上**)回来。

A: 당신의 중국어 실력은 어떤가요? 제가 당신에게 (중국어) 몇 문장 번역하는 것을 좀 부탁하고 싶어서요!
B: 당연히 문제 없죠. 그런데 조금만 기다려주세요. 제가 좀 나갔다가 (**C 곧**) 돌아올게요.

汉语 Hànyǔ 몡 중국어 | 翻译 fānyì 동 번역하다 | 句子 jùzi 몡 문장 | 没问题 méiwèntí 문제 없다 | 稍 shāo 튀 약간 | 出去 chūqù 동 나가다 | 回来 huílái 동 돌아오다

C 빈칸은 동사 앞에 있으므로 부사가 와야 한다. 문장의 의미상 빈칸에는 시간부사 '马上'이 들어가는 것이 가장 적합하다.

9 A: 我来不及了，请您开快一点。
　　B: 现在(**B 堵车**)，没法去。

A: 제가 늦었는데 좀 빨리 운전해주세요.
B: 지금은 (**B 차가 막혀서요**). 갈 방법이 없습니다.

来不及 láibují 동 (제 시간에) 도착할 수 없다 ｜ **开** kāi 동 운전하다 ｜ **一点** yìdiǎn 수량 조금 ｜ **没法** méifǎ 방법이 없다

B 빈칸은 술어 자리이므로 동사나 형용사가 올 수 있다. 빈칸 뒤에 '방법이 없다'는 문장이 있으므로 빈칸에는 '이유'를 설명하는 단어가 와야 한다. 따라서 빈칸에는 동사 '堵车'가 들어가는 것이 가장 적합하다.

10 A: 请问这(**D 附近**)有银行吗?
　　B: 你要去什么银行？这儿有中国银行和交通银行。

A: 말씀 좀 묻겠습니다. 이 (**D 근처**)에 은행이 있나요?
B: 어떤 은행에 가려고 하시나요? 여기에는 중국은행과 교통은행이 있습니다.

请问 qǐngwèn 동 말씀 좀 묻겠습니다 ｜ **银行** yínháng 명 은행

D 빈칸은 지시대사 '这'와 동사 '有' 사이에 있으므로 명사가 와야 한다. 보기 중 가장 적합한 단어는 명사 '附近'이다.

11 A 在家休息休息
　　B 还不如
　　C 与其坐在这儿等你

　　→ 与其坐在这儿等你，还不如在家休息休息。

A 집에서 좀 쉬다
B 차라리 ~하는 편이 낫다
C 여기 앉아서 너를 기다리느니

→ 여기 앉아서 너를 기다리느니 차라리 집에서 쉬는 것이 낫겠다.

休息 xiūxi 쉬다 ｜ **与其……，不如……** yǔqí……, bùrú…… ~하느니 차라리 ~하는 편이 낫다 ｜ **等** děng 동 기다리다

CBA 与其坐在这儿等你，还不如在家休息休息。
① '与其……，不如……'는 선택관계 접속사 구문으로, '~하느니 차라리 ~하는 편이 낫다'라는 의미의 비교문을 만든다. 따라서 C → B의 순서가 된다. (C → B)
② B의 '不如' 뒤에는 화자가 선택하기 원하는 '선택 사항'이 제시되므로 A는 B 뒤에 위치해야 한다. (C → B → A)

12 A 我忘了补习班什么时候报名
　　B 于是就向办公室
　　C 打电话问问

　　→ 我忘了补习班什么时候报名，于是就向办公室打电话问问。

A 나는 학원을 언제 등록해야 하는지 잊어버렸다
B 그래서 사무실로
C 전화해서 물어보다

→ 나는 학원을 언제 등록해야 하는지 잊어버렸다. 그래서 사무실로 전화해서 물어보았다.

忘 wàng 동 잊다 ｜ **补习班** bǔxíbān 명 학원 ｜ **报名** bàomíng 동 등록하다 ｜ **于是** yúshì 접 그래서 ｜ **向** xiàng 개 ~로 ｜ **办公室** bàngōngshì 명 사무실 ｜ **打电话** dǎ diànhuà 전화를 하다

ABC 我忘了补习班什么时候报名，于是就向办公室打电话问问。

① C는 의미상 B의 개사구 '向办公室'와 호응하여 '사무실에 전화하여 물어보다'가 되므로 B → C의 순서가 된다. (B → C)

② A의 '我'는 문장 전체의 주어가 되므로 문장 맨 앞에 위치한다. 또한 B의 인과관계 접속사 '于是'는 앞 절에서 제시한 원인에 대한 '결과'를 나타내므로 B는 의미상 A 뒤에 위치해야 한다. (A → B → C)

---

13 A 而且思想意识很落后
B 这里的农村
C 不仅仅经济落后

→ 这里的农村不仅仅经济落后，而且思想意识很落后。

A 의식수준도 매우 낙후되었다
B 이곳의 농촌은
C 경제가 낙후되었을 뿐만 아니라

→ 이곳의 농촌은 경제가 낙후되었을 뿐만 아니라 의식수준도 매우 낙후되었다.

> 不仅仅……，而且…… bùjǐnjǐn……, érqiě…… ~할 뿐만 아니라 ~하다 | 思想意识 sīxiǎngyìshí 명 의식 | 落后 luòhòu 형 낙후되다 | 农村 nóngcūn 명 농촌 | 经济 jīngjì 명 경제

BCA 这里的农村不仅仅经济落后，而且思想意识很落后。

① '不仅仅……，而且……'는 '~할 뿐만 아니라 ~하다'라는 의미의 점층관계 접속사 구문이므로 C → A의 순서가 된다. (C → A)

② A와 C는 주어가 없으므로 첫 번째 문장이 될 수 없다. 따라서 주어 '农村'이 있는 B가 문장 맨 앞에 위치해야 한다. (B → C → A)

---

14 A 如果你想和我们一起去北京
B 然后一起准备好旅游用的东西
C 我们就先一起去买火车票

→ 如果你想和我们一起去北京，我们就先一起去买火车票，然后一起准备好旅游用的东西。

A 만약 우리와 함께 베이징에 가고 싶다면
B 그리고 나서 함께 여행용품을 준비한다
C 우리 먼저 같이 기차표를 사러 가자

→ 만약 우리와 함께 베이징에 가고 싶다면 먼저 같이 기차표를 사러 갔다가 그리고 나서 함께 여행용품을 준비하자.

> 如果……，就…… rúguǒ……, jiù…… 만약 ~라면 곧 ~하다 | 一起 yìqǐ 함께 | 先……，然后…… xiān……, ránhòu…… 먼저 ~하고 나서 그 후에 ~하다 | 准备 zhǔnbèi 통 준비하다 | 旅游 lǚyóu 통 여행하다 | 火车票 huǒchēpiào 명 기차표

ACB 如果你想和我们一起去北京，我们就先一起去买火车票，然后一起准备好旅游用的东西。

① A의 '如果'와 C의 '就'는 '如果……，就……'의 형태로 쓰이는 가정관계 접속사 구문이므로 A → C의 순서가 된다. (A → C)

② 문장 가운데 연속관계 접속사 구문인 '先……，然后……'가 있으므로 C → B의 순서가 된다. (A → C → B)

15 A 北京的房子的确很好
B 但是租金太高
C 我们没有那么多钱

A 베이징의 집은 확실히 좋다
B 그러나 월세가 너무 비싸다
C 우리는 그렇게 많은 돈이 없다

→ 北京的房子的确很好，但是租金太高，我们没有那么多钱。

→ 베이징의 집은 확실히 좋지만 월세가 너무 비싸다. 우리는 그렇게 많은 돈이 없다.

房子 fángzi 뎽 집 | 的确 díquè 틘 확실히 | 租金 zūjīn 뎽 임대료 | 那么 nàme 띡 그렇게

ABC 北京的房子的确很好，**但是**租金太高，我们没有那么多钱。

① B의 전환관계 접속사 '但是'는 서로 상반되는 의미를 나타내는 문장 사이에 와야 하므로 B는 A 뒤에 위치한다. (A → B)

② C의 '那么多钱'은 B의 '租金'을 나타내는 말이므로 C는 B 뒤에 위치해야 한다. (A → B → C)

16 A 人生的酸、甜、苦、辣之后
B 我们才能更加成熟
C 只有体会过

A 인생의 온갖 경험 후
B 우리는 더욱 성숙해질 수 있다
C 겪고 나서야만

→ 只有体会过人生的酸、甜、苦、辣之后，我们才能更加成熟。

→ 인생의 온갖 경험을 겪고 나서야만 우리는 더욱 성숙해질 수 있다.

人生 rénshēng 뎽 인생 | 酸，甜，苦，辣 suāntiánkǔlà 인생의 다양한 경험 | 之后 zhīhòu ~후 | 只有……，才…… zhǐyǒu……, cái…… ~해야만 ~한다 | 更加 gèngjiā 띡 더욱 | 成熟 chéngshú 혱 성숙하다 | 体会 tǐhuì 똥 체험하다

CAB **只有**体会过人生的酸、甜、苦、辣之后，我们**才**能更加成熟。

① '只有……，才……'는 '~해야만 ~한다'라는 의미의 조건관계 접속사 구문이므로 C → B의 순서가 된다. (C → B)

② A의 '人生的酸、甜、苦、辣'는 C의 동사 '体会'의 목적어가 되므로 A는 C 뒤에 위치해야 한다. (C → A → B)

17 A 他很快就找到了
B 由于大家的帮助
C 那把钥匙

A 그는 매우 빨리 찾았다
B 모두의 도움때문에
C 그 열쇠

→ 由于大家的帮助，他很快就找到了那把钥匙。

→ 모두의 도움으로 그는 매우 빨리 그 열쇠를 찾을 수 있었다.

由于 yóuyú 젭 ~때문에 | 大家 dàjiā 떼 모두 | 帮助 bāngzhù 뎽 도움 | 钥匙 yàoshi 뎽 열쇠

BAC **由于**大家的帮助，他很快就找到了那把钥匙。

① C의 '那把钥匙'는 의미상 A의 술어 '找到了'의 목적어가 되므로 A 뒤에 위치한다. (A → C)

② 인과관계 접속사 '由于'가 있는 B는 '이유'를 설명하는 문장이므로 의미상 문장 맨 앞에 위치해야 한다. (B → A → C)

18 A 况且质量也好
B 你们多买一些
C 这里的东西价格便宜

A 게다가 질도 좋다
B 많이 사라
C 이곳의 물건은 값이 싸다

→ 这里的东西价格便宜，况且质量也好，你们多买一些。

→ 이곳의 물건은 값이 싸고 질도 좋으니 많이 사라.

况且 kuàngqiě 웹 게다가 | 质量 zhìliàng 몡 질 | 一些 yìxiē 수량 조금 | 东西 dōngxi 몡 물건 | 价格 jiàgé 몡 가격 | 便宜 piányi 형 싸다

CAB 这里的东西价格便宜，况且质量也好，你们多买一些。

① 점층관계 접속사 '况且'는 두 문장 사이에 위치하여 앞 문장의 내용보다 발전된 상황을 설명하므로 A는 C 뒤에 위치한다. (C → A)

② B의 '你们多买一些'는 앞에 말한 이유를 근거로 행동을 권유하는 문장이므로 의미상 문장 맨 끝에 위치해야 한다. (C → A → B)

19 A 实在是因为这次考试题太难了
B 也不是老师不认真教我们
C 考不好不是我们不努力

A 정말 이번 시험문제가 너무 어려웠기 때문이다
B 선생님이 성실하게 가르쳐주시지 않아서도 아니다
C 시험을 잘 못본 것은 우리가 노력하지 않아서도 아니고

→ 考不好不是我们不努力，也不是老师不认真教我们，实在是因为这次考试题太难了。

→ 시험을 잘 못본 것은 우리가 노력하지 않아서도 아니고 선생님이 성실하게 가르쳐주시지 않아서도 아니다. 정말 이번 시험문제가 너무 어려웠기 때문이다.

实在 shízài 튀 정말 | 是因为 shìyīnwèi 웹 ~이기 때문이다 | 考试题 kǎoshìtí 몡 시험문제 | 难 nán 형 어렵다 | 不是……，也不是…… búshì……, yěbúshì…… ~도 아니고 ~도 아니다 | 认真 rènzhēn 형 열심히 하다 | 教 jiāo 동 가르치다 | 考不好 kǎobuhǎo 시험을 잘 못보다 | 努力 nǔlì 동 노력하다

CBA 考不好不是我们不努力，也不是老师不认真教我们，实在是因为这次考试题太难了。

① '不是……，也不是……'는 '~도 아니고 ~도 아니다'라는 의미의 병렬관계 접속사 구문이므로 C → B의 순서가 된다. (C → B)

② A의 인과관계 접속사 '是因为'는 앞에서 제시한 결과에 따른 '최종적인 원인'을 설명하는 접속사이므로 의미상 A는 문장 맨 끝에 위치해야 한다. (C → B → A)

20 A 只有对自己的生活
B 充满信心的人
C 才能笑得这样开心

A 자기 자신의 생활에 ~해야만
B 자신감으로 충만한 사람
C 이렇게 행복하게 웃을 수 있다

→ 只有对自己的生活充满信心的人才能笑得这样开心。

→ 자기 자신의 생활에 자신감으로 충만한 사람만이 이렇게 행복하게 웃을 수 있다.

只有……才…… zhǐyǒu……cái…… ~해야만 ~하다 | 生活 shēnghuó 명 생활 | 充满 chōngmǎn 동 ~으로 가득하다 | 信心 xìnxīn 명 자신감 | 笑 xiào 동 웃다 | 开心 kāixīn 즐겁다

ABC 只有对自己的生活充满信心的人才能笑得这样开心。

① A의 '只有'와 C의 '才'는 '~해야만 ~하다'라는 뜻의 조건관계 접속사 '只有……才……' 구문으로 쓰이므로 A → C 의 순서가 된다. (A → C)

② 문장의 의미상 B의 '人'은 C의 '才能笑得这样开心'의 주어가 되므로 B는 C 앞에 위치해야 한다. (A → B → C)

---

21 有科学研究表明，通常女人比男人活得时间长，而且个子矮的往往比个子高的人可能活得更久一些。因此好像可以得出这样的结论，身高矮的女人会活得最久。

어떤 과학 연구는 일반적으로 여자가 남자보다 오래 살고, 키가 작은 사람은 종종 키가 큰 사람보다 훨씬 오래 산다고 밝혔다. 이로써 이러한 결론을 얻어낼 수 있다. 키가 작은 여자가 가장 오래 산다.

★ 下面说法正确的是：

A 矮女人活得最长
B 矮男人活得最长
C 高女人活得最长
D 高男人活得最长

★ 아래 설명 중 정확한 것은:

A 키가 작은 여자가 가장 오래 산다
B 키가 작은 남자가 가장 오래 산다
C 키가 큰 여자가 가장 오래 산다
D 키가 큰 남자가 가장 오래 산다

科学 kēxué 명 과학 | 研究 yánjiū 명 연구 | 表明 biǎomíng 동 나타내다 | 通常 tōngcháng 형 일반적으로 | 活 huó 동 살다 | 个子 gèzi 명 키 | 矮 ǎi 키가 작다 | 往往 wǎngwǎng 부 종종 | 久 jiǔ 형 오래되다 | 得出 déchū ~을 얻어내다 | 结论 jiélùn 명 결론 | 身高 shēngāo 명 키

A 인과관계 접속사 '因此'는 그 뒤에 결론을 설명하는 문장이 온다. 이 문제에서도 '因此' 뒤에 나온 마지막 문장이 결론을 나타내고 있다. 따라서 정답은 A이다.

---

22 新闻报道要真实，就是数字也需要百分之百真实准确。如果数字上马马虎虎不准确的话，那么就会影响到这个新闻的可靠性。

뉴스보도는 진실되어야 하고 숫자 역시 100% 진실되고 정확해야 한다. 만약 숫자를 정확하지 않게 대충대충 쓰면 이 뉴스보도에 대한 신뢰성에 영향을 줄 수 있다.

★ 新闻报道中的数字应该是：

A 差不多就可以
B 差多也可以
C 差一点也可以
D 完全准确

★ 뉴스보도 중의 숫자는 마땅히:

A 비슷하면 된다
B 많이 차이가 나도 괜찮다
C 조금 차이가 나도 괜찮다
D 완전히 정확해야 한다

新闻 xīnwén 명 뉴스 | 报道 bàodào 명 보도 | 真实 zhēnshí 형 진실하다 | 数字 shùzì 명 숫자 | 需要 xūyào 동 ~을 필요로 하다 | 分之 fēnzhī ~분의 | 准确 zhǔnquè 형 정확하다 | 马马虎虎 mǎmǎhūhū 형 대강대강하다 | 影响 yǐngxiǎng 명 영향을 주다 | 可靠性 kěkàoxìng 명 신뢰성 | 差不多 chàbuduō 형 비슷하다 | 一点 yìdiǎn 수량 조금 | 完全 wánquán 부 완전히

D 본문 가운데 '뉴스보도는 진실되어야 하고 숫자 역시 100% 진실되고 정확해야 한다(新闻报道要真实，就是数字也需要百分之百真实准确)'라는 문장은 결국 '뉴스보도 가운데 나오는 숫자는 조금의 오차도 없이 완전히 정확해야 한다'라는 의미를 나타내므로 정답은 D이다.

---

23 苹果是很多人喜欢的水果，不但好吃，而且方便，洗洗干净不用去皮就直接可以吃。而且，苹果很有营养，俗话说"一日一苹果，大夫远离我"。

사과는 매우 많은 사람들이 좋아하는 과일이다. 맛있을 뿐만 아니라 편리하기도 해서 좀 깨끗하게 씻으면 껍질을 벗기지 않고 바로 먹을 수도 있다. 게다가 사과는 매우 영양이 많아서 '하루에 사과 한 개를 먹으면 의사가 나로부터 멀어진다'라는 속담도 있다.

★ 苹果是怎么样的?

A 很便宜
B 对健康好
C 不太好吃
D 不能去皮吃

★ 사과는 어떠한가?

A 매우 싸다
B 건강에 좋다
C 별로 맛이 없다
D 껍질을 벗겨서 먹을 수 없다

苹果 píngguǒ 명 사과 | 水果 shuǐguǒ 명 과일 | 方便 fāngbiàn 형 편리하다 | 洗 xǐ 동 씻다 | 干净 gānjìng 형 깨끗하다 | 去皮 qùpí 껍질을 벗기다 | 直接 zhíjiē 부 직접 | 营养 yíngyǎng 명 영양 | 俗话 súhuà 명 속담 | 远离 yuǎnlí 멀리 떨어지다 | 便宜 piányi 형 싸다 | 健康 jiànkāng 형 건강하다

B C, D는 본문과 반대되는 내용이고 A는 본문에서 언급하지 않은 내용이다. '하루에 사과 한 개를 먹으면 의사가 나로부터 멀어진다(一日一苹果，大夫远离我)'라는 문장은 '사과가 사람의 건강에 매우 좋다'라는 사실을 비유해서 설명한 표현이므로 정답은 B이다.

---

24 茶在中国已经有上千年的历史了。为什么中国人爱喝茶呢？有些人觉得，因为中国菜太油腻，喝茶能解油腻使人苗条，所以怪不得中国人那么喜欢喝茶。

차는 중국에서 이미 천 년에 이르는 역사를 가지고 있다. 왜 중국인은 차 마시는 것을 좋아할까? 어떤 사람들은 중국 음식은 너무 기름진데 차를 마시면 기름진 것을 없애고 몸을 날씬하게 만들어주기 때문이라고 생각한다. 그래서 중국인들이 그렇게 차 마시는 것을 좋아하나 보다.

★ 上文说的中国人爱喝茶的原因是:

A 茶有历史
B 茶可以和中国菜一起喝
C 茶不油腻
D 茶让人苗条

★ 위 문장에서 말한 중국인들이 차 마시는 것을 좋아하는 원인은:

A 차는 역사를 가지고 있어서
B 차는 중국 음식과 함께 마실 수 있어서
C 차는 기름지지 않아서
D 차는 사람을 날씬하게 해줘서

茶 chá 명 차 | 历史 lìshǐ 명 역사 | 菜 cài 명 음식 | 油腻 yóunì 형 느끼하다, 기름지다 | 解 jiě 동 없애다 | 使 shǐ 동 ~하게 하다 | 苗条 miáotiao 형 날씬하다 | 怪不得 guàibude 부 어쩐지

D 인과관계 접속사 '因为' 뒤에는 '이유'를 설명하는 문장이 온다. 이 문장 역시 '因为' 뒤에 '중국 음식은 너무 기름진데 차를 마시면 기름진 것을 없애고 몸을 날씬하게 만들어주기 때문이다(因为中国菜太油腻，喝茶能解油腻使人苗条)'라고 그 이유를 설명하고 있으므로 정답이 D임을 알 수 있다.

25   现代人经常会有很多烦恼，其实里面有很大部分的烦恼是不必要的，但是很多人遇到烦恼时，不会冷静下来好好想想办法，或者想一想这烦恼真的有那么严重吗？这样烦恼就越来越多越来越厉害了。

현대인들은 항상 많은 걱정을 가지고 있다. 사실 그 중 거의 대부분의 걱정은 불필요한 것이다. 그러나 많은 사람들은 걱정거리를 만났을 때 냉정하게 방법을 생각하지 못하거나 혹은 이 걱정거리가 정말 그렇게 심각한 것인지에 대해서 질문해보지 못한다. 이렇게 되면 걱정은 점점 더 많아지고 점점 더 심각해진다.

★ 现代人的烦恼是：

  A 不严重
  B 很严重
  C 不能解决
  D 有些是不必要的

★ 현대인의 걱정은:

  A 심각하지 않다
  B 매우 심각하다
  C 해결할 수 없다
  D 어떤 것들은 불필요한 것이다

现代 xiàndài 몡 현대 | 烦恼 fánnǎo 몡 걱정 | 其实 qíshí 凰 사실 | 大部分 dàbùfēn 몡 대부분 | 不必要 búbìyào 혱 불필요하다 | 遇到 yùdào 동 만나다 | 冷静 lěngjìng 혱 냉정하다 | 办法 bànfǎ 몡 방법 | 严重 yánzhòng 혱 심각하다 | 越来越 yuèláiyuè 凰 점점 더 | 厉害 lìhai 혱 심각하다 | 解决 jiějué 동 해결하다

D 부사 '其实' 뒤에는 앞에서 말한 내용을 부정하며 최종적인 결론을 내리는 문장이 온다. 따라서 일반적으로 '其实' 뒤에는 글의 핵심 문장이 위치한다. 이 문제 역시 '其实' 뒤에 '사실 그 중 거의 대부분의 걱정은 불필요한 것이다(其实里面有很大部分的烦恼是不必要的)'라고 결론을 말하고 있으므로 정답은 D이다.

26   赶时髦不是坏事，但很多人为了赶时髦而不关心自己是不是适合，这就不对了；流行变化很快，我们只知道追赶流行，可能结果什么也没有追到。

유행을 쫓는 것이 나쁜 일은 아니다. 그러나 많은 사람들은 유행을 쫓기 위해서 자신에게 어울리는지 아닌지에 대해서는 관심을 갖지 않는다. 이것은 잘못된 것이다. 유행의 변화는 매우 빨라서 우리가 유행을 쫓기만 한다면 결과적으로는 아무것도 쫓지 못할 것이다.

★ 赶时髦可能会有什么结果？

  A 不关心自己
  B 没有剩下的钱
  C 找不到适合自己的
  D 可能什么也追不到

★ 유행을 쫓게 되면 어떤 결과가 있을 수 있는가?

  A 자신에게 관심을 갖지 않는다
  B 남는 돈이 없다
  C 자신에게 어울리는 것을 찾지 못한다
  D 아무것도 쫓지 못할 것이다

赶时髦 gǎn shímáo 동 유행을 쫓다 | 坏事 huàishì 몡 안 좋은 일 | 为了 wèile 개 ~을 위해서 | 关心 guānxīn 동 관심을 갖다 | 适合 shìhé 동 적합하다 | 流行 liúxíng 몡 유행 | 变化 biànhuà 몡 변화 | 追赶 zhuīgǎn 동 쫓아가다 | 结果 jiéguǒ 몡 결과 | 剩下 shèngxià 동 남다

D 마지막 문장에서 '우리가 유행을 쫓기만 한다면 결과적으로는 아무것도 쫓지 못할 것이다(我们只知道追赶流行，可能结果什么也没有追到)'라고 주제를 말하고 있으므로 정답은 D이다.

27   5月4日晚在第五食堂，我丢失了一个黑色钱包，里面有信用卡，交通卡和现金二十块，如果有人捡到请赶快与我联系，非常感谢。

5월 4일 저녁에 제5식당에서 저는 검정색 지갑을 잃어버렸습니다. 안에는 신용카드와 교통카드, 현금 20위안이 있습니다. 만약 누가 주워서 저에게 빨리 연락을 해주신다면 정말 감사하겠습니다.

★ 这段话是什么？
  A 课程安排　　B 食堂通知
  C 食堂广告　　**D 找东西告示**

★ 이 문장은 무엇인가?
  A 수업 계획　　B 식당 통지사항
  C 식당 광고　　**D 물건을 찾는 게시물**

食堂 shítáng 명 식당 | 丢失 diūshī 동 잃어버리다 | 黑色 hēisè 명 검은색 | 钱包 qiánbāo 명 지갑 | 信用卡 xìnyòngkǎ 명 신용카드 | 交通卡 jiāotōngkǎ 명 교통카드 | 现金 xiànjīn 명 현금 | 捡 jiǎn 동 줍다 | 赶快 gǎnkuài 분 재빨리 | 与 yǔ 개 ~와 | 联系 liánxì 동 연락하다 | 感谢 gǎnxiè 동 감사하다 | 课程 kèchéng 명 과정 | 安排 ānpái 동 배치하다 | 通知 tōngzhī 명 통지 | 广告 guǎnggào 명 광고 | 告示 gàoshi 명 게시물

D '저는 검정색 지갑을 잃어버렸습니다(我丢失了一个黑色钱包)'와 '만약 누가 주워서 저에게 빨리 연락을 해주신다면 정말 감사하겠습니다(如果有人捡到请赶快与我联系)'라는 문장으로 보아 이 글은 '지갑을 찾는 게시물'이라는 것을 알 수 있으므로 정답은 D이다.

28   有一个女营业员苦恼的是自己小腿会很粗。医生说，减肥是要瘦全身，不是只瘦一个地方，所以加强全身方面的运动，小腿自然也会瘦下来。

어떤 여자 점원의 고민은 자신의 종아리가 너무 굵다는 것이었다. 의사가 말하기를 다이어트는 전신의 살을 빼는 것이지 한 곳의 살만 빼게 하는 것이 아니기 때문에 전신 운동을 강화하면 종아리도 자연스럽게 얇아질 것이라고 했다.

★ 瘦小腿的方法是：
  A 锻炼小腿
  B 锻炼全身
  C 加强减肥
  D 减少工作

★ 종아리 살을 빼는 방법은:
  A 종아리 운동을 한다
  B 전신 운동을 한다
  C 다이어트를 강화한다
  D 일을 적게 한다

营业员 yíngyèyuán 명 점원 | 苦恼 kǔnǎo 동 고민하다 | 小腿 xiǎotuǐ 명 종아리 | 粗 cū 형 두껍다 | 减肥 jiǎnféi 다이어트 하다 | 瘦 shòu 형 마르다 | 全身 quánshēn 명 전신 | 加强 jiāqiáng 동 강화하다 | 自然 zìrán 분 자연스럽게 | 锻炼 duànliàn 동 단련하다 | 减少 jiǎnshǎo 동 줄이다

B A, C, D는 모두 본문에서 언급하지 않은 내용이다. '전신 운동을 강화하면 종아리도 자연스럽게 얇아질 것이다(所以加强全身方面的运动，小腿自然也会瘦下来)'라는 문장을 통해서 정답이 B임을 알 수 있다.

29   遇到一时解决不了的问题，不要抓着不放，可以考虑怎么让自己先冷静下来，缓解一下压力，比如，听听音乐散散步等，然后再去想想问题，或许很快就能解决了。

짧은 시간에 해결할 수 없는 문제를 만나면 그것을 잡고 놓지 않으려 하지 말고, 어떻게 자신을 냉정하게 하고 스트레스를 완화시킬 수 있을지를 생각해야 한다. 예를 들어 음악을 듣거나 산책을 좀 한 후 다시 문제에 대해 생각해보면 어쩌면 매우 빨리 해결할 수도 있다.

★ 遇到难解决的问题时应该：
A 找别人帮忙
B 去旅游
C 缓解压力
D 放弃

★ 해결하기 어려운 문제를 만나면 마땅히:
A 다른 사람에게 도움을 청한다
B 여행을 간다
C 스트레스를 완화시킨다
D 포기한다

遇到 yùdào 통 만나다 | 一时 yìshí 부 순간 | 解决不了 jiějuébùliǎo 해결할 수 없다 | 抓着不放 zhuāzhebúfàng 잡고 놓지 않다 | 考虑 kǎolǜ 통 고려하다 | 冷静 lěngjìng 형 냉정하다, 침착하다 | 缓解 huǎnjiě 통 느슨하게 하다 | 压力 yālì 명 스트레스 | 音乐 yīnyuè 명 음악 | 散步 sànbù 통 산책하다 | 或许 huòxǔ 부 어쩌면 | 旅游 lǚyóu 통 여행하다 | 放弃 fàngqì 통 포기하다

C 본문의 내용과 상관없이 자신의 주관적인 생각에 의존해서 문제를 풀면 A, B, D를 답으로 선택하는 실수를 할 수 있다. 하지만 A, B, D는 모두 본문에서 언급되지 않은 내용이다. 본문에서는 '어떻게 자신을 냉정하게 하고 스트레스를 완화시킬 수 있을지를 생각해야 한다(可以考虑怎么让自己先冷静下来，缓解一下压力)'라고 했으므로 정답은 C이다.

30 汽车通常应该比摩托车更快一些，但是有些情况下正相反。比如，高峰时常常堵车，汽车在路上走不动，可是摩托车可以通过别的小路很快到达。

자동차는 일반적으로 오토바이보다 훨씬 빠르다. 그러나 어떤 상황에서는 정반대이다. 예를 들어, 출퇴근 시간에는 늘 차가 막혀서 자동차는 도로에서 움직일 수 없지만 오토바이는 다른 좁은 길을 이용해서 매우 빨리 도착할 수 있다.

★ 为什么有时候摩托车比汽车快?
A 能走小路
B 高峰时摩托车很慢
C 摩托车走不动
D 摩托车不能走大路

★ 왜 어떤 때는 오토바이가 자동차보다 빠른가?
A 좁은 길을 갈 수 있기 때문에
B 출퇴근 시간에는 오토바이가 매우 느리기 때문에
C 오토바이는 움직일 수 없기 때문에
D 오토바이는 큰 길을 갈 수 없기 때문에

汽车 qìchē 명 자동차 | 通常 tōngcháng 형 일반적이다 | 摩托车 mótuōchē 명 오토바이 | 情况 qíngkuàng 명 상황 | 正 zhèng 부 딱, 정확히 | 相反 xiāngfǎn 통 상반되다 | 高峰 gāofēng 러시아워, 출퇴근 시간 | 堵车 dǔchē 통 차가 막히다 | 走不动 zǒubudòng 움직일 수 없다 | 通过 tōngguò 통 ~을 통과하다 | 到达 dàodá 통 도착하다

A B, C, D는 모두 본문과 반대되는 내용이다. '출퇴근 시간에는 늘 차가 막혀서 자동차는 도로에서 움직일 수 없지만 오토바이는 다른 좁은 길을 이용해서 매우 빨리 도착할 수 있다(高峰时常常堵车，汽车在路上走不动，可是摩托车可以通过别的小路很快到达)'라는 문장을 통해 정답이 A임을 알 수 있다.

31 最近地铁门口有一种免费报纸让人随便拿，我每次坐地铁的时候都会取一份在路上看。这种报纸的内容主要是大量的广告，也有一小部分是新闻。

최근 지하철 입구에 사람들이 마음대로 가져갈 수 있는 무료신문이 있다. 나는 매번 지하철을 탈 때 한 부를 가지고 와서 길에서 읽는다. 이런 신문의 내용은 주로 광고가 대부분이고 아주 적은 부분만이 뉴스이다.

★ 这种报纸内容是：
A 都是广告   B 都是新闻
C 一小部分广告 D 一小部分新闻

★ 이 신문의 내용은:
A 모두 다 광고이다   B 모두 다 뉴스이다
C 일부분은 광고이다   D 일부분은 뉴스이다

地铁 dìtiě 몡 지하철 | 门口 ménkǒu 몡 입구 | 免费 miǎnfèi 동 무료로 하다 | 报纸 bàozhǐ 몡 신문 | 随便 suíbiàn 児 마음대로 | 拿 ná 동 가져가다 | 取 qǔ 동 가져가다 | 份 fèn 양 부 | 内容 nèiróng 몡 내용 | 主要 zhǔyào 児 주로 | 广告 guǎnggào 몡 광고 | 新闻 xīnwén 몡 뉴스

D 이 문제는 '主要'와 '一小部分'의 정확한 뜻을 알고 있으면 쉽게 답을 찾을 수 있다. '主要'와 '一小部分'은 각각 '주로', '아주 적은 부분'의 의미이다. '이런 신문의 내용은 주로 광고가 대부분이고 아주 적은 부분만이 뉴스이다(这种报纸的内容主要是大量的广告，也有一小部分是新闻)'라는 문장을 통해서 정답이 D임을 알 수 있다.

32 在平均海拔6000米以上的高原地区，因为海拔高，所以空气就比地面上来得少。刚到的人开始会不太适应。过了几天慢慢就好了。

평균 해발이 6000미터 이상인 고원지대에서는 해발이 높기 때문에 공기가 지면보다 적다. 막 도착한 사람은 처음에는 적응을 잘 못하지만 며칠이 지나면 점점 좋아진다.

★ 刚到的人开始为什么不太适应?
 A 太累了　　　　B 离海近
 C 空气少　　　　D 太高了

★ 막 도착한 사람은 처음에 왜 적응을 잘 못하는가?
 A 너무 피곤해서　　B 바다에서 가까워서
 C 공기가 적어서　　D 너무 높아서

平均 píngjūn 몡 평균 | 海拔 hǎibá 몡 해발 | 米 mǐ 양 미터(m) | 以上 yǐshàng 몡 이상 | 高原地区 gāoyuándìqū 몡 고원지대 | 空气 kōngqì 몡 공기 | 地面 dìmiàn 몡 지면 | 适应 shìyìng 동 적응하다 | 慢慢 mànmàn 児 천천히 | 累 lèi 형 피곤하다 | 离 lí 개 ~로부터 | 海 hǎi 몡 바다 | 近 jìn 형 가깝다

C A, B는 모두 본문에서 언급하지 않은 내용이다. '공기가 지면보다 적어서 막 도착한 사람은 처음에는 적응을 잘 못한다(所以空气就比地面上来得少。刚到的人开始会不太适应)'라는 문장을 통해서 정답이 C임을 알 수 있다. 또한 고도가 높아서 적응을 못하는 것이 아니라 공기가 적기 때문이므로 D도 답이 될 수 없다.

33 和别人握手的时候，要注意按顺序来，一个一个握，不要同时握一个人的又去握其他人的，这是非常不礼貌的行为。

다른 사람과 악수를 할 때는 순서에 주의하며 한 사람 한 사람과 악수를 해야 하고 동시에 한 사람의 손을 잡은 채로 또 가서 다른 사람의 손을 잡으면 안 된다. 이렇게 하는 것은 매우 예의 없는 행동이다.

★ 握手应该注意:
 A 两个手握两个人
 B 一个手握一个人
 C 同时跟很多人
 D 一个一个来

★ 악수를 할 때 반드시 주의해야 할 점은:
 A 두 손으로 두 사람과 악수한다
 B 한 손으로 한 사람과 악수한다
 C 동시에 여러 사람과 한다
 D 한 사람 한 사람씩 한다

握手 wòshǒu 동 악수하다 | 注意 zhùyì 동 주의하다 | 按 àn 개 ~에 따라 | 顺序 shùnxù 몡 순서 | 同时 tóngshí 접 동시에 | 其他人 qítārén 몡 다른 사람 | 礼貌 lǐmào 몡 예의 있다 | 行为 xíngwéi 몡 행동

D '다른 사람과 악수를 할 때는 순서에 주의하며 한 사람 한 사람과 악수를 해야 한다(和别人握手的时候，要注意按顺序来，一个一个握)'라는 문장을 통해서 정답이 D임을 알 수 있다. 한 손으로 한 사람과 악수를 하고 다른 손으로 다른 사람과 악수해서는 안 되므로 B는 답이 아니다.

34 中国人重视个人能力，不太重视外表。如果一个很有能力的人即使相貌很丑也会受到很多人的欢迎和尊敬。

중국인은 개인의 능력을 중시하고 외모를 그다지 중시하지 않는다. 매우 능력이 있는 사람은 설령 외모가 매우 못났을지라도 많은 사람들의 사랑과 존경을 받는다.

★ 上面的话是说中国人：
A 爱面子
B 重视外表
C 看重能力
D 忽视外表

★ 위에서 말하는 중국인은:
A 체면을 중시한다
B 외모를 중시한다
C 능력을 중시한다
D 외모를 무시한다

重视 zhòngshì 图 중시하다 | 个人 gèrén 圆 개인 | 能力 nénglì 圆 능력 | 外表 wàibiǎo 圆 외모 | 即使 jíshǐ 젭 설령 ~일지라도 | 相貌 xiàngmào 圆 외모 | 丑 chǒu 圆 못생기다 | 受到 shòudào 图 받다 | 欢迎 huānyíng 图 환영하다 | 尊敬 zūnjìng 图 존경하다 | 面子 miànzi 圆 체면 | 看重 kànzhòng 图 중요시 여기다 | 忽视 hūshì 图 무시하다

C '중국인은 개인의 능력을 중시한다(中国人重视个人能力)'라는 문장을 통해서 C가 정답임을 알 수 있다. '외모를 그다지 중시하지 않는다(不太重视外表)'라는 문장을 보고 D를 고를 수도 있지만 중시하지 않는 것(不太重视)과 무시하는 것(忽视)은 다른 의미이므로 D는 답이 될 수 없다.

35~36

有一位英国老头很有钱，可是孤身一人，没有子女，身边没人照顾，一个人挺没意思的，所以老头决定卖掉房子去养老院，可是他的房子太贵了，很长时间没有人能买得起。老头很为难，不知道怎么办。有一天，一个看起来很善良的年轻人找到老头说，他很想买这个房子，但是没有这么多钱，但是年轻人向老头保证，如果他这些钱可以买下这个房子，老头可以继续在这个房子住，并且年轻人会照顾老人的生活，陪老人喝茶读报散步，让老人天天快乐。老人听完后想了想就点头同意了。

돈이 매우 많은 영국 노인이 있었는데 그는 혼자 살았고 자녀도 없었으며 옆에서 돌봐주는 사람도 없어서 혼자 사는 것이 매우 재미가 없었다. 그래서 노인은 집을 팔고 양로원으로 가기로 결정했다. 그러나 그의 집은 너무 비싸서 오랜 시간 동안 그의 집을 살 수 있는 사람이 나타나지 않았다. 노인은 매우 난감했고 어떻게 해야 할지 몰랐다. 어느 날 매우 착하게 생긴 젊은이가 노인을 찾아와 얘기했다. 그는 이 집을 정말 구입하고 싶지만 그렇게 많은 돈이 없으니, 만약 그가 가진 돈으로 이 집을 구입하게 해주면 노인이 계속 이 집에 살 수 있게 해주고 그가 노인의 생활을 돌봐주고 노인과 함께 차도 마시고 산책도 하며 매일매일 즐겁게 해주겠다고 약속했다. 노인은 듣고 나서 생각을 좀 한 후 고개를 끄덕이며 동의했다.

35 ★ 年轻人怎么买到老头的房子？
A 给了老头很多钱
B 骗了老头
C 保证照顾老头
D 送老头去养老院

★ 젊은이는 어떻게 노인의 집을 샀는가？
A 노인에게 많은 돈을 주었다
B 노인을 속였다
C 노인을 돌보기로 했다
D 노인을 양로원에 데려다주기로 했다

36 ★ 老头为什么同意卖给年轻人？
A 急着去养老院
B 觉得年轻人善良
C 可怜年轻人
D 身边需要人

★ 노인은 왜 젊은이에게 집을 팔기로 동의했는가？
A 급하게 양로원에 가기 위해서
B 젊은이가 착하다고 느껴서
C 젊은이를 동정해서
D 옆에 사람이 필요해서

英国 Yīngguó 고유 영국 | 老头 lǎotóu 명 노인 | 孤身一人 gūshēnyīrén 명 혼자 | 子女 zǐnǚ 명 자녀 | 身边 shēnbiān 명 곁 | 照顾 zhàogù 동 보살피다 | 挺 tǐng 부 매우 | 没意思 méiyìsi 형 재미없다 | 决定 juédìng 동 결정하다 | 卖掉 màidiào 팔아버리다 | 房子 fángzi 명 집 | 养老院 yǎnglǎoyuàn 명 양로원 | 买得起 mǎideqǐ 살 수 있다 | 为难 wéinán 동 난감하다 | 善良 shànliáng 형 착하다 | 年轻人 niánqīngrén 명 젊은 사람 | 保证 bǎozhèng 동 보장하다 | 继续 jìxù 동 계속하다 | 陪 péi 동 함께 ~하다 | 读报 dúbào 동 신문을 읽다 | 散步 sànbù 동 산책하다 | 点头 diǎntóu 동 고개를 끄덕이다 | 同意 tóngyì 동 동의하다 | 骗 piàn 동 속이다 | 送 sòng 동 마중하다 | 可怜 kělián 동 동정하다

35 C A, B, D는 모두 본문과 일치하지 않는 내용이다. '젊은이는 노인의 생활을 돌봐주겠다고 약속했다(年轻人向老头保证, 会照顾老人的生活)'라는 문장을 통해서 정답이 C임을 알 수 있다.

36 D '그는 혼자 살았고 자녀도 없었으며 옆에서 돌봐주는 사람도 없어서 혼자 사는 것이 매우 재미가 없었다(孤身一人, 没有子女, 身边没人照顾, 一个人挺没意思的)'라는 문장을 통해서 노인이 젊은이에게 집을 팔기로 결정한 이유는 '함께 있어 줄 사람이 필요해서'라는 것임을 알 수 있으므로 정답은 D이다.

37~38

世界正在变得越来越小，原来很远的国家如果坐船需要花上几个月，现在坐飞机的话可能十几个小时就到了。从前一封信可能要好几个星期才能到，现在发电子邮件，不管有多远不到一分钟对方就能看到。以前一个新闻可能要过好几天才能被更多的人知道，现在世界各地的人可以同时关注一个话题。以前家长要知道在外留学的孩子的情况很难，现在只要通过网络电话，随时都可以了解。

세계는 점점 더 좁아지고 있다. 원래는 매우 멀리 떨어진 국가에 배를 타고 가려면 몇 개월은 걸렸었는데, 요즘은 비행기를 타고 가면 열 몇 시간이면 바로 도착할 수 있다. 예전에는 편지 한 통을 보내면 몇 주가 걸려서야 도착했었는데 지금은 이메일을 보내면 상대방이 얼마나 떨어져 있든지 1분도 안 돼서 바로 받을 수 있다. 예전에는 뉴스가 며칠이 지나서야 더 많은 사람들에게 알려졌는데, 지금은 세계 각지의 사람들이 하나의 화제에 대해 동시에 관심을 가질 수 있다. 예전에는 학부모가 외국에서 유학하는 자녀의 상황을 알아보기가 매우 어려웠는데, 지금은 인터넷 전화를 통하기만 하면 언제든지 알 수 있다.

37 ★ 上文告诉我们什么?
  A 地球变小了
  B 坐飞机便宜
  C 信息传播快
  D 留学容易了

★ 위 문장은 우리에게 무엇을 말하는가?
  A 지구의 크기가 작아졌다
  B 비행기를 타는 것은 싸다
  C 정보의 전달이 빨라졌다
  D 유학이 쉬워졌다

38 ★ 地球变小的原因:
  A 有了飞机
  B 有了电子邮件
  C 留学多了
  D 科学发展

★ 지구가 좁아진 이유는:
  A 비행기가 생겨서
  B 이메일이 생겨서
  C 유학하는 사람이 많아져서
  D 과학이 발전해서

世界 shìjiè 명 세계 | 正在 zhèngzài 부 현재 ~하고 있다 | 变 biàn 동 변하다 | 越来越 yuèláiyuè 점점 더 | 原来 yuánlái 부 원래 | 船 chuán 명 배 | 花 huā 동 (시간을) 쓰다 | 从前 cóngqián 이전 | 封 fēng 양 (편지) 통 | 信 xìn 명 편지 | 发 fā 동 보내다 | 电子邮件 diànzǐyóujiàn 명 이메일 | 不管 bùguǎn 접 ~에 관계 없이 | 对方 duìfāng 상대방 | 新闻 xīnwén 명 뉴스 | 各地 gèdì 명 각지 | 关注 guānzhù 관심 갖다 | 话题 huàtí 명 화제 | 家长 jiāzhǎng 명 학부모 | 在外 zàiwài 외국에 가다 | 留学 liúxué 동 유학하다 | 通过 tōngguò 개 ~을 통하다 | 网络电话 wǎngluòdiànhuà 인터넷 전화 | 随时 suíshí 부 언제나 | 了解 liǎojiě 동 알다 | 地球 dìqiú 명 지구 | 信息 xìnxī 명 소식 | 传播 chuánbō 동 전달하다 | 科学 kēxué 명 과학 | 发展 fāzhǎn 동 발전하다

37 C 이 문제는 이 글의 주제를 묻고 있다. 이 글은 전체적으로 '과학 기술을 통하여 예전과는 다르게 정보 전달의 속도가 빨라졌다'라는 사실을 설명하고 있으므로 정답은 C이다. A, B, D는 본문의 내용과 일치하지 않는다.

38 D 이 문장은 지구가 좁아진 이유가 '비행기가 생긴 것(现在坐飞机的话), 이메일이 생긴 것(现在发电子邮件), 인터넷 전화가 생긴 것(现在只要通过网络电话)'이라고 설명하고 있다. 이것은 모두 '과학이 발전하여 새롭게 생겨난 것들'이므로 정답은 D이다.

39~40

要想减肥成功一定要少吃多运动。什么是少吃多运动呢？少吃不是不吃，经常饿对身体不好，少吃是合理科学的吃；多运动就是要经常运动，但是多运动不能过分，适当的运动，每周大概三次左右就够了，太多反而对身体有害。而且减肥一定要坚持，如果几天就放弃了，就不会有什么效果。

다이어트에 성공하고 싶다면 적게 먹고 많이 운동해야 한다. 무엇이 적게 먹고 많이 운동한다는 것인가? 적게 먹는다는 것은 먹지 않는다는 것이 아니다. 자주 배가 고픈 것은 건강에 좋지 않다. 적게 먹는 것은 합리적이고 과학적으로 먹는 것이다. 운동을 많이 한다는 것은 자주 운동을 하는 것이다. 그러나 자주 운동을 하더라도 지나치면 안 된다. 적당한 운동은 매주 대략 3번 정도면 충분하다. 너무 많이 하면 오히려 건강에 해롭다. 또한 다이어트는 반드시 꾸준히 해야 한다. 만약 며칠만에 포기한다면 어떤 효과도 있을 수 없다.

39 ★ 上文关于减肥应该是：
A 正常吃
B 几天就放弃
C 每周吃三次
D 适量运动

40 ★ 减肥怎么能出效果?
A 少吃不运动
B 多吃多运动
C 坚持下去
D 减肥三次

★ 위 문장은 다이어트와 관련해서 마땅히:
A 정상적으로 먹어야 한다
B 며칠 만에 포기해야 한다
C 매주 3번만 먹어야 한다
D 적당히 운동해야 한다

★ 다이어트는 어떻게 해야 효과가 있는가?
A 적게 먹고 운동은 하지 않는다
B 많이 먹고 많이 운동한다
C 꾸준히 한다
D 다이어트를 3번 한다

减肥 jiǎnféi 동 다이어트하다 | 成功 chénggōng 동 성공하다 | 饿 è 형 배고프다 | 身体 shēntǐ 명 몸 | 合理 hélǐ 형 합리적이다 | 科学 kēxué 형 과학적이다 | 过分 guòfèn 형 도가 지나치다 | 适当 shìdàng 형 적당하다 | 每周 měizhōu 명 매주 | 大概 dàgài 부 대략 | 左右 zuǒyòu 명 정도 | 够 gòu 형 충분하다 | 反而 fǎn'ér 부 오히려 | 有害 yǒuhài 동 해롭다 | 坚持 jiānchí 동 유지하다 | 放弃 fàngqì 동 포기하다 | 效果 xiàoguǒ 명 효과 | 正常 zhèngcháng 형 정상적이다 | 适量 shìliàng 형 적당량이다

39 D A, B, C는 본문의 내용과 일치하지 않는 문장이다. '운동을 많이 한다는 것은 자주 운동을 하는 것이다. 그러나 자주 운동을 하더라도 지나치면 안 된다(多运动就是要经常运动，但是多运动不能过分)'라는 문장을 통해서 정답이 D임을 알 수 있다.

40 C '다이어트에 성공하고 싶다면 적게 먹고 많이 운동해야 한다(要想减肥成功一定要少吃多运动)'라는 문장으로 보아 A, B는 답이 아님을 알 수 있다. '다이어트는 반드시 꾸준히 해야 한다(减肥一定要坚持)'라고 했으므로 정답은 C이다.

3 모의고사 3 p.144

정답									
1 B	2 E	3 A	4 D	5 C	6 E	7 B	8 D	9 F	10 A
11 ABC		12 CBA		13 CBA		14 CBA		15 BCA	
16 BCA		17 CBA		18 BCA		19 CBA		20 ABC	
21 B	22 A	23 C	24 B	25 B	26 D	27 C	28 B	29 D	30 C
31 A	32 D	33 D	34 B	35 C	36 D	37 D	38 C	39 D	40 C

1~5

A 可惜 kěxī 형 아깝다, 아쉽다
B 药 yào 명 약
C 报名 bàomíng 동 등록하다
D 邀请 yāoqǐng 동 초대하다
E 也许 yěxǔ 부 어쩌면, 아마도
F 普通 pǔtōng 형 평범하다

1 我先给你开点(**B 药**), 一个星期后你再来复查。 | 우선 (**B 약**)을 좀 지어드릴게요. 일주일 후에 다시 와서 검사 받으세요.

开药 kāiyào 동 약을 짓다 | 星期 xīngqī 명 주, 요일 | 复查 fùchá 동 재검사하다

B 빈칸은 문장의 목적어 자리이므로 명사가 와야 한다. 동사 '开'는 명사 '药'와 함께 호응하여 '开药(약을 짓다)'의 형식으로 사용되므로 정답은 B이다.

2 终于考完了, 我觉得考得还行, (**E 也许**)能考上一个理想的大学。 | 결국 시험이 끝났다. 내 생각에 시험을 괜찮게 본 것 같아서 (**E 어쩌면**) 좋은 대학에 붙을 수 있을 것 같다.

终于 zhōngyú 부 결국 | 考 kǎo 동 시험보다 | 还行 háixíng (정도, 수준이) 꽤 괜찮다 | 考上 kǎoshàng 동 시험에 합격하다 | 理想 lǐxiǎng 형 이상적이다

E 빈칸 뒤에 조동사 '能'이 있으므로 빈칸에는 부사가 올 수 있다. 빈칸 뒤의 문장은 결과를 '추측'하는 문장이므로 빈칸에는 문장의 의미상 어기부사 '也许'가 들어가는 것이 가장 적합하다.

3 这么好看的衣服被他洗坏了, 真是太(**A 可惜**)了。 | 이렇게 예쁜 옷이 그 때문에 세탁이 잘못 되어서 정말 너무 (**A 아깝다**).

这么 zhème 데 이렇게 | 好看 hǎokàn 형 예쁘다 | 衣服 yīfu 명 옷 | 被 bèi 동 ~당하다 | 洗 xǐ 동 세탁하다 | 坏 huài 동 망가지다 | 太……了 tài……le 너무 ~하다

A 정도부사 '太'와 어기조사 '了' 사이에는 형용사가 들어갈 수 있다. 앞 문장은 '안타까운 일'에 대해서 설명하는 문장이므로 빈칸에는 문장의 의미상 형용사 '可惜'가 들어가는 것이 가장 적합하다.

4 谢谢你(**D** 邀请)我参加你的生日晚会! | 네 생일 파티에 참석하도록 (**D** 초대해줘서) 고마워!

谢谢 xièxie 동 감사하다 | 参加 cānjiā 동 참석하다 | 生日 shēngrì 명 생일 | 晚会 wǎnhuì 명 파티

D 빈칸은 주어 '你'와 하나의 문장 사이에 있으므로 빈칸에는 동사가 들어가야 한다. 보기 중 빈칸에 들어갈 적합한 단어는 동사 '邀请'이다.

5 最近我打算学习日语，如果有好的补习班，我就去(**C** 报名)。 | 나는 최근에 일어를 공부할 계획이라서 만약 좋은 학원이 있다면 (**C** 등록하러) 가려고 한다.

最近 zuìjìn 명 최근 | 打算 dǎsuan 동 ~할 계획이다 | 日语 Rìyǔ 명 일본어 | 补习班 bǔxíbān 명 학원

C 빈칸이 있는 문장은 '补习班'에 가는 '목적'을 나타내고 있다. 보기 중 명사 '补习班'과 어울리는 단어는 동사 '报名'이다.

6~10

A 健康 jiànkāng 형 건강하다
B 空气 kōngqì 명 공기
C 礼物 lǐwù 명 선물
D 有点儿 yǒudiǎnr 부 조금
E 流行 liúxíng 동 유행하다
F 输 shū 동 지다

6 A: 这首歌现在在中国特别(**E** 流行)，你觉得好听吗?
B: 好听什么呀? 吵得不得了。

A: 이 노래는 요즘 중국에서 정말 (**E** 유행이야). 네가 느끼기에도 듣기 좋니?
B: 듣기 좋기는 무슨? 시끄러워 죽겠다.

歌 gē 명 노래 | 觉得 juéde 동 ~라고 느끼다 | 好听 hǎotīng 형 듣기 좋다 | 吵 chǎo 형 시끄럽다 | 不得了 bùdéliǎo 형 매우 심하다

E 빈칸 앞에 정도부사 '特别'가 있으므로 빈칸에는 동사가 들어갈 수 있다. 보기 중 명사 '歌'와 호응하는 단어는 동사 '流行'이다.

7 A: 今天天气真好。
　　B: 对呀，下完以后(**B 空气**)好多了。

A: 오늘 날씨 정말 좋다.
B: 맞아, 비가 내린 후에 (**B 공기**)가 많이 좋아졌어.

天气 tiānqì 명 날씨 | **以后** yǐhòu 명 이후 | **好多了** hǎoduōle 많이 좋아졌다

B 빈칸은 문장의 주어 자리이므로 명사가 와야 한다. 보기 중 술어 '好多了'와 호응하는 단어는 명사 '空气'이다.

8 A: 这是今年的最新款，您坐下试试吧。
　　B: 看来挺好看，可走起来感觉(**D 有点儿**)紧，跟也太高了。

A: 이것이 올해의 가장 신상품이에요. 앉아서 신어보세요.
B: 보기에는 굉장히 예쁘네요. 그런데 걸어보니 (**D 조금**) 작아요. 굽도 너무 높네요.

款 kuǎn 명 스타일 | **试** shì 동 신어보다 | **看来** kànlai 보기에 | **挺** tǐng 분 상당히 | **好看** hǎokàn 형 예쁘다 | **感觉** gǎnjué 동 느끼다 | **紧** jǐn 형 타이트하다 | **跟** gēn 명 (신발) 굽

D 빈칸 뒤에 형용사 '紧'이 있으므로 빈칸에는 부사가 올 수 있다. 보기 중 형용사 '紧'과 어울리는 단어는 정도부사 '有点儿'이다.

9 A: 我今天真的对不起大家。
　　B: 你不要觉得不好意思，其实(**F 输**)了也没关系。

A: 오늘 정말 여러분께 죄송해요.
B: 미안해하지 말아요. 사실 (**F 지더라도**) 괜찮아요.

对不起 duìbuqǐ 동 미안하다 | **大家** dàjiā 대 모두 | **不好意思** bùhǎoyìsi 미안하다 | **其实** qíshí 분 사실 | **没关系** méiguānxi 괜찮다

F 빈칸 뒤에 동태조사 '了'가 있으므로 빈칸에는 동사가 와야 한다. 문장의 앞뒤 문맥상 빈칸에는 '사과하는 이유'를 설명하는 내용의 단어가 와야 하므로 동사 '输'가 들어가는 것이 가장 적합하다.

10 A: 听说你回老家陪爷爷过生日啊?
　　B: 是啊，再过两年，我爷爷就一百岁了，现在还很(**A 健康**)呢。

A: 듣자 하니 너 고향에 돌아가서 할아버지 생신을 함께 보낸다며?
B: 맞아. 2년만 더 있으면 우리 할아버지는 100세가 되시는데 지금도 아주 (**A 건강하셔**).

听说 tīngshuō 동 듣자 하니 | **老家** lǎojiā 명 고향 | **陪** péi 동 모시다, 동반하다 | **爷爷** yéye 명 할아버지 | **过** guò 동 (시간을) 보내다 | **生日** shēngrì 명 생일

A 빈칸 앞에 정도부사 '很'이 있으므로 빈칸에는 형용사가 들어갈 수 있다. 또한 빈칸에는 문장의 주어 '爷爷'와 어울리는 술어가 들어가야 하므로 형용사 '健康'이 들어가는 것이 가장 적합하다.

11 A 因为今天的一场大雨
　　B 上海的交通受到了很大的影响
　　C 很多人都无法正常下班

A 오늘 폭우로 인해
B 상하이의 교통이 큰 영향을 받았다
C 많은 사람들이 정상적으로 퇴근할 수 없었다

→ 因为今天的一场大雨，上海的交通受到了很大的影响，很多人都无法正常下班。

→ 오늘 폭우로 인해 상하이의 교통이 큰 영향을 받아 많은 사람들이 정상적으로 퇴근할 수 없었다.

交通 jiāotōng 몡 교통 | 受到 shòudào 통 받다 | 影响 yǐngxiǎng 몡 영향 | 无法 wúfǎ 통 ~할 방법이 없다 | 正常 zhèngcháng 혱 정상적이다 | 下班 xiàbān 통 퇴근하다

ABC 因为今天的一场大雨，上海的交通受到了很大的影响，很多人都无法正常下班。
① 인과관계 접속사 '因为'는 일반적으로 문장 맨 앞에 위치하여 '원인'을 설명한다. (A)
② B, C는 원인(폭우)에 따른 결과를 순차적으로 나타내므로(결과1: 교통이 영향을 받아 → 결과2: 정상적인 퇴근이 불가능했다) 의미상 B → C의 순서가 된다. (A → B → C)

12 A 这样的食品就叫垃圾食品
　　B 或者提供超过人体需要的热量
　　C 有些食品只提供一些热量

A 이러한 식품을 정크푸드라고 한다
B 혹은 인체가 필요로 하는 열량을 초과하여 제공한다
C 어떤 식품은 열량만을 제공한다

→ 有些食品只提供一些热量，或者提供超过人体需要的热量，这样的食品就叫垃圾食品。

→ 어떤 식품은 열량만을 제공하거나 혹은 인체가 필요로 하는 열량을 초과하여 제공하는데 이러한 식품을 정크푸드라고 한다.

食品 shípǐn 몡 식품 | 叫 jiào 통 부르다 | 垃圾食品 lājīshípǐn 정크푸드 | 或者 huòzhě 접 혹은 | 提供 tígōng 제공하다 | 超过 chāoguò 초과하다 | 人体 réntǐ 인체 | 需要 xūyào 필요로 하다 | 热量 rèliàng 열량 | 有些 yǒuxiē 대 일부, 어떤 | 一些 yìxiē 수량 조금

CBA 有些食品只提供一些热量，或者提供超过人体需要的热量，这样的食品就叫垃圾食品。
① B, C는 두 가지의 서로 다른 선택사항이다. 선택관계 접속사 '或者'는 두 가지의 선택사항을 제시하는 문장 사이에 위치하므로 C → B의 순서가 된다. (C → B)
② A의 '这样的食品'은 앞에서 얘기한 '단지 열량만을 제공하거나 인체가 필요로 하는 열량을 초과하여 제공하는 몇몇 식품'을 나타내므로 A는 문장 맨 끝에 위치해야 한다. (C → B → A)

13 A 看中国电影
　　B 再去电影院
　　C 明天晚上我们先去饭馆吃饭

A 중국영화를 보러
B 그 후에 영화관에 간다
C 내일 저녁에 우리는 먼저 식당에서 밥을 먹고

→ 明天晚上我们先去饭馆吃饭，再去电影院看中国电影。

→ 내일 저녁에 우리는 먼저 식당에서 밥을 먹고 그 후에 중국영화를 보러 영화관에 간다.

电影 diànyǐng 몡 영화 | 先……，再…… xiān……, zài…… 먼저 ~하고 나서 그 후에 ~하다 | 电影院 diànyǐngyuàn 몡 영화관 | 饭馆 fànguǎn 몡 음식점

C B A 明天晚上我们先去饭馆吃饭，再去电影院看中国电影。

① '先……, 再……'는 '먼저 ~하고 나서 그 후에 ~하다'라는 의미의 연속관계 접속사 구문이므로 C → B의 순서가 된다. (C → B)

② A의 '看中国电影'은 B의 '去电影院'과 연동문 구조로, '영화를 보러 영화관에 간다'라는 의미를 나타내므로 A는 B 뒤에 위치해야 한다. (C → B → A)

14 A 可是改掉坏习惯也一定要坚持
B 所以养成好习惯要坚持
C 一个人的习惯不是一两天养成的

→ 一个人的习惯不是一两天养成的，所以养成好习惯要坚持，可是改掉坏习惯也一定要坚持。

A 그러나 나쁜 습관을 고치려면 역시 꾸준해야 한다
B 그래서 좋은 습관을 기르려면 꾸준해야 한다
C 한 사람의 습관은 하루 이틀에 형성된 것이 아니다

→ 한 사람의 습관은 하루 이틀에 형성된 것이 아니다. 그래서 좋은 습관을 기르려면 꾸준해야 한다. 그러나 나쁜 습관을 고치려면 역시 꾸준해야 한다.

改掉 gǎidiào 고치다 | 坏 huài 형 나쁘다 | 习惯 xíguàn 명 습관 | 一定 yídìng 부 반드시 | 坚持 jiānchí 동 유지하다 | 养成 yǎngchéng 동 양성하다, 기르다

C B A 一个人的习惯不是一两天养成的，所以养成好习惯要坚持，可是改掉坏习惯也一定要坚持。

① C는 B에 대한 '원인'을 설명하는 문장이다. 인과관계 접속사 '所以'는 앞에서 설명한 원인에 대한 '결론'을 제시한다. 따라서 문장의 의미상 C → B의 순서가 된다. (C → B)

② A의 전환관계 접속사 '可是'는 두 문장 사이에 위치하여 '상황의 전환'을 나타내므로 문장의 의미상 A는 문장 맨 끝에 위치해야 한다. (C → B → A)

15 A 一方面也影响了个人前途
B 你这样做
C 一方面损害了公司的声誉

→ 你这样做一方面损害了公司的声誉，一方面也影响了个人前途。

A 개인의 앞날에도 영향을 준다
B 네가 이렇게 하는 것은
C 회사의 명예에 손해를 입힐 뿐만 아니라

→ 네가 이렇게 하는 것은 회사의 명예에 손해를 입힐 뿐만 아니라 개인의 앞날에도 영향을 준다.

一方面……, 一方面…… yīfāngmiàn……, yīfāngmiàn…… 한편으로는 ~하고 한편으로는 ~하다 | 影响 yǐngxiǎng 동 영향을 주다 | 个人 gèrén 명 개인 | 前途 qiántú 앞길 | 损害 sǔnhài 동 손해를 주다 | 公司 gōngsī 명 회사 | 声誉 shēngyù 명성과 명예

B C A 你这样做一方面损害了公司的声誉，一方面也影响了个人前途。

① '一方面……, 一方面……'은 '한편으로는 ~하고 한편으로는 ~하다'라는 의미의 병렬관계 접속사 구문이므로 범위 부사 '也'가 있는 A가 C 뒤에 위치한다. (C → A)

② A와 C는 주어가 없으므로 첫 번째 문장이 될 수 없다. 주어 '你'가 있는 B가 문장 맨 앞에 위치해야 한다. (B → C → A)

16 A 就比较困难
B 如果你没有复习
C 上明天的课

→ 如果你没有复习，上明天的课就比较困难。

A 좀 어려울 것이다
B 만약 복습을 하지 않으면
C 내일 수업은

→ 만약 복습을 하지 않으면 내일 수업은 좀 어려울 것이다.

如果……，就…… rúguǒ……，jiù…… 만약 ~라면 곧 ~하다 | 比较 bǐjiào 🔳 비교적 | 困难 kùnnan 🔳 어렵다 | 复习 fùxí 🔳 복습하다 | 上课 shàngkè 🔳 수업하다

BCA 如果你没有复习，上明天的课**就**比较困难。

① '如果……，就……'는 '만약 ~라면 곧 ~하다'라는 의미의 가정관계 접속사 구문이므로 B → A의 순서가 된다. (B → A)

② C의 '课'는 A의 술어 '困难'과 호응하므로 C는 A 앞에 위치해야 한다. (B → C → A)

17 A 结果不得不在家休息了
B 但没有买到火车票
C 我本来想昨天去你家玩

→ 我本来想昨天去你家玩，但没有买到火车票，结果不得不在家休息了。

A 결국 집에서 쉴 수 밖에 없었다
B 그러나 기차표를 사지 못했다
C 나는 원래 어제 너희 집에 놀러 가려고 했다

→ 나는 원래 어제 너희 집에 놀러 가려고 했는데 기차표를 사지 못해서 결국 집에서 쉴 수 밖에 없었다.

结果 jiéguǒ 🔳 결국 | 不得不 bùdébù 🔳 어쩔 수 없이 | 休息 xiūxi 🔳 쉬다 | 火车票 huǒchēpiào 🔳 기차표 | 本来 běnlái 🔳 원래 | 玩 wán 🔳 놀다

CBA 我**本来**想昨天去你家玩，**但**没有买到火车票，**结果**不得不在家休息了。

① B의 전환관계 접속사 '但'은 C의 '本来'와 호응하여 '원래는 ~였지만 그러나 ~하다'의 의미를 나타내므로 C → B의 순서가 된다. (C → B)

② A의 부사 '结果'는 앞 문장에서 설명한 상황에 대한 '최후의 결과'를 나타내므로 문장 맨 끝에 위치해야 한다. (C → B → A)

18 A 都没有问题
B 我已经准备好了
C 无论什么时候开始

→ 我已经准备好了，无论什么时候开始都没有问题。

A 모두 문제 없다
B 나는 이미 준비를 다 끝냈다
C 언제 시작하든

→ 나는 이미 준비를 다 끝내서 언제 시작하든 괜찮다.

无论……都…… wúlùn……dōu…… ~을 막론하고 ~하다 | 没有问题 méiyǒuwèntí 괜찮다 | 准备 zhǔnbèi 🔳 준비하다 | 什么时候 shénmeshíhou 🔳 언제 | 开始 kāishǐ 🔳 시작하다

B C A 我已经准备好了，无论什么时候开始都没有问题。

① '无论……都……'는 '～을 막론하고 ～하다'라는 의미의 조건관계 접속사 구문이므로 C → A의 순서가 된다. (C → A)

② A와 C는 주어가 없으므로 첫 번째 문장이 될 수 없다. 주어 '我'가 있는 B가 첫 번째 문장이 된다. (B → C → A)

19 A 和产品质量
B 从而提高了工作效率
C 他们制定了严格的管理制度

A ~와 상품의 질
B 그렇게 함으로써 일의 효율을 향상시켰다
C 그들은 엄격한 관리 제도를 만들었다

→ 他们制定了严格的管理制度，从而提高了工作效率和产品质量。

→ 그들은 엄격한 관리 제도를 만들었고 그렇게 함으로써 일의 효율과 상품의 질을 향상시켰다.

产品 chǎnpǐn 몡 상품 | 质量 zhìliàng 몡 질 | 从而 cóng'ér 젭 이리하여, 그렇게 함으로써 | 提高 tígāo 동 높이다 | 效率 xiàolǜ 몡 효율 | 制定 zhìdìng 동 제정하다 | 严格 yángé 혱 엄격하다 | 管理 guǎnlǐ 동 관리하다 | 制度 zhìdù 몡 제도

C B A 他们制定了严格的管理制度，从而提高了工作效率和产品质量。

① B의 인과관계 접속사 '从而'은 '원인'을 나타내는 문장 뒤에 위치하여 앞에서 설명한 원인에 따른 '결과(판단)'를 나타내므로 C → B의 순서가 된다. (C → B)

② A의 '产品质量'은 B의 동사 '提高'의 목적어가 되므로 A는 B 뒤에 위치해야 한다. (C → B → A)

20 A 这台电脑的价格很便宜
B 它的特点不仅是又小又方便
C 而且网速很快

A 이 컴퓨터의 가격은 매우 저렴하다
B 그것의 특징은 작고 편리할 뿐만 아니라
C 인터넷 속도도 매우 빠르다

→ 这台电脑的价格很便宜，它的特点不仅是又小又方便，而且网速很快。

→ 이 컴퓨터의 가격은 매우 저렴하다. 그것의 특징은 작고 편리할 뿐만 아니라 인터넷 속도도 매우 빠르다는 점이다.

电脑 diànnǎo 몡 컴퓨터 | 价格 jiàgé 몡 가격 | 便宜 piányi 혱 싸다 | 特点 tèdiǎn 몡 특징 | 不仅……, 而且…… bùjǐn……, érqiě…… ~할 뿐만 아니라 게다가 ~하다 | 方便 fāngbiàn 혱 편리하다 | 网速 wǎngsù 몡 인터넷 속도

A B C 这台电脑的价格很便宜，它的特点不仅是又小又方便，而且网速很快。

① '不仅……, 而且……'는 '～할 뿐만 아니라 게다가 ～하다'라는 뜻의 점층관계 접속사 구문이므로 B → C의 순서가 된다. (B → C)

② B의 지시대사 '它'가 가리키는 것은 A의 '这台电脑'이므로 A는 B 앞에 위치해야 한다. (A → B → C)

21   怎么才是正确的道歉呢？有人觉得说了"对不起"就可以了，这是不对的，只有让对方觉得你是在真心道歉，那才能得到对方真正的原谅。

어떻게 하는 것이 정확한 사과인가? 어떤 사람들은 '미안합니다'라고 말하면 된다고 생각한다. 이것은 잘못된 것이다. 상대방이 당신이 진심으로 사과하고 있다고 느낄 때에만 상대방의 진정한 이해를 얻을 수 있다.

★ 正确的道歉是：
  A 说"对不起"
  B 真心道歉
  C 对方原谅就行了
  D 对方真心就行了

★ 정확한 사과는:
  A '미안합니다'라고 말하는 것
  B 진심으로 사과하는 것
  C 상대방이 이해만하면 된다
  D 상대방이 진심이면 된다

正确 zhèngquè 형 정확하다 ｜ 道歉 dàoqiàn 동 사과하다 ｜ 对方 duìfāng 명 상대방 ｜ 真心 zhēnxīn 명 진심 ｜ 得到 dédào 동 얻다 ｜ 真正 zhēnzhèng 형 진정한 ｜ 原谅 yuánliàng 동 용서하다

B '상대방이 당신이 진심으로 사과하고 있다고 느낄 때에만 상대방의 진정한 이해를 얻을 수 있다(只有让对方觉得你是在真心道歉，那才能得到对方真正的原谅)'라는 문장을 통해 진정한 사과의 유일한 조건은 '진심으로 사과하는 것'임을 알 수 있으므로 정답은 B이다.

22   爷爷的习惯是每天晚上十点以前一定上床睡觉，早上刚五点就起床，起床后先喝一杯温水，然后去公园打太极拳，回来的时候顺便买早点。

할아버지의 습관은 매일 저녁 10시 이전에 반드시 잠을 자고 아침 5시가 되면 바로 일어나서 따뜻한 물 한잔을 마시고 공원에 가서 태극권을 하고 집으로 돌아오는 길에 아침 식사를 사오는 것이다.

★ 爷爷的生活习惯是：
  A 早睡早起
  B 上床前喝一杯温水
  C 买早点以后去公园
  D 晚上打太极拳

★ 할아버지의 생활습관은:
  A 일찍 자고 일찍 일어나는 것
  B 잠기기 전에 따뜻한 물 한잔을 마시는 것
  C 아침 식사를 사서 공원에 가는 것
  D 저녁에 태극권을 하는 것

习惯 xíguàn 명 습관 ｜ 上床 shàngchuáng 동 침대에 오르다 ｜ 睡觉 shuìjiào 동 잠자다 ｜ 起床 qǐchuáng 동 일어나다 ｜ 杯 bēi 양 잔 ｜ 温水 wēnshuǐ 명 따뜻한 물 ｜ 公园 gōngyuán 명 공원 ｜ 太极拳 tàijíquán 명 태극권 ｜ 顺便 shùnbiàn 부 ~하는 김에 ｜ 早点 zǎodiǎn 명 아침 식사 ｜ 早睡早起 zǎoshuìzǎoqǐ 일찍 자고 일찍 일어나다

A B, C, D는 모두 본문과 일치하지 않는 내용이다. '할아버지의 습관은 매일 저녁 10시 이전에 반드시 잠을 자고 아침 5시가 되면 바로 일어난다(爷爷的习惯是每天晚上十点以前一定上床睡觉，早上刚五点就起床)'라는 문장을 통해서 할아버지는 '일찍 자고 일찍 일어나는' 습관이 있음을 알 수 있으므로 정답은 A이다.

23   人们旅游都是想在少的时间里尽可能多看一些东西和地方，因为旅游有时候不仅仅是一种娱乐休闲方式，也是一种好的学习。通过旅游，可以增进自己对某个国家或者地方的更多了解。

사람들은 여행을 할 때 적은 시간 안에 최대한 많은 것과 많은 장소를 보고 싶어한다. 왜냐하면 여행은 어떤 때는 단지 휴식을 즐기는 방식일 뿐만 아니라 일종의 좋은 공부이기도 하기 때문이다. 여행을 통해서 어떤 국가나 장소에 대한 이해를 더욱 증진시킬 수 있다.

★ 下面哪项跟文中说到的旅游没关系？

A 一种娱乐休闲
B 增长知识
C 有更多的时间
D 一种学习

★ 다음 중 어느 것이 본문에서 말한 여행과 관련이 없는가?

A 일종의 휴식을 즐기는 방식이다
B 지식을 증진시킨다
C 더 많은 시간이 있다
D 일종의 학습이다

旅游 lǚyóu 동 여행을 하다 | 尽可能 jǐnkěnéng 부 가능한 한 | 娱乐 yúlè 명 오락 | 休闲 xiūxián 동 휴식을 보내다 | 方式 fāngshì 명 방식 | 通过 tōngguò 동 ~을 통하다 | 增进 zēngjìn 동 증진하다 | 某 mǒu 대 어느 | 国家 guójiā 명 국가 | 了解 liǎojiě 동 알다 | 增长 zēngzhǎng 동 증가하다 | 知识 zhīshi 명 지식

C A, B, D는 모두 본문 가운데 언급한 내용이고 문장 가운데 언급하지 않은 내용은 C이다. 마지막 문장 중 '增进了解(이해를 증진시킨다)'는 '增长知识(지식을 증진시킨다)'라는 표현으로 대신할 수 있다.

24 要让学生们学会经常提问题，不懂就问，这样的话，学生可以把知识学得更深更广，而且也同时培养了学生学习的主动性。

학생들로 하여금 자주 질문하고 이해가 되지 않으면 바로 질문하도록 해야 한다. 이렇게 하면 학생들은 지식을 더 깊고 넓게 배울 수 있고, 이와 동시에 학생들의 주동적인 학습을 양성할 수 있다.

★ 学生提问的好处：

A 节省时间　　**B 培养主动性**
C 有自信　　　D 有意思

★ 학생들이 질문을 하는 것의 장점은:

A 시간을 절약한다　　**B 주동성을 키운다**
C 자신감이 있다　　　D 재미있다

学会 xuéhuì 동 습득하다 | 提 tí 동 제시하다 | 懂 dǒng 동 이해하다 | 知识 zhīshi 명 지식 | 深 shēn 형 깊다 | 广 guǎng 형 넓다 | 培养 péiyǎng 동 배양하다 | 主动性 zhǔdòngxìng 명 주동성 | 节省 jiéshěng 동 아끼다 | 自信 zìxìn 명 자신감

B A, C, D는 모두 본문에서 언급하지 않은 내용이다. '이와 동시에 학생들의 주동적인 학습을 양성할 수 있다(而且也同时培养了学生学习的主动性)'라는 문장으로 보아 정답이 B임을 알 수 있다.

25 老王原来很穷，这几年做生意发了财。有了钱的老王不忘记拿出一部分钱来帮助经济上困难的人，这事得到很多人的肯定和表扬。

라오왕은 원래 매우 가난했는데 요 몇 년 동안 사업으로 많은 돈을 벌었다. 돈이 생긴 라오왕은 일부 돈으로 경제적으로 어려운 사람을 돕는 것을 잊지 않았다. 이 일은 많은 사람들의 인정과 칭찬을 받았다.

★ 很多人为什么表扬老王？

A 老王很会赚钱
B 帮助穷人
C 会做生意
D 有很多朋友

★ 많은 사람들은 왜 라오왕을 칭찬했는가？

A 라오왕이 돈을 잘 벌어서
B 가난한 사람을 도와줘서
C 사업을 잘해서
D 많은 친구가 있어서

原来 yuánlái 부 원래 | 穷 qióng 형 가난하다 | 做生意 zuò shēngyi 장사하다, 사업하다 | 发财 fācái 동 부자가 되다 | 忘记 wàngjì 동 잊다 | 经济 jīngjì 명 경제 | 困难 kùnnan 형 어렵다 | 得到 dédào 동 얻다 | 肯定 kěndìng 동 인정하다 | 表扬 biǎoyáng 동 칭찬하다 | 赚钱 zhuànqián 동 돈을 벌다

B '요 몇 년 동안 사업으로 많은 돈을 벌었다(这几年做生意发了财)'라는 문장을 보고 A, C를 답으로 고르는 실수를 할 수 있다. 하지만 A, C는 라오왕에 대한 단순한 사실이며, '사람들이 라오왕을 칭찬한 이유'는 아니므로 답이 될 수 없다. '돈이 생긴 라오왕은 일부 돈으로 경제적으로 어려운 사람을 돕는 것을 잊지 않았다. 이 일은 많은 사람들의 인정과 칭찬을 받았다(有了钱的老王不忘记拿出一部分钱来帮助经济上困难的人，这事得到很多人的肯定和表扬)'라는 문장을 통해서 정답이 B임을 알 수 있다.

26 早上起床看见饭桌上有一封信，打开一看，上面写道："爸爸，你辛苦了，节日快乐。" 原来今天是我们这些当父亲的节日，没想到我这乖女儿没忘记，真是我的好女儿啊。

아침에 일어나서 식탁 위에 편지 한 통이 있는 것을 보고 열어 보니 편지에는 "아빠, 힘드시죠? 기념일 축하드려요."라고 쓰여 있었다. 알고 보니 오늘은 우리 아버지들의 '아버지의 날'이었다. 나의 착한 딸이 기억하고 있었을 것이라고는 생각지도 못했다. 정말 착한 딸이다.

★ 文中的今天是什么日子?
A 爸爸的生日　　B 女儿的生日
C 母亲节　　　　**D 父亲节**

★ 문장에서의 오늘은 어떤 날인가?
A 아빠의 생일　　B 딸의 생일
C 어머니의 날　　**D 아버지의 날**

起床 qǐchuáng 통 일어나다 | 饭桌 fànzhuō 명 식탁 | 封 fēng 양 통 | 信 xìn 명 편지 | 打开 dǎkāi 열다 | 写道 xiědào 쓰여져 있다 | 辛苦 xīnkǔ 형 고생하다 | 节日 jiérì 기념일 | 原来 yuánlái 알고 보니 | 当 dāng 통 ~이 되다 | 父亲 fùqīn 명 아버지 | 没想到 méixiǎngdào 생각지도 못하다 | 乖 guāi 형 착하다 | 忘记 wàngjì 통 잊다 | 生日 shēngrì 명 생일 | 母亲节 mǔqīnjié 명 어머니의 날[매년 5월 둘째 주 일요일] | 父亲节 fùqīnjié 명 아버지의 날[매년 6월 셋째 주 일요일]

D '알고 보니 오늘은 우리 아버지들의 '아버지의 날'이었다(原来今天是我们这些当父亲的节日)'라는 문장을 보면 정답이 D임을 알 수 있다.

27 有些情况下不能直接说出自己的真实感受，这时人们往往会用一种模糊不清的语言来表达自己的意思。比如在一起的朋友中一个人买了一件难看的衣服，另外的人就会说"还可以还可以"。

어떠한 상황에서는 직접적으로 자신의 진실된 감정을 말하지 못한다. 이때 사람들은 종종 정확하지 않은 모호한 언어로 자신의 뜻을 표현한다. 예를 들어 같이 있는 친구가 예쁘지 않은 옷을 샀을 때 다른 사람은 "괜찮네, 괜찮아."라고 말할 것이다.

★ 上文中的 "还可以" 是什么意思?
A 不错　　　　　B 很好看
C 不太好看　　D 不知道

★ 위 문장 가운데 '괜찮다'는 무슨 의미인가?
A 훌륭하다　　　B 매우 예쁘다
C 별로 예쁘지 않다　　D 모른다

情况 qíngkuàng 명 상황 | 直接 zhíjiē 부 직접 | 说出 shuōchū 통 말을 꺼내다 | 真实 zhēnshí 형 진실되다 | 感受 gǎnshòu 통 느끼다 | 模糊不清 móhubùqīng 뚜렷하지 않다 | 语言 yǔyán 언어 | 表达 biǎodá 통 표현하다 | 意思 yìsi 명 의미 | 难看 nánkàn 형 예쁘지 않다 | 另外 lìngwài 대 다른 | 还可以 háikěyǐ 괜찮다 | 不错 búcuò 형 좋다

C '이때 사람들은 종종 정확하지 않은 모호한 언어로 자신의 뜻을 표현한다(这时人们往往会用一种模糊不清的语言来表达自己的意思)'라는 문장을 보아 본문 가운데 사용된 '还可以'는 난처한 상황에서 사용하는 '모호한 표현'이라는 것을 알 수 있다. 이를 근거로 '예쁘지 않은 옷'에 대해서 '还可以'라고 말한 것은 '별로 예쁘지 않다'라는 의미임을 알 수 있다.

28 对于我来说，有健康的身体，有爱我和我爱的人，有可爱的孩子，还有几个无话不说的好朋友，那就是最幸福的人生，现在这些我都拥有。

나에게 있어 건강한 신체가 있고 나를 사랑하고 내가 사랑하는 사람이 있으며, 사랑스러운 아이들이 있고 무슨 말이든 다 할 수 있는 친한 친구가 있다면 그것이 바로 가장 행복한 인생이다. 지금 나는 이것들을 모두 가지고 있다.

★ 文中我的幸福不包括：
A 爱情　　　B 金钱
C 家庭　　　D 健康

★ 본문 가운데 나의 행복으로 포함되지 않은 것은:
A 사랑　　　B 돈
C 가정　　　D 건강

健康 jiànkāng 명/형 건강(하다) | 身体 shēntǐ 명 몸 | 可爱 kěài 형 귀엽다 | 无话不说 wúhuàbùshuō 무슨 말이든지 다하다 | 幸福 xìngfú 명/형 행복하다 | 人生 rénshēng 명 인생 | 拥有 yōngyǒu 동 소유하다 | 爱情 àiqíng 명 사랑 | 金钱 jīnqián 명 돈 | 家庭 jiātíng 명 가정

B 본문에서 '나의 행복'으로 언급한 것은 '건강(有健康的身体)', '사랑(有爱我和我爱的人)', '가정(有可爱的孩子)'이다. 행복의 조건으로 언급하지 않은 것은 바로 '돈'이다.

29 蒙古人很会唱歌，当然更会骑马。我们去蒙古旅游的时候，蒙古人对我们非常热情好客，不但教我们蒙古舞蹈，也请我们吃了传统的蒙古食物。

몽고인은 노래를 잘 부르고 당연히 말은 더 잘 탄다. 우리가 몽고에 여행 갔을 때 몽고인은 우리에게 매우 친절하게 접대해주었다. 우리에게 몽고 춤을 가르쳐 주었을 뿐만 아니라 전통적인 몽고의 음식도 대접해주었다.

★ 我们在蒙古做了什么？
A 学唱蒙古歌　　B 学骑马
C 学做蒙古菜　　D 学蒙古舞蹈

★ 우리는 몽고에서 무엇을 했는가?
A 몽고의 노래를 배웠다　　B 말 타기를 배웠다
C 몽고 음식을 만들었다　　D 몽고의 춤을 배웠다

蒙古 Měnggǔ 고유 몽고 | 骑马 qímǎ 동 말을 타다 | 热情 rèqíng 형 친절하다 | 好客 hàokè 동 손님 접대를 잘하다 | 教 jiāo 동 가르치다 | 舞蹈 wǔdǎo 명 춤 | 传统 chuántǒng 명 전통이다 | 食物 shíwù 명 음식

D 몽고인들이 노래를 잘 하고 말 타기를 잘 한다고 했지 가르쳐준 것은 아니므로 A, B는 답이 아니다. '우리에게 몽고 춤을 가르쳐 주었다(教我们蒙古舞蹈)'라는 문장을 통해서 '몽고에서 몽고 춤을 배웠다'는 사실을 알 수 있으므로 정답은 D이다.

30 在美国许多知识程度很高经济条件很不错的家庭，家长不愿意把自己的孩子送到学校，而是让孩子在家里学习，这样的话家长就不必为孩子们的安全担心了。

미국의 교육수준이 높고 경제수준이 좋은 가정의 학부모는 자신의 아이를 학교에 보내기를 원하지 않는다. 오히려 아이를 집에서 공부하게 하는데 이렇게 함으로써 학부모는 아이의 안전 때문에 걱정하지 않아도 된다.

★ 有些美国家长为什么不愿意孩子去学校？
A 经济困难
B 学校学不到知识
C 担心孩子的安全
D 老师不好

★ 몇몇의 미국 학부모는 왜 아이를 학교에 보내기를 원하지 않는가?
A 경제적으로 어려워서
B 학교에서는 지식을 배울 수 없어서
C 아이의 안전을 걱정해서
D 선생님이 좋지 않아서

程度 chéngdù 몡 정도 | 经济 jīngjì 몡 경제 | 条件 tiáojiàn 몡 조건 | 不错 búcuò 톙 좋다 | 家庭 jiātíng 몡 가정 | 家长 jiāzhǎng 몡 학부모 | 愿意 yuànyì 조동 원하다 | 送 sòng 동 보내다 | 不必 búbì 뷔 ~할 필요가 없다 | 为 wèi 개 ~때문에 | 安全 ānquán 몡 안전 | 担心 dānxīn 동 걱정하다 | 困难 kùnnan 톙 어렵다

C A는 본문과 반대되는 내용이며 B, D는 본문에서 언급하지 않은 내용이다. '아이를 집에서 공부하게 하는데 이렇게 함으로써 학부모는 아이의 안전 때문에 걱정하지 않아도 된다(让孩子在家里学习，这样的话家长就不必为孩子们的安全担心了)'라는 문장으로 보아 정답은 C이다.

31
在很闹的厂房里，他为了能吸引大家听他的讲话，就故意提高音量。果然，很多人放下手上的工作，认真听他讲。

매우 시끄러운 작업장에서 그는 사람들을 자신의 말에 집중시키기 위해서 일부러 음량을 높였다. 예상대로 많은 사람들이 하던 일을 놓고 열심히 그가 하는 말을 들었다.

★ 大家为什么会听他讲?

A 他提高了声音
B 他声音很吵
C 他声音很好
D 声音吸引人

★ 사람들은 왜 그의 말을 들을 수 있었는가?

A 그가 소리를 높여서
B 그의 목소리가 매우 시끄러워서
C 그의 목소리가 매우 좋아서
D 목소리가 사람을 매료해서

闹 nào 톙 시끄럽다 | 厂房 chǎngfáng 몡 작업장 | 为了 wèile 개 ~을 위하여 | 吸引 xīyǐn 동 끌어당기다 | 讲话 jiǎnghuà 동 이야기하다 | 故意 gùyì 뷔 고의로, 일부러 | 提高 tígāo 동 높이다 | 音量 yīnliàng 몡 음량 | 果然 guǒrán 뷔 생각했던 대로 | 放下 fàngxià 동 내려놓다 | 认真 rènzhēn 톙 열심히 하다 | 吵 chǎo 톙 시끄럽다

A B, C, D는 모두 본문에서 언급하지 않은 내용이다. '果然'은 결과를 나타내는 말로, '예상대로 사람들이 그의 말을 들었다'라는 문장 앞에 '일부러 음량을 높였다(就故意提高音量)'라는 원인이 나와있으므로 '사람들이 그의 말을 들을 수 있었던 이유'는 바로 '그가 소리를 높였기 때문'임을 알 수 있다.

32
因为网上购物很简单，现在很多人已经习惯网上购物。如果你在网上看中一个产品，把它放进购物车里，接着把你的地址联系号码写清楚，最后输入你的信用卡号码结账就可以了。

인터넷 쇼핑은 매우 간편하기 때문에 요즘 많은 사람들이 이미 습관적으로 인터넷 쇼핑을 한다. 만약 당신이 인터넷에서 한 개의 상품이 마음에 들었다면 그것을 장바구니에 넣고 이어서 당신의 연락처를 정확히 쓰고 최종적으로 당신의 신용카드 번호를 눌러 결제를 하면 된다.

★ 现在很多人为什么网上购物?

A 产品的种类多　B 东西便宜
C 服务好　　　　D 方便

★ 요즘 많은 사람들은 왜 인터넷 쇼핑을 하는가?

A 상품의 종류가 많아서　B 물건이 싸서
C 서비스가 좋아서　　　D 편리해서

购物 gòuwù 동 쇼핑하다 | 简单 jiǎndān 톙 간단하다 | 看中 kànzhòng 동 마음에 들다 | 产品 chǎnpǐn 몡 상품 | 放进 fàngjìn 동 넣다 | 购物车 gòuwùchē 몡 장바구니 | 接着 jiēzhe 동 이어서 | 地址 dìzhǐ 몡 주소 | 联系号码 liánxìhàomǎ 몡 연락처 | 清楚 qīngchu 톙 정확하다 | 输入 shūrù 동 입력하다 | 信用卡 xìnyòngkǎ 몡 신용카드 | 号码 hàomǎ 몡 번호 | 结账 jiézhàng 동 결제하다 | 种类 zhǒnglèi 몡 종류 | 服务 fúwù 몡 서비스

D 인과관계 접속사 '因为' 뒤에는 어떤 사실에 대한 '이유'를 설명하는 문장이 온다. '인터넷 쇼핑은 매우 간편하기 때문에 요즘 많은 사람들이 이미 습관적으로 인터넷 쇼핑을 한다(因为网上购物很简单, 现在很多人已经习惯网上购物)'라는 문장을 통해서 정답이 D임을 알 수 있다. A, B, C는 본문에서 언급하지 않은 내용이다.

---

33 现代人大都喜欢上网、看电视，在这方面要花大量的时间，而看书的人是越来越少了。一般人不愿意花时间来读书，可是对于我正好相反。

현대인들은 대부분 인터넷이나 TV 시청을 좋아해서 이 방면에는 많은 시간을 사용하지만 책을 읽는 사람은 점점 더 줄어들고 있다. 일반적인 사람들은 시간을 써서 책 읽는 것을 원하지 않지만 나는 정반대이다.

★ 上面的"我"是什么样的?
A 喜欢上网
B 喜欢看电视
C 都不喜欢
D 喜欢看书

★ 위의 '나'는 어떠한가?
A 인터넷 하는 것을 좋아한다
B TV 보는 것을 좋아한다
C 모두 다 싫어한다
D 책 읽는 것을 좋아한다

现代 xiàndài 명 현대 | 上网 shàngwǎng 통 인터넷을 하다 | 电视 diànshì 명 TV | 花 huā 통 (시간을) 쓰다 | 大量 dàliàng 명 대량 | 一般人 yìbānrén 명 일반인 | 读书 dúshū 통 독서하다 | 正好 zhènghǎo 분 정확히 | 相反 xiāngfǎn 통 반대되다

D A, B는 '나'가 아닌 '현대인들'의 특징이다. '일반적인 사람들은 시간을 써서 책 읽는 것을 원하지 않지만 나는 정반대이다(一般人不愿意花时间来读书, 可是对于我正好相反)'라는 문장을 통해서 '내가 좋아하는 것'은 '독서'임을 알 수 있다. 따라서 정답은 D이다.

---

34 有很多公司喜欢开会，每次开会花很长的时间，讨论很多不太重要的问题，而且一些没有太大关系的人也得参加。其实这是浪费时间，很多时候这样的会并没有什么好的结果。

많은 회사들은 회의하는 것을 좋아한다. 매번 회의를 하면 매우 긴 시간을 써서 별로 중요하지 않은 문제를 가지고 토론을 하고 그다지 관련이 없는 사람들도 참석을 해야만 한다. 사실 이것은 시간을 낭비하는 것이다. 많은 경우 이러한 회의는 어떤 좋은 결과를 얻지 못한다.

★ 这段话表明开会:
A 很重要
B 有时是浪费时间
C 浪费金钱
D 可以让很多人开心

★ 이 글은 회의가 어떻다는 것을 나타내는가:
A 매우 중요하다
B 어떤 때는 시간을 낭비한다
C 돈을 낭비한다
D 많은 사람들을 즐겁게 한다

开会 kāihuì 통 회의하다 | 讨论 tǎolùn 통 토론하다 | 关系 guānxi 명 관련 | 其实 qíshí 분 사실 | 浪费 làngfèi 통 낭비하다 | 结果 jiéguǒ 명 결과 | 金钱 jīnqián 명 돈 | 开心 kāixīn 형 즐겁다

B 어기부사 '其实'는 앞의 내용을 부정함과 동시에 강조하기 원하는 사실을 설명한다. 따라서 문장 가운데 '其实'가 나오면 일반적으로 그 뒤에 나오는 문장은 전체 문장의 핵심 문장이 된다. 이 글 역시 '사실 이것은 시간을 낭비하는 것이다(其实这是浪费时间)'라는 문장을 통해서 주제를 말하고 있다.

35~36

现在世界上流行把中国叫做"世界工厂"。因为世界上很多很多产品都是中国制造的。可是有意思的是，在中国市场上有很多外国制造的东西卖得也不错，但必须是贵的。所以说在中国，有两类产品卖得好——贵的外国货和便宜的国产货。

요즘 세계에서 유행하는 표현으로 중국을 '세계의 공장'이라고 일컫는다. 왜냐하면 세계의 수많은 상품들이 모두 'made in China'이기 때문이다. 하지만 재미있는 것은 중국 시장에서는 외국산 제품이 잘 팔린다는 것이다. 그런데 가격은 비싸다. 그래서 중국에서는 두 종류의 상품이 잘 팔리는데, 비싼 외국산 제품과 싼 중국산 제품이다.

35 ★ "世界工厂"是什么意思？
A 中国是一个工厂
B 中国工厂的名字
C 中国产品世界各地都有
D 中国产品和外国的一样

★ '세계의 공장'이란 무슨 의미인가?
A 중국은 하나의 공장이다
B 중국 공장의 이름
C 중국에서 생산한 물건이 세계 각지에 모두 있다
D 중국에서 생산하는 것과 외국 것은 똑같다

36 ★ 什么样的产品在中国受欢迎？
A 贵的中国产品
B 便宜的外国产品
C 价格合适的产品
D 贵的外国产品

★ 어떤 제품이 중국에서 환영을 받는가?
A 비싼 중국 제품
B 싼 외국 제품
C 가격이 적절한 제품
D 비싼 외국 제품

流行 liúxíng 동 유행하다 | 叫做 jiàozuò 동 ~라고 불리다 | 工厂 gōngchǎng 명 공장 | 制造 zhìzào 동 제조하다 | 市场 shìchǎng 명 시장 | 不错 búcuò 형 좋다 | 必须 bìxū 부 반드시 | 类 lèi 명 종류 | 外国货 wàiguóhuò 명 외제품 | 国产货 guóchǎnhuò 명 국산품 | 名字 míngzi 명 이름

---

35 C 인과관계 접속사 '因为' 뒤에는 '이유'를 설명하는 문장이 온다. '왜냐하면 세계의 수많은 상품들이 모두 'made in China'이기 때문이다(因为世界上很多很多产品都是中国制造的)'라는 문장을 통해서 정답이 C임을 알 수 있다.

36 D '그래서 중국에서는 두 종류의 상품이 잘 팔리는데, 비싼 외국산 제품과 싼 중국산 제품이다(所以说在中国，有两类产品卖得好——贵的外国货和便宜的国产货)'라는 문장을 보아 정답이 D임을 알 수 있다.

37~38

云南丽江是中国有名的旅游区，每年黄金季节都会有大量的游客去那儿旅游。通常每年12月到来年3月是游客最多的。因为那时候丽江白天的气温很舒服，在18度左右，而且大部分时间是蓝天白云，所以拍照的效果非常棒。虽然那时交通和住宿都不算太贵，但因为去的人太多，所以最好还是提前预约。

윈난 리장은 중국의 유명한 여행지이다. 매년 황금계절에 많은 여행객들이 그곳으로 여행을 간다. 통상적으로 매년 12월에서 다음 해 3월까지 여행객들이 가장 많다. 왜냐하면 그때는 리장의 낮 기온이 굉장히 좋아서 18도 정도이고, 게다가 대부분의 시간 동안 하늘은 파랗고 구름은 하얘서 사진을 찍으면 매우 훌륭하기 때문이다. 비록 그때 교통과 숙박이 너무 비싼 편은 아니지만 그곳에 가는 사람이 매우 많기 때문에 미리 예약을 하는 것이 가장 좋다.

37 ★ 去丽江什么时候最好？
A 12月之前　　B 3月以后
C 夏天　　　　**D 冬天**

★ 리장은 언제 가는 것이 가장 좋은가?
A 12월 전　　　B 3월 이후
C 여름　　　　 **D 겨울**

38 ★ 上文说明丽江：
　A 人很多　　　B 黄金季节很长
　C 冬天暖和　　D 交通不方便

★ 위 문장에서 말하는 리장은:
　A 사람이 매우 많다　　B 황금 계절이 매우 길다
　C 겨울이 따뜻하다　　D 교통이 불편하다

云南 Yúnnán 고유 윈난, 운남 | 丽江 Lìjiāng 고유 리장, 려강 | 有名 yǒumíng 형 유명하다 | 旅游区 lǚyóuqū 명 여행지 | 黄金季节 huángjīnjìjié 황금계절 | 大量 dàliàng 명 대량 | 游客 yóukè 명 여행객 | 通常 tōngcháng 명 통상 | 白天 báitiān 명 낮 | 气温 qìwēn 명 기온 | 舒服 shūfu 형 편안하다 | 左右 zuǒyòu 명 정도 | 大部分 dàbùfēn 대부분 | 蓝天白云 lántiānbáiyún 하늘은 푸르고 구름은 하얗다 | 拍照 pāizhào 동 사진을 찍다 | 效果 xiàoguǒ 명 효과 | 棒 bàng 형 훌륭하다 | 住宿 zhùsù 동 숙박하다 | 提前 tíqián 동 앞당기다 | 预约 yùyuē 동 예약하다 | 暖和 nuǎnhuo 형 따뜻하다

37 D '통상적으로 매년 12월에서 다음 해 3월까지 여행객들이 가장 많다(通常每年12月到来年3月是游客最多的)'라는 문장을 통해서 리장을 여행하기 가장 좋은 계절은 '겨울'임을 알 수 있으므로 정답은 D이다.

38 C '왜냐하면 그때는 리장의 낮 기온이 굉장히 좋아서 18도 정도이다(因为那时候丽江白天的气温很舒服, 在18度左右)'라는 문장을 보아 리장의 겨울(매년 12월에서 다음해 3월)은 날씨가 따뜻하다는 것을 알 수 있으므로 정답은 C이다.

39~40

爸爸因为工作每天都很晚回家，这样和女儿在一起的时间就少了很多。有一天女儿在门口等着爸爸回来，她一看见爸爸就问："爸爸，你一小时能挣多少钱？"爸爸说："二十块。"于是女儿就向爸爸要十块钱，爸爸很奇怪女儿为什么这样，不过还是给了女儿十块钱。女儿拿着爸爸给的十块钱，并且从自己口袋里又拿出十块钱，对爸爸说："爸爸，现在我有二十块钱，我买你一个小时的时间可以吗？明天请您早一个小时回家好吗？"

아빠는 일 때문에 매일 매우 늦게 집에 돌아오기 때문에 딸과 함께 하는 시간이 많이 줄었다. 어느 날 딸은 문 앞에서 아빠가 돌아오기를 기다렸다가 아빠를 보고는 바로 "아빠, 아빠는 한 시간에 얼마를 벌어요?"라고 물었다. 아빠는 "20위앤."이라고 대답했다. 그래서 딸은 아빠에게 10위앤을 달라고 했고, 아빠는 딸이 왜 이러는지 매우 이상하다고 느꼈지만 딸에게 10위앤을 주었다. 딸은 아빠의 10위앤을 들고서 자신의 주머니에서 10위앤을 더 꺼낸 후 "아빠, 지금 저한테 20위앤이 있어요. 제가 아빠의 한 시간을 사도 될까요? 내일 한 시간 일찍 집으로 돌아와 주실 수 있어요?"라고 말했다.

39 ★ 上文中的爸爸是什么样的?
　A 没有钱　　　B 很有钱
　C 不爱女儿　　D 工作太忙

★ 윗글에서 아빠는 어떠한가?
　A 돈이 없다　　　　B 돈이 매우 많다
　C 딸을 사랑하지 않는다　D 일이 너무 바쁘다

40 ★ 上文中的女儿:
　A 很喜欢钱　　B 有二十块钱
　C 爱爸爸　　　D 不喜欢爸爸

★ 윗글에서 딸은:
　A 돈을 매우 좋아한다　B 20위앤이 있다
　C 아빠를 사랑한다　　D 아빠를 좋아하지 않는다

门口 ménkǒu 명 문 앞 | 等 děng 동 기다리다 | 挣钱 zhèngqián 동 돈을 벌다 | 奇怪 qíguài 형 이상하다 | 口袋 kǒudài 명 주머니

39 D A, B, C는 본문에서 언급하지 않은 내용이다. '爸爸因为工作每天都很晚回家(아빠는 일 때문에 매일 매우 늦게 집에 돌아오기 때문에)'라는 문장으로 보아 아빠의 일이 매우 바쁘다는 사실을 알 수 있으므로 정답은 D이다.

40 C '제가 아빠의 한 시간을 사도 될까요? 내일 한 시간 일찍 집으로 돌아와 주실 수 있어요?(我买你一个小时的时间可以吗？明天请您早一个小时回家好吗？)'라는 딸의 말을 통해서 딸은 아빠와 함께 보낼 시간을 간절히 원하고 있음을 알 수 있으므로 정답은 C이다.

2013년 汉办 新HSK 4급 필수어휘 수정리스트

新HSK에는 각 급수 별로 지정된 필수어휘 범위 안에서만 문제가 출제되지 않기 때문에 필수어휘만 학습해서는 고득점 하기 어려운 것이 사실입니다. 최근 汉办에서 발표한 필수어휘상에 약간의 변화가 있기는 하지만, 본사 교재에서는 새로 추가된 단어 대부분을 실전문제 등에서 충분히 다루고 있기 때문에 최신 시험 경향 파악에 전혀 무리가 없음을 알려 드립니다. 이번에 삭제된 단어 역시 출제 가능성이 높으므로 꼭 알아 두는 것이 좋습니다. 참고로 新HSK 4급 필수어휘(2013년 수정판) 전체 목록을 담은 엑셀 파일은 '다락원 홈페이지(www.darakwon.co.kr) ▶ 학습자료 ▶ 중국어 카테고리'에서 다운로드 받으실 수 있으며, 본 자료의 작성일 이후로 필수어휘상에 또 다른 수정사항이 발표되면 본 자료 역시 수정된 내용으로 다운로드 받으실 수 있습니다.

(작성일 : 2013년 6월 17일)

추가

단어	병음/뜻	단어	병음/뜻
百分之……	bǎifēnzhī…… 100분의 ~, ~퍼센트	棒	bàng 형 (체력이나 능력이) 강하다, (수준, 레벨, 성적 등이) 높다, 좋다
包子	bāozi 명 만두, 빠오즈	比如	bǐrú 접 예를 들어, 예컨대
不但……而且……	búdàn……érqiě…… ~뿐만 아니라 ~이다	餐厅	cāntīng 명 음식점
厕所	cèsuǒ 명 화장실	存	cún 동 존재하다, 생존하다, 보존하다, 저장하다
错误	cuòwù 명 실수, 잘못	打招呼	dǎ zhāohu 인사하다
倒	dǎo 부 오히려, 도리어 dào 동 넘어지다, 쓰러지다	登机牌	dēngjīpái 명 탑승권
地点	dìdiǎn 명 지점, 장소, 위치	短信	duǎnxìn 명 문자메시지
对于	duìyú 개 ~에 대해	饭店	fàndiàn 명 호텔, 식당
房东	fángdōng 명 집주인	放松	fàngsōng 동 느슨하게 하다, 늦추다, 이완하다
付款	fùkuǎn 동 돈을 지불하다, 계산하다	赶	gǎn 동 뒤쫓다, (열차, 버스 따위의 시간에) 대다, 서두르다
感兴趣	gǎn xìngqù 흥미를 느끼다	刚	gāng 부 방금, 바로, 마침
高速公路	gāosù gōnglù 고속도로	胳膊	gēbo 명 팔
功夫	gōngfu 명 실력, 능력, 조예, 무술	国籍	guójí 명 국적
互联网	hùliánwǎng 명 인터넷	花	huā 명 꽃
黄河	Huánghé 고유 (지명) 황허	建议	jiànyì 동 건의하다, 제안하다
降落	jiàngluò 동 낙하하다, 하강하다, 착륙하다	郊区	jiāoqū 명 교외지역, 시외지역
接着	jiēzhe 부 연이어, 잇따라, 계속해서	节	jié 양 수업 시간 수를 셀 때 쓰임
景色	jǐngsè 명 경치, 경관, 풍경	举	jǔ 동 들어 올리다, 들다
聚会	jùhuì 동 (사람이) 모이다, 회합하다 명 모임	开心	kāixīn 형 즐겁다, 유쾌하다
烤鸭	kǎoyā 명 오리 구이	客厅	kètīng 명 응접실, 객실
空	kōng 형 (속이) 텅 비다 부 공연히 / kòng 동 비우다, (시간 따위를) 내다 명 틈, 짬	矿泉水	kuàngquánshuǐ 명 광천수, 미네랄워터
来自	láizì 동 ~로부터 오다, ~에서 생겨나다	礼拜天	lǐbàitiān 명 일요일
零钱	língqián 명 잔돈, 용돈	旅行	lǚxíng 동 여행하다
毛	máo 명 털	没有	méiyǒu 동 없다 부 (아직) ~않다
迷路	mílù 동 길을 잃다	秒	miǎo 양 초[시간의 단위]
哪	nǎ 대 무엇, 어느 것, 어떤, 어디	哪儿	nǎr 대 어느 것, 어디
那	nà 대 그, 저, 그 사람, 그것	男	nán 명 남자
女	nǚ 명 여자	排队	páiduì 동 가지런히 벌여 서다, 정렬하다
皮鞋	píxié 명 가죽 구두	勺子	sháozi 명 국자, 큰 숟가락
生意	shēngyi 명 장사, 영업	是否	shìfǒu 부 ~인지 아닌지

说	shuō 동 말하다		虽然…… 但是……	suīrán……dànshì…… 비록 ~이지만 ~이다
提	tí 동 집어 올리다, 쥐다, (생각이나 의견을) 내(놓)다		停	tíng 동 정지하다, 서다, 멈추다
同时	tóngshí 명 동시, 같은 때 접 또한, 게다가		卫生间	wèishēngjiān 명 화장실
现金	xiànjīn 명 현금		橡皮	xiàngpí 명 지우개
小吃	xiǎochī 명 간식, 스낵		小伙子	xiǎohuǒzi 명 총각, 젊은이
信封	xìnfēng 명 편지 봉투		信息	xìnxī 명 소식, 뉴스, 정보
修理	xiūlǐ 동 수리하다, 고치다		学期	xuéqī 명 학기
研究	yánjiū 동 연구하다		要是	yàoshi 접 만약 ~라면
一点儿	yìdiǎnr 조금		一下	yíxià 양 한 번[동사 뒤에 쓰여 '좀 ~해보다'라는 뜻을 나타냄] 부 단시간에, 갑자기
因为…… 所以……	yīnwèi……suǒyǐ…… ~때문에 ~하다		应聘	yìngpìn 동 초빙에 응하다, 지원하다
邮局	yóujú 명 우체국		占线	zhànxiàn 동 (전화가) 통화 중이다
照	zhào 동 비추다, 비치다, (사진, 영화를) 찍다 개 ~대로, ~에 따라		只有…… 才……	zhǐyǒu……cái…… ~해야만 ~이다
重	zhòng 형 무겁다		转	zhuǎn 동 (방향, 위치 등이) 바뀌다, (몸을) 돌리다, (중간에서) 전하다 zhuàn 동 돌다, 회전하다
自信	zìxìn 동 자신하다 명 자신감		左右	zuǒyòu 명 가량, 안팎, 내외[수량사 뒤에 쓰여 대략적인 수를 나타냄], 좌우
作家	zuòjiā 명 작가			

삭제 暗 | 包括 | 报道 | 表达 | 不但 | 才 | 吵 | 成熟 | 代表 | 代替 | 但是 | 当地 | 断 | 顿 | 朵 | 而且 | 反映 | 范围 | 饭馆 | 访问 | 分之 | 风景 | 干燥 | 刚刚 | 高级 | 工具 | 孤单 | 鼓掌 | 果然 | 河 | 猴子 | 忽然 | 花园 | 黄 | 极其 | 集合 | 精神 | 宽 | 扩大 | 亮 | 流泪 | 没 | 男人 | 农村 | 女人 | 墙 | 请客 | 群 | 人民币 | 软 | 哪(儿) | 那(儿) | 湿润 | 狮子 | 食品 | 市场 | 算 | 虽然 | 所以 | 停止 | 握手 | 洗衣机 | 现代 | 限制 | 鞋 | 信 | 信任 | 兴趣 | 修 | 血 | 研究生 | 以后 | 亿 | 因为 | 硬 | 圆 | 增长 | 窄 | 整齐 | 制造 | 猪 | 逐渐 | 主动 | 祝 | 撞 | 字典 | 组成 | 组织 | 做生意

新 HSK 한권으로 끝내기 시리즈

新 HSK 3급, 4급, 5급, 6급을 준비하는 학습자가 40일 동안 '듣기' '독해' '쓰기' 영역을 종합적이고 효율적으로 학습할 수 있도록 구성되어 있다. 한국 및 중국에서 실시된 매회 시험에 대한 경향 분석을 토대로 한 꼼꼼한 유형 설명, 효과적인 실전 연습, 친절하고 상세한 해설을 담았다.

- 혼자서도 쉽게 준비하는 40일 완성 종합서
- '유형 파악하기→내공 쌓기→실력 다지기' 순으로 체계적인 문제 유형별 학습
- 기출 완벽 분석! 적중률 높은 풍부한 실전문제 수록
- 핵심과 비법을 콕콕 짚어주는 친절한 해설
- Mini 모의고사 2회분[=실제 시험 1회분] 수록
- 필수 어휘 단어장과 녹음 파일 제공

新 HSK 한권으로 끝내기 **3급**

남미숙 저 | 4×6배판 | 본책 288면, 해설서 168면, 단어장 88면
25,000원(본책+해설서+필수어휘 600 단어장+MP3 CD 1장)

新 HSK 한권으로 끝내기 **4급**

남미숙 저 | 4×6배판 | 본책 328면, 해설서 240면, 단어장 88면
25,000원(본책+해설서+필수어휘 1200 단어장+MP3 CD 1장)

新 HSK 한권으로 끝내기 **5급**

남미숙 저 | 4×6배판 | 본책 360면, 해설서 280면, 단어장 128면
27,000원(본책+해설서+필수어휘 2500 단어장+MP3 CD 1장)

新 HSK 한권으로 끝내기 **6급**

남미숙 저 | 4×6배판 | 본책 312면, 해설서 360면, 단어장 128면
28,000원(본책+해설서+필수어휘 2500 단어장+MP3 CD 1장)

新 HSK 급소공략 시리즈

新 HSK 4급, 5급, 6급을 준비하는 학습자가 듣기, 독해, 쓰기 영역 중 스스로 취약하다고 느끼는 영역을 집중적으로 학습하고 훈련할 수 있도록 구성하였다. 각 분야 최고 강사들이 공개하는 영역별 공략법과 풍부한 실전문제를 담았다.

- 자주 출제되는 문제 유형별로 빈틈 없는 공략법 전수
- 최신 출제 경향에 맞춘 양질의 실전문제를 풍부하게 수록
- 최종적으로 실력을 점검할 수 있도록 권말 모의고사 3회분 수록

新 HSK 급소공략 4급

듣기 김종섭 저 | 4×6배판 | 본책 152면, 해설서 120면 | 16,000원(교재+MP3 CD 1장)
독해 박은정 저 | 4×6배판 | 본책 152면, 해설서 120면 | 14,000원
쓰기 양영호 저 | 4×6배판 | 본책 128면, 해설서 88면 | 14,000원

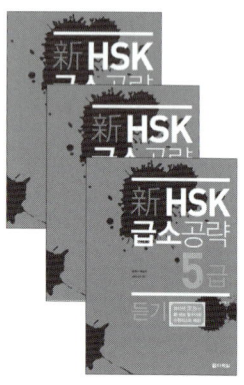

新 HSK 급소공략 5급

듣기 황지영 저 | 4×6배판 | 본책 176면, 해설서 144면 | 18,000원(교재+MP3 CD 1장)
독해 양주희 저 | 4×6배판 | 본책 184면, 해설서 144면 | 15,000원
쓰기 유태경, 팡홍메이, 이샤오샹 공저 | 4×6배판 | 본책 176면, 해설서 128면 | 15,000원

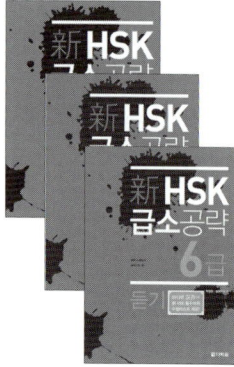

新 HSK 급소공략 6급

듣기 박정순, 송웨이슈 공저 | 4×6배판 | 본책 144면, 해설서 128면 | 16,000원(교재+MP3 CD 1장)
독해 강주영, 왕러 공저 | 4×6배판 | 본책 328면, 해설서 152면 | 21,000원
쓰기 쑨루이차오 저 | 4×6배판 | 본책 200면, 해설서 88면 | 15,000원(교재+MP3 무료 다운로드+저자 첨삭 지도 1회)

다락원 新 HSK 모의고사 시리즈

대외한어 교육 및 HSK 강의 10여 년 경력의 필자들이 한반(汉办)이 발표한 시험요강과 샘플문제를 완벽하게 분석하여 개발한 新 HSK 수험서 시리즈이다. 각 급수별로 3회분 실전 모의고사가 수록되어 있다.

한반(汉办) 시험요강 및 샘플문제 완벽 분석
- 매 세트 베타테스트 거쳐 지문 길이와 문제 난이도 완벽 조정
- 4·5·6급 각 급수 별 실전 모의고사 3회분 수록

포인트만 쏙쏙 뽑아서 알려주는 명쾌한 해설
- 새롭게 바뀐 HSK에 완벽 대비할 수 있는 정확하고 친절한 해설
- 혼자서도 쉽게 학습할 수 있는 상세한 해설

각 급수 별 필수어휘 제공
- 한반(汉办)에서 지정한 각 급수 별 新 HSK 필수어휘
- 4, 5, 6급 각 급수 별 단어, 병음, 뜻 모두 수록

다락원 新 HSK 모의고사 4급
찐순지·박은영·동추이 공저 | 4×6배판 | 136면 | 10,000원(교재+MP3 CD 1장)

다락원 新 HSK 모의고사 5급
찐순지·동추이·박은영 공저 | 4×6배판 | 160면 | 10,000원(교재+MP3 CD 1장)

다락원 新 HSK 모의고사 6급
찐순지·동추이·박은영 공저 | 4×6배판 | 200면 | 12,000원(교재+MP3 CD 1장)

비즈니스 중국어 교재

NEW 빠오칸 시사중국어

- 『人民网』『新华网』 등 중국 주요 매체의 최신 기사로 본문 구성
- 정치·경제·사회·문화·교육·한중 관계 등 다양한 분야의 핫이슈 기사 수록
- 원어민 녹음의 오디오 CD로 뉴스 청취 훈련 강화

강춘화·서희명·윤옥 저 | 4×6배판 | 200면 | 14,000원(교재+오디오 CD 2장 포함)

OK! 비즈니스 중국어 (최신개정판)

- 연습문제가 대폭 보강된 북경대학출판사 『基础实用商务汉语(修订本)』의 한국어판
- 중국인과의 비즈니스에 자주 사용되는 필수 구문·회화 수록
- 각종 비즈니스 실무서식과 경제무역용어, 중국 비즈니스 관련 사이트 목록 제공

关道雄 저 | 박균우 편역감수 | 4×6배판 | 292면 | 14,000원(교재+MP3 CD 1장), MP3 무료

비즈니스 중국어 표현사전

- 평범한 직장인의 對 중국 비즈니스 성공 바이블
- 비즈니스에 필요한 중국어 필수 표현을 영어와 함께 제공

홍주영 저 | 4×6배판 | 240면 | 14,000원(교재+MP3 CD 1장)

기타 다락원 추천 도서

중국어, 드라마를 만나다

- 중국 현지에서 제작·방영된 흥미만점 드라마 「咱老百姓」으로 배우는 생동감 넘치는 중국어
- 교과서에서는 볼 수 없는 살아 있는 구어 표현들을 직접 보고, 듣고, 느끼며 배우는 시청각 교재(원제: 走进中国百姓生活)
- 드라마 영상이 담긴 DVD와 드라마 음성이 그대로 담긴 MP3 CD 제공

1권 刘月华, 刘宪民, 李金玉 저 | 안성재, 전병석 편역 | 4×6배판 | 188면 | 15,000원 (교재+DVD 1장+ MP3 CD 1장), MP3 무료

틀리기 쉬운 중국어 어법 201

- 의미나 쓰임이 비슷해서 헷갈리는 어법 궁금증 완전 해결
- 도표와 그림을 이용한 상세한 비교, 풍부한 예문을 통해 올바른 쓰임을 알게 하는 똑똑한 어법서(원제: 对外汉语教学语法释疑201例 - 商务印书馆 刊)

彭小红, 李守纪, 王红 저 | 강춘화, 박영순, 서희명 역 | 4×6배판 | 384면 | 14,000원

최신트렌드로 배우는 新문화 중국어

- 블랙 푸드, 아이돌(idol) 숭배, 별자리·혈액형, 바(bar) 문화 등 중국의 최신 트렌드가 반영된 다양한 주제의 회화와 독해로 배우는 문화 중국어 교재(원제: 时尚汉语)
- 중국의 젊은이들 사이에서 자주 쓰이는 생생한 단어 학습 및 다양한 표현 익히기
- 실력을 점검하는 연습문제와 재미있는 삽화와 함께 읽어보는 유머 중국어

刘德联, 宋海燕, 张丽 저 | 김효민, 고점복 편역 | 4×6배판 | 192면 | 13,000원(교재+MP3 CD 1장), MP3 무료

온라인과 오프라인의 결합
중국어 동영상 강좌 | www.darakwon.co.kr

HSK

新 HSK 모의고사 4급/5급/6급
강사 박은영, 찐순지　**강의수준** 초급/중급/고급　**강의구성** 동영상

새로운 유형의 新 HSK 4·5·6급을 대비하기 위한 강좌. 〈다락원 新 HSK 모의고사〉 저자(차이나로 중국어학원 대표강사 박은영, 찐순지) 직강! 新 HSK 경향에 맞춘 모의고사 문제풀이를 통해 유형을 익히고, 실전에 적응하여 고득점을 획득할 수 있도록 하였다.

新 HSK FINAL TEST 4급/5급/6급
강사 권수철, 김성협, 장석민, 이창재, 박수진　**강의수준** 초급/중급/고급　**강의구성** 동영상

新 HSK 시험 D-7 마지막 점검용 모의고사 1회분을 저자 직강을 통해 미리 정리해봄으로써 실전 HSK 시험에 강해질 수 있다.

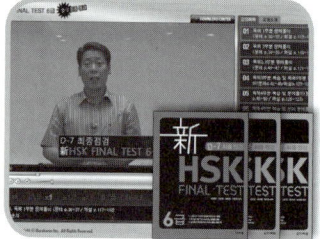

新 HSK 한권으로 끝내기 3급/4급/5급/6급
강사 남미숙, 이효연, 박수진, 마린　**강의수준** 초급/중급/고급　**강의구성** 동영상, FLASH, HTML

남미숙 저자 직강을 필두로 한 HSK 영역별 전문 강사들의 철저한 문제 유형 분석과 다양한 실전 문제 풀이를 통해 실전 감각, 자신감까지 키워준다.

비즈니스

Useful! 비즈니스 중국어
강사 김선화, 위하이펑　**강의수준** 초·중급　**강의구성** 동영상, FLASH, HTML

중국 현장의 비즈니스 문화까지 쉽게 이해할 수 있도록 고안된 초·중급 비즈니스 중국어 강좌. 중국과의 경제 활동에 필요한 대표적인 상황을 실전에 유용한 생생한 중국어 표현으로 익힐 수 있다.

新HSK 급소공략 4급 독해
해설서